아동 재난안전 관리

재난관리총서 4
국가 및 지방 재난안전 공무원 및 교사, 재난관리자를 위한
아동 재난안전 관리

2017년 3월 20일 초판 인쇄
2017년 3월 25일 초판 발행

지은이 | 제인 불럭·조지 해도우·데이먼 코폴라
옮긴이 | 성미영·김영희
교정교열 | 정난진
펴낸이 | 이찬규
펴낸곳 | 북코리아
등록번호 | 제03-01240호
주소 | 13209 경기도 성남시 중원구 사기막골로 45번길 14
우림라이온스밸리 2차 A동 1007호
전화 | 02-704-7840
팩스 | 02-704-7848
이메일 | sunhaksa@korea.com
홈페이지 | www.북코리아.kr
ISBN | 978-89-6324-542-3 (94350)
978-89-6324-518-8 (세트)

값 23,000원

국가 및 지방 재난안전 공무원 및 교사, 재난관리자를 위한

아동 재난안전 관리

제인 불럭 · 조지 해도우 · 데이먼 코폴라 지음
성미영 · 김영희 옮김

북코리아

저자 서문

미국 전체 인구의 4분의 1에 해당하는 인구가 0세에서 18세 사이의 아동이다(미국 인구통계청). 7,400만 명의 영아, 유아, 청소년, 청년들은 일상생활에서뿐만 아니라, 특히 재난 발생 시에도 가장 취약한 인구집단이다.

일상적으로, 정부, 민간, 비영리 단체 및 조직은 네트워크를 형성하여 아동의 정신적 · 신체적 · 심리적 발달, 건강 및 안전을 지원한다. 아동은 사실상 하루 24시간을 부모, 보호자 또는 주양육자에게 완전하게 의존하는데, 이들은 아동에게 안전하고, 체계적이며, 감독이 이뤄지는 환경을 제공한다.

그러나 재난이 발생하게 되면 대다수의 경우 이러한 기반이 순식간에 무너지게 된다. 영유아교육기관이나 학교가 손상되거나 파괴되고, 해당 건물이 긴급대피소로 변경될 수도 있다. 부모나 보호자가 다치거나 사망하지 않아도 아동은 자신이나 가족의 대응 및 복구가 요구됨으로써 자신의 일상적인 요구를 충족시키는 데 어려움을 겪을 수 있다.

일반적으로 자기 요구를 스스로 해결할 능력이 부족한 재난피해아동은 생활의 균형이 깨지고 또래에 비해 발달이나 교육수준이 뒤처질 수도 있다. 더 나아가 신체적 · 정신적 손상을 입은 아동에게 미치는 영향은 성인에게 미치는 영향보다 훨씬 크기 때문에 회복을 위해 수년간 신체적 · 심리적 치료가 필요하다.

재난관리기관은 적절한 계획과 지침을 활용하여 재난이 지역사회의 아동에게 미칠 위험을 최소화할 수 있다. 아동, 가족, 아동 관계자(교사, 영유아교육기관 등)는 재난이 발생하기 전에 재난에 대비하고 그 영향을 예방할 수 있다. 재난이 발생한 직후 아동을 보호하는 역할을 담당하는 기관들은 필요한 물품을 준비하고, 적절한 훈련을 받아 아동과 같은 특수 인구집단의 요구를 충족시키는 역할을 할 수 있다. 그리고 마지막으로, 지역사회에서는 아동의 고유한 요구를 위한 계획을 수립하여 재난 복구가 장기간 이어질 경우 이들이 점진적으로 일상생활에 복귀하도록 돕는다.

표준 국가훈련지침에는 아동 관련 내용이 충분히 언급되어 있지 않기 때문에 계획, 대비, 예방, 대응과 복구를 포함하여 재난관리의 모든 측면에서 예외 없이 아동의 고유한 요구를 특별히 고려할 필요가 있다. 이러한 인식이 부족하거나 이에 대한 대비가 철저히 이뤄지지 않을 경우 지역사회 아동의 요구가 급증했을 때 아동을 적절히 보호할 수 없으며, 대비하기 어려울 수밖에 없다.

이 책의 목적은 재난관리자 및 재난피해 아동과 관련된 업무 담당자가 재난 발생 시 아동의 고유한 요구를 어떻게 충족시킬 수 있는지에 관한 지침을 마련하는 것이다. 이 책에는 재난 발생 시 아동의 고유한 요구에 관한 상세한 정보, 평소 아동을 돌보는 가족, 지역사회, 교육기관에 관한 내용, 모든 재난관리 단계에서 필요한 행동요령이 포함되어 있다.

제1장에서는 아동의 고유한 재난 취약성에 대해 다루고 있다. 여기에는 신체적 안전, 정서적 안정감, 가족통합과 지속적인 교육이 포함된다. 많은 연구들은 아동이 단지 작은 성인이 아니며, 재난 발생 시 아동의 요구가 성인의 요구와 다르다는 데 동의한다. 이러한 사실을 인식하고, 이에 따라 적절히 계획을 수립해야 한다.

제2장에서는 아동이 안전한 지역사회에서 성장하기 위해 필요한 아동시설의 재난대비와 연속성에 대해 다루고 있다. 아동은 신체적 안전과 정서적 안정감을 얻기 위해 부모, 조부모, 형제, 또래에게 크게 의존한다. 의료전문가 및 기관이 아동의 건강을 책임지는 것처럼 영유아교육기관과 학교는 아동의 성장과 발달에 있어 중요한 역할을 한다.

제3장에서는 위험요인 예방을 통해 재난이 아동의 일상생활과 그들을 지원하는 사회기반시설에 미치는 영향을 어떻게 감소시킬 수 있는지에 대해 살펴본다. 재난관리자와 지역사회 지도자는 재난 발생 시 아동의 고유한 요구와 아동을 지원하는 사회기반시설에 대한 이해를 바탕으로 지역사회에 닥친 위험이 아동에게 어떠한 영향을 미칠지, 그러한 위험을 어떻게 하면 적절히 예방할 수 있을지, 그리고 이러한 지식을 토대로 예방 행동의 우선순위를 조정할 수 있다.

제4장에서는 부모, 재난관리자, 학교 관계자, 아동보육 제공자 등 아동의 생명과 관련된 일을 하는 사람들이 미래에 발생할 재난에 대비하도록 그와 관련된 몇 가지 절차를 소개한다. 현재 운영 중인 프로그램이나 지침 사례를 제공하여 재난이 아동의 삶에 미치는 영향에 대한 아동의 이해를 돕고, 아동이 가족과 함께 대비할 수 있는 방법을 제시했다.

제5장에서는 재난 대응 관련 단체 및 조직이 취해야 할 행동요령을 살펴보았다. 이를 통해 재난이 발생한 후에도 아동보호와 가족통합이 유지될 수 있다. 이 장에서는 대피 계획과 절차를 검토하고, 아동과 가족이 긴급대피소에서 어떤 도움을 받는지, 아동에게 필요한 신체적·의료적·심리적 요구에는 무엇이 있는지를 살펴보았다.

제6장에서는 재난 복구 단계에서 아동의 삶을 재건하기 위해 무엇이 필요한지 구체적으로 살펴보았다. 이 장에서는 헤어진 가족들이 다

시 만나고, 학교와 영유아교육기관 재건을 통해 아동이 안전한 장소에서 학습하고 성장하며, 부모가 직장에 복귀하고, 재난이 미치는 심리적 영향을 감당할 수 있도록 아동을 돕는 것 등을 다룬다.

제7장에서는 재난관리자 등 재난피해 아동과 관련된 업무 담당자에게 필요한 자원 목록을 제공한다. 재난계획, 심리사회적 회복, 훈련, 교육과정, 교육자료, 기술 지원, 보고서, 기관 등의 영역에 관련된 자원을 제공했다.

매년 수백만 명의 아동이 화재나 교통사고에서부터 2004년 쓰나미와 허리케인 카트리나 같은 참담한 재난에 이르기까지 재난으로부터 피해를 입고 있다. 지금까지 재난관리자들은 재난 발생 시 아동의 요구를 제대로 인식하고 적절히 대응하는 데 실패했다. 다행히도 미국뿐만 아니라 세계 여러 나라에서 변화가 일어나고 있다.

우리는 이 책이 부모, 재난관리자, 지역사회 지도자, 학교 관계자, 아동보육 제공자 등 재난피해 아동의 요구에 관심이 있는 다양한 사람들과 기관 관계자들에게 가치 있는 자료가 되길 바란다. 우리의 목적은 사람들에게 좀 더 효과적이고 효율적인 재난계획과 지침을 만들기 위해 필요한 지식과 맥락을 제공하는 것이다. 17세기 소설가 미구엘 드 세르반테스 사베드라의 말을 빌리자면, "앞선 경계, 앞선 무장, 준비하는 것은 절반을 승리한 것이다."

역자 서문

아동은 대규모 재난의 여파로 피해가 발생한 경우, 성인에 비해 일반적으로 더 심각한 고통을 경험한다. 그럼에도 불구하고 재난관리 분야에서는 오.랜 기간 동안 재난관리계획에 아동의 특수성을 반영하지 않았다. 미국에서는 2001년 9 · 11테러 발생 이후 이에 대한 경각심을 가지기 시작했고, 2005년 허리케인 카트리나로 인해 엄청난 수의 재난 피해 아동이 발생하면서 재난관리계획에 아동을 우선적으로 고려하려는 실질적인 노력이 시작되었다.

우리나라에서는 2004년 소방방재청이 재난관리 전담기구로서 최초로 태동했고, 2014년 국민안전처가 출범한 이후 국가와 국민안전을 확보하고 생명과 재산을 보호하는 것이 가장 중요한 정부 정책 중 하나가 되었다. 최근 우리나라는 저출산 · 고령화 사회로 빠르게 진입하면서 아동, 노인 등 재난취약계층을 위한 많은 법제도 및 정책적인 노력이 이뤄지고 있다. 그러나 미국과 달리 우리나라는 아직 국가 재난관리 관련 정책에 아동, 노인 등 취약계층의 고유한 특성을 충분히 효과적으로 반영하지 못하고 있는 실정이다.

현재 우리나라에는 재난에 대한 개념과 현황, 법과 제도 등을 소개한 책들이 다수 출판되어 있다. 그러나 이러한 책들 중 아동을 대상으로, 또한 아동을 중심으로 하여 재난 발생 시 아동의 요구가 무엇이고 이러한 요구를 충족시키기 위해 어떻게 예방, 대비, 대응, 복구 단계를 진행해야 하는지에 대해 집중적으로 소개한 책은 전무한 실정이다. 이러한 시점에서 미국의 아동재난관리에 대해 체계적으로 분석하여 소개한 『아동 재난안전 관리』의 출판은 시의적절한 것으로 판단된다. 이 책은 국민안전처, 국토교통부, 농림축산식품부, 보건복지부, 여성가족부, 지방자치단체 등 재난관리책임기관 업무담당자들이 재난관리 정책을 수립할 때 아동을 우선적으로 고려하는 데 필요하다고 요구되는 내용을 자세하게 수록했다.

모든 재난관리책임기관에서는 성인과 달리 아동이 고유하게 가지는 신체적 · 생리적 · 발달적 · 사회적 · 심리적 취약성 등 고유한 특성을 이해하고 이를 고려하여 아동을 위한 체계적인 재난관리계획을 수립해야 한다. 『아동 재난안전 관리』는 이러한 목적을 위해 저술된 책이며, 이와 관련된 구체적인 내용들로 구성되어 있다.

저자들은 미국의 사례를 근거로 하여 이 책의 전반에 걸쳐 일관되게 재난피해 아동의 특수성을 이해하고, 이러한 고려사항을 최대한 충족시키기 위해 연방정부, 주정부, 지방정부 차원에서뿐만 아니라 민간 및 비영리단체들과 서로 협력하여 재난관리계획을 유기적으로 수립해야 한다고 말한다. 이 책의 세부항목인 "아동의 고유한 재난 취약성", "아동시설의 재난대비와 연속성", "재난예방", "재난대비", "재난대응", "재난복구", "아동을 위한 재난관리자원의 운영" 등은 이러한 과정을 체계적으로 정리해서 설명하고 있다.

이 책은 총 10권으로 계획된 '재난관리총서'의 네 번째 출판물이다. 첫 번째 출판물인 『재난관리론』이 전체적인 측면에서 재난관리에 대한 개념을 정리해주었다면, 이 책은 재난피해 아동의 고유한 요구를 충족시키기 위해 예방, 대비, 대응, 복구의 단계별로 재난 취약집단인 아동의 특성을 고려한 대책을 강조했다.

마지막으로 이 책을 통해 우리나라 재난관리 정책이 한 단계 성숙

되는 계기가 되길 기대하면서, 번역을 허락해준 저자 불럭, 해도우, 코폴라에게 진심으로 감사드리며, 원저의 출판사인 CRC에도 심심한 사의를 표한다. 또한 최선을 다해 이 책의 번역 및 출판을 지원해주신 이찬규 사장님을 비롯한 북코리아 직원 여러분께도 감사의 인사를 드린다. 이 책의 번역은 국민안전처의 연구과제인 '대규모 복합피해지역에 대한 효율적인 복구방안 연구(NEMA-자연-2014-73)'를 수행하면서 이뤄진 하나의 성과로서, 이를 지원해주신 국민안전처 관계자분들께도 감사의 마음을 전한다.

차례

제3장 재난예방 101

제4장 재난대비 139

제5장 재난대응 205

제6장 재난복구 245

제1장 아동의 고유한 재난 취약성

서론

아동은 대규모 재난의 여파로 심각한 고통을 겪는다.

이처럼 단순한 사실은 전통적으로 아동을 위해 일해온 수많은 민간, 비영리 종교단체들에 의해 잘 알려져왔다. 그럼에도 불구하고 총체적 재난관리에 관한 제도적 지침이 절대적으로 부족하여 대부분의 재난대응 단체들은 수십 년 동안 재난피해 아동에 대해 간과해왔다. 1997년 연방재난관리청(FEMA)에 의해 수행된 연구에 의하면, 그때까지 미국의 어느 주에서도 재난관리계획에 아동의 특수성을 반영하지 않았다(Mailman School of Public Health, 2003).

2001년 9·11테러가 발생한 이후 미국소아과학회(AAP)를 포함한 몇몇 단체는 재난계획수립 과정에 아동의 요구를 반영하는 방식에 대한 연구를 시작했다. 그 당시 시점에서의 재난에 대한 인식이 반영되어 주요 관심사는 테러 위험이었다. 지방정부, 주정부, 심지어 연방정부 차원에서조차 테러 위험에 대해 어떠한 조치도 취해지지 않고 있었다. 2005년 8월에서야 아동 고유의 취약성은 더 이상 부인할 수도, 간과할 수도 없는 현실이 되었다. 강력한 힘을 가진 허리케인 카트리나는 뉴올리언스와 멕시코 만 연안 지역에 거주하는 약 30만 명의 아동을 이재민으로 만들었다. 이로 인해 재난피해 아동에게 도움을 주지 못하는 재난관리 시스템의 근본적인 문제점이 드러났다.

[더 알아보기 1.1] 소아과적 재난 대비

2006년 7월 26일 스티븐 크루그(Steven Krug) 박사는 의회위원회에서 소아과적 대비에 대해 증언했다. "오래전인 1997년, 연방재난관리청은 자신들이 조사한 주정부 가운데 어느 주에서도 재난계획에 소아과 관련 요소를 포함시키지 않았다는 사실에 대해 우려를 표명했습니다. 같은 해 미국소아과학회에서는 소아과 의사와 지역사회에 대한 권고로 '재난 대비에서 소아과 의사의 역할'이라는 제목의 첫 번째 정책 성명을 발표했습니다. 2001년 미국소아과학회는 테러 관련 대책본부를 구성하여 화학적·생물학적 테러, 방사능 그리고 폭발 테러와 관련된 다양한 측면에 대한 구체적인 권고사항을 발표했습니다. 2002년, 의회는 아동과 테러에 관한 포괄적인 공중보건 전략을 준비하기 위해 '아동과 테러에 관한 국가자문위원회'를 구성했습니다. 또한 2003년, 연방정부는 수십 개의 목록으로 이뤄진 구체적인 권고사항들을 쟁점화한 '재난 및 테러에 대한 소아과적 대비를 위한 국가적 합의 회의(National Consensus Conference on Pediatric Preparedness for Disasters and Terrorism)'를 후원했습니다. 지난달, IOM은 응급의료체계에 소아과적 대비 측면을 담은 보고서를 발표했습니다. 이와 같은 문제 제기가 있었음에도 소아과적 대비를 위한 진행 과정은 느리고 단편적이어서 통합되지 않고, 측정이나 설명도 어려운 상황입니다(Krug, 2006)."

결국 카트리나로 인해 피해를 입은 수많은 아동의 요구는 허리케인의 후유증에 대응하는 지역사회의 민간단체나 종교단체에 의해 해결되었다. 그럼에도 불구하고 대부분의 지역사회 지도자들은 이러한 역할을 지방정부가 담당해야 한다는 현실을 인식하고 해결하기 위해 노력했다. 사실 지방정부는 재난의 예방·대비·대응·복구 의무를 수행할 책임이 있는데, 이러한 책임은 지역주민뿐만 아니라 지역아동의 고유한 요구에도 적용된다(그림 1.1).

[그림 1.1] 2009년 5월 12일, 플로리다 주 마리아나(Mariana, Florida). FEMA 자원봉사단체(VOLAG)의 제리 하풋(Jerry Harfoot) 감독관이 FEMA 지역사회 관계(CR) 전문가인 마리벨 로비라(Maribel Rovira)가 경청하는 자리에서 잭슨 카운티(Jackson County) 교육위원회에 FEMA 서비스에 대한 정보를 소개하고 있다. 이러한 FEMA 홍보 활동은 최근 폭풍우나 홍수로 피해를 입은 사람들에게 제공되는 서비스에 대한 정보를 학교에 다니는 아동을 통해 가족들에게 제공하기 위해 진행되고 있다(George Armstrong/FEMA).

다른 취약집단과 마찬가지로 아동은 재난 발생 이전과 이후에 모두 고유한 요구사항이 있음에도 이러한 요구가 지역사회의 비상운영계획(EOP)에 충분히 반영되지 않았다(Save the Children, 2005a). 연령, 인지능력, 부모 및 다른 양육자에 대한 의존성으로 인해 아동은 일반집단의 경우 간과되는 취약집단의 고유한 절차와 보호를 필요로 한다. 아동은 단지 재난이 발생했다는 이유만으로는 무시될 수 없는 고유한 요구를 가진다.

미국소아과학회에 따르면, "아동은 재난 발생 시 자신을 더 위험하게 만드는 신체적, 생리적, 발달적 및 정신적으로 고유한 요구가 있다(American Academy of Pediatrics, 2002)." 재난은 아동이 의지하는 일상생활을 혼란스럽게 만들 수 있고, 아동을 신체적 위험에 처하게 만들 수도 있다. 이 장에서는 재난피해 아동의 신체적 보호, 정서적 안정, 가족통합과 관련된 고유한 요구에 대해 논의하고자 한다([더 알아보기 1.2] 참조).

[더 알아보기 1.2]

세이브더칠드런(Save the Children)은 재난지역과 교전지대에서 아동을 보호하기 위해 필요한 7가지 주요 보호사항을 제시했다.

- 신체적 손상으로부터 보호
- 착취와 성폭력으로부터 보호
- 심리사회적 고통으로부터 보호
- 무장단체의 신병모집으로부터 보호
- 가족과의 분리로부터 보호
- 강제 이전으로 인한 학대로부터 보호
- 양질의 교육에 대한 거부로부터 보호

출처: Save the Children. 2005b. *Policy brief – Protecting children in emergencies.* http://www.savethechildren.org/publications/policy-briefs/policy_brief_final_1.pdf.

미국소아과학회는 허리케인 카트리나 이후 소아과 의사의 특별한 관심사 중에서 두 가지 중요한 사항이 제외되어 있음을 발견했다. ① 현행 재난관리계획에서 아동의 고유한 요구에 대한 해결책의 부재, ② 개별 의료진이 자신의 고유한 재난관리계획을 개발하거나 수정하기 위한 요구의 부재이다.

이 장의 목적은 재난피해 아동의 고유한 요구를 규명하여 정의하는 것이다. 여기에서는 3가지 기본 영역, 즉 신체적 보호, 정서적 안정, 가족통합을 중심으로 살펴볼 것이다.

특수집단으로서의 아동

흔히 아동은 작은 성인이 아니라고 말한다. 이 말은 특히 재난관리계획에 적절한 진술이다. 아동과 성인의 차이는 신체적, 심리적, 사회적, 인지적, 생리적 및 기타 영역에서 다양하게 나타난다. 일과, 식단, 수면 습관, 욕구와 공포 등 아동의 삶은 모든 측면에서 성인과 다르다. 가장 중요하게 고려할 사항은 이러한 모든 특징이 복합적으로 나타나 취약성이 극대화된다는 점이다([더 알아보기 1.3]과 [그림 1.2] 참조).

[더 알아보기 1.3] 재난피해 아동

집을 잃는 것은 끔찍한 경험이다. 빈약하고 가재도구가 별로 없는 집이라고 하더라도 한꺼번에 갑자기 잃는다는 것은 정서적으로 충격적인 일이다. 집은 자신의 고유한 개성을 드러내는 모든 것이 존재하는 공간이다. 집에서는 냉장고를 열어 음료수를 꺼낼 수도 있고, 조명을 켜거나 끄고, 과거를 연대기 순으로 기록한 사진과 기념품을 정리할 수도 있다. 집에서는 엉뚱한 행동을 하거나 소란을 피우거나 심술궂은 행동을 할 수도 있다. 집에는 가족, 애완동물, 화분, 옷장, 장난감, 이불과 침대가 있다.

재난이나 개인적인 재앙으로 집을 잃었을 때 아동은 애완동물과 소중한 재산(소장품, 트로피, 특별한 사람에게서 받은 선물)을 잃을 수 있다. 또한 친구, 일과, 의례, 심지어 학교를 잃을 수 있다. 삶의 전체 구조가 붕괴된다. 보통 아동은 부모와 함께 지내는데, 부모는 하루 종일 영웅 같은 노력을 하느라 피곤하거나 슬프거나 우울해서 스트레스를 받는다. 대피소에서 지내는 아동의 경우, 일반적으로 훨씬 더 많은 것을 잃는다. 예를 들어, 편안하게 잠드는 것, 깨끗하게 씻는 것, 간식이나 용돈을 얻는 것, 성인의 지속적인 부재에도 자유롭게 이동할 수 있는 것 등이다.

그렇다면 아동이 직면하는 것은 무엇일까? 과밀한 공간, 불확실성과 두려움, 놀거나 숙제할 장소가 없는 것, 혼자서 쉴 수 있는 사적인 공간 또는 항상 하던 일을 잠시 멈출 수 있는 공간이 없다는 것이다. 대피소에서 청결함을 유지하는 생활을 하기는 어렵다. 그리고 청소년은 사회적 낙인으로 인해 부끄러움, 수치심 또는 분노를 느낄 수 있다.

출처: Greenman, J. 2005. *What happened to my world? Helping children cope with natural disaster catastrophe.* Watertown, MA: Comfort for Kids. http://www.mercycorps.org/sites/default/files/file1134070665.pdf.

[그림 1.2] 재난이 발생한 경우에는 낮잠이나 수면 일정과 같이 기본적으로 중요한 것조차 아동의 일과 및 복지에 지장을 줄 수 있다.

특수집단의 요구를 전적으로 반영하기 위해서는 먼저 그 집단 전체의 인구학적 특성을 충분히 이해할 필요가 있다. 지역에 관계없이

전 국가적으로 공통적인 특징이 일부 있는 반면, 아동의 사회경제적 여건처럼 지역의 공공기관에 의해 다양하게 관리되는 정보(인구통계, 교육, 사회복지 등)의 경우에는 지역사회별로 고유한 상황이 존재한다.

최근의 국가 인구통계자료에 의하면 미국 전역의 0~17세 아동 수는 약 7,400만 명이다. 이들 아동을 숫자상 균등하게 0~5세, 6~11세, 12~17세의 세 집단(각각 2,450만 명)으로 구분하면, 연령집단별로 고유의 특별한 요구, 취약성, 재난 대비 필수사항이 존재한다. 이와 더불어 아동 특수집단은 미국 전체 인구의 약 25%에 해당하며, 과거 재난관리계획에서 더 많이 주목받았던 특수집단인 노인인구(13%)의 약 2배에 해당한다.

아동 특수집단과 구성원을 돕기 위해 필요한 다른 통계자료는 다음과 같다.

부모 이외의 양육자에 의해 보육되는 0~6세 아동	60.8% (2005)
부모가 한 명이거나 없는 아동	33% (2005)
가정에서 영어 이외의 언어를 사용하는 아동	18.9% (2004)
건강이 좋지 않은 아동	18% (2004)
저소득층 가정의 아동	17% (2004)
천식을 앓고 있는 아동	13% (2005)
정기적으로 처방약을 복용하는 아동	13% (2005)
만성질환으로 인해 활동이 제한적인 아동	7% (2006)
학습장애 아동	7% (2005)
특수교육 또는 조기중재프로그램에 참여하는 아동	5.6% (2005)
영어 사용이 어려운 아동	5.2% (2004)

출처: ChildStats.Gov, CDC.Gov.

아동을 규정하는 가장 중요한 특징 중 하나는 장소 의존성인데, 특히 학교 및 영유아교육기관과의 연관성이다. 대다수의 아동은 학교나 영유아교육기관에서 낮 시간의 80% 이상을 보낸다. 아동이 모이는 다른 장소로는 스포츠센터, 캠프, 영화관, 쇼핑센터, 놀이터 등이 있다. 학교에서 지내는 동안은 아동의 취약성을 감소시키는 데 도움이 되지만, 맞벌이가정의 아동은 방과 후부터 부모의 퇴근시간까지 혼자 있거나 보호받지 못하고 있다. 학기 중이 아닌 여름방학 기간에는 보호받지 못하는 시간이 하루 종일 지속된다.

2005년 허리케인 카트리나와 리타로 인한 대규모의 긴급대피는 재난관리계획 담당자가 재난에 대비할 때 자신의 지역사회에 거주하는 아동인구 이상을 고려할 필요가 있음을 보여주었다. 텍사스 주 휴스턴 시의 사례와 마찬가지로 30만 명이나 되는 이재민이 유입되면서 재난피해를 입지 않은 다른 지역으로 이동한 다음 이들에 대한 재난대응이 이뤄져야 했다. 이러한 상황에서 동일한 재난대응체계(대피소, 비상식량, 재통합, 응급처치, 의료서비스)가 가동되면, 현재의 재난대응 역량을 곧바로 초과해버릴 수 있다. 따라서 재난관리계획 담당자는 자신의 관할권 내에 거주하는 아동인구를 면밀히 파악함과 동시에, 도움을 받고자 찾아오는 인근지역 아동과 가족이 더 있다는 사실을 고려해야 한다.

추가로, 아동 중심 국제기구인 유니세프(UNICEF)에서 활용하는 여러 분류체계에서는 특수집단인 아동의 범주에 임신부도 포함한다. 아직 출생 이전인 태아는 적절한 건강과 영양을 유지하기 위해 어머니에게 의존하고 있으므로 태아의 안전과 건강을 위해 임신부는 아동의 요구와 유사한 많은 요구를 가진다. 재난관리계획 담당자는 재난대응계획을 수립할 때 임신부의 취약성과 요구를 고려해야 하고, 이 안내서

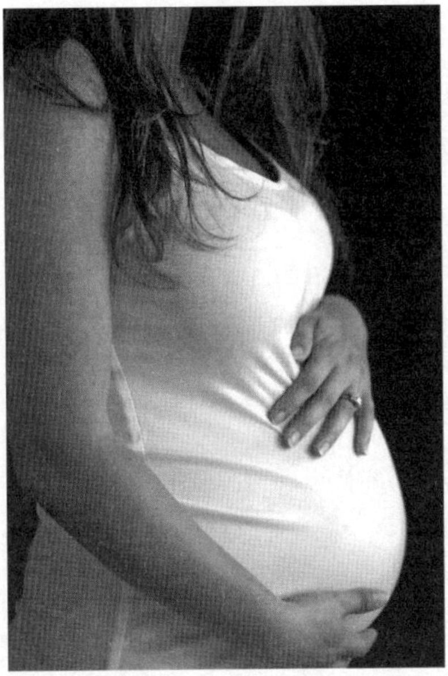
[그림 1.3] 재난관리계획 담당자는 재난 시나리오에서 임신부의 취약성과 요구사항을 아동과 거의 동일하게 고려해야 한다.

에 제시된 바와 같이 기능적인 부속 문서(functional annex)를 제공해야 한다.

신체적 · 생리적 취약성

아동의 취약성에 기여하는 가장 중요한 신체적 특징의 하나는 신체 크기가 작다는 점이다. 예를 들어, 생물학적 · 화학적 재난의 경우 아동은 신체 크기가 작아서 유독물질을 흡수할 가능성이 크며, 피부가 얇아서 피부 표면의 질량비(surface-to-mass ratio)가 더 커지고 호흡이 빨라진다. 신체 크기가 작은 아동의 경우 떨어지는 물체에 맞거나 둔기에 의해 외상이 가해지면 전체 체질량으로 인해 신체에 더 큰 압력이 가해진다([더 알아보기 1.4] 참조).

[더 알아보기 1.4] 신체적 피해

재난 발생 시 아동이 입을 수 있는 신체적 피해 양상은 다음과 같이 다양하다.

- 건물 붕괴로 인한 상해
- 자동차 충돌로 인한 상해
- 이물질로 인한 상해
- 수돗물 내 화학물질이나 오염물질에 의한 감염
- 상한 음식이나 오염된 물의 섭취
- 대피 시 수송 중 부상
- 대피소 내 부상 또는 폭력
- 장기간 지속된 영양 또는 물 부족
- (덥거나 추운) 혹독한 날씨에 대한 노출
- 야생 동물에 의한 공격
- 재난으로 인한 혼란에 의해 치료 중이던 기존 또는 만성 질환의 악화
- 적합한 의료 전문가, 의약품 및 의료장비에 대한 접근 결여

아동의 생리적 반응은 성인과 다른데, 이로 인해 훈련받지 않은 응급처치 담당자가 오진을 하거나 치료를 잘못할 수도 있다. 예를 들어, 아동의 신체는 심지어 충격을 받았을 때조차 비교적 일정한 심박동을 유지할 수 있다. 동일한 응급상황에서 체온, 호흡, 혈압 등 다른 활력징후도 성인과 매우 다르며, 연령집단별로도 차이를 보인다. 아동, 특히 신생아의 경우 아직 면역체계가 완전히 갖춰지지 않았기 때문에 재난

발생 이후에 생물학적 물질에 의해서나 건강상태 저하로 인해 감염될 위험이 높다. 재난의 대응 및 복구 과정에서 아동은 수인성 질환에 걸리기 쉬우며, 이 경우 병원균에 대한 뚜렷한 반응을 보이게 된다(그림 1.4).

재난피해 아동에게 필요한 건강관리 유형은 성인과 다른데, 미국 소아과학회에 의하면 "아동은 적절한 소아과적 의료조치가 필요하고, 아동의 욕구를 충족시키도록 재난관리계획이 설정되어야 한다. 소아과 지침서를 숙지하고, 지침서에 따라 훈련을 받는 것이 핵심이다. 아동이 질병에 걸리거나 상해를 입었을 때, 아동의 신체는 유사한 의료 상황에서 성인이 보이는 반응과는 다른 반응을 보일 것이다. 아동은 치료를 받는 동안 성인과는 다른 약 복용량, 맞춤형 의료기기, 특별한 돌봄이 필요하다."(American Academy of Pediatrics, 2002)

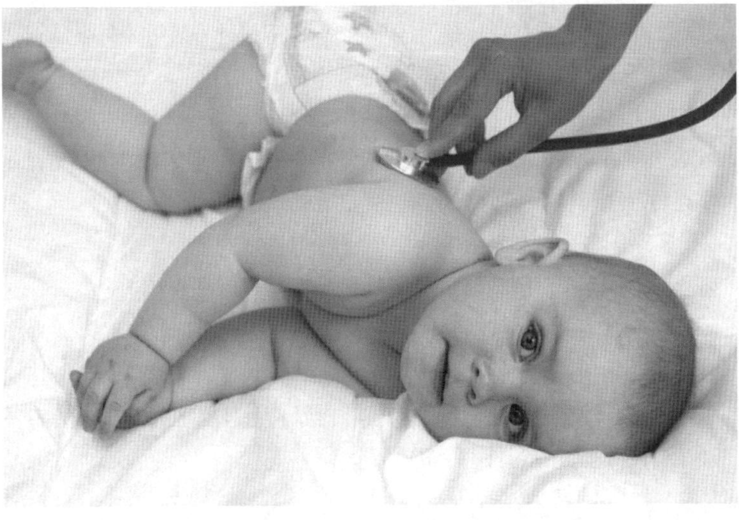

[그림 1.4] 아동, 특히 신생아는 성인보다 질병에 걸리거나 감염될 확률이 매우 높다.

발달적 · 사회적 취약성

아동은 아직 발달이 진행 중이므로 자신의 신체적 · 정서적 건강상태와 욕구를 이해하거나 설명하지 못하는 경우가 종종 있다. 이는 신생아 또는 걸음마기 아동처럼 매우 어린 경우에 적용된다. 아동은 부상 또는 질병을 인식하지 못하거나, 자신의 고통이나 증상에 대해 재난대응 담당자, 양육자, 의사에게 말하지 못하는 경우도 있다. 아동은 무슨 일이 일어나고 있는지 잘 모르거나 공포로 인해 재난대응 담당자에게 저항하기도 한다([더 알아보기 1.5] 참조).

[더 알아보기 1.5] 재난에 대한 아동의 취약성

재난 발생 시 아동은 신체적으로 더 취약하다.

아동은 상대적으로 체내 수분 비축량이 적다. 따라서 질병이나 독성 물질로 인한 구토 시 탈수가 일어날 가능성이 크다.

신생아, 걸음마기 아동, 유아는 ① 미숙한 신체 및 운동기술, ② 지시 이해 능력의 부족, ③ 인지적 지각 능력의 부족으로 인해 위험이 임박했을 때 성인만큼 빨리 위험에서 벗어날 수 없다.

아동은 성인보다 분당 호흡횟수가 많기 때문에 생물학적 또는 화학적 재난이 발생하면 같은 시간 안에 독성 물질에 더 많이 노출된다.

일부 독성 물질은 무거워서 아동에게 더 직접적으로 영향을 미칠 수 있다.

피부 표면의 질량비가 높다는 사실과 함께 아동은 성인에 비해 피부가 얇기 때문에 독성 물질의 흡수율이 더 높다.

재난 발생 시 아동은 심리적으로 더 취약하다.

신체적 · 인지적 발달 및 경험의 수준은 모든 연령의 아동이 재난에 반응하는 방식을 결정하는 중요한 역할을 담당한다.

부모 또는 보호자의 심리적 건강은 개별 아동의 심리적 건강에 유의한 영향을 미칠 수 있다.

출처: Based on information available from the American Academy of Pediatrics.

아동은 발달이 급격히 진행되어 식사, 수면, 휴식, 의료 처치법이 매우 상이하고 지속적으로 변하므로 정기적으로 추적해야 한다. 재난 발생으로 인해 주양육자가 다치거나 아동과 연락이 되지 않을 경우, 아동의 일상생활은 혼란에 빠지게 되고, 그로 인해 매우 짧은 기간에도 스트레스 반응을 보이게 된다. 특별식을 먹어야 하거나, 알레르기 반응이 있는 아동의 경우 자신이 필요한 것에 대해 충분히 이해하지 못하거나, 대피소의 재난대응 담당자와 의사소통하기가 어려울 수 있다([더 알아보기 1.6]과 [그림 1.5] 참조).

[더 알아보기 1.6] 아동 보호: 안전한 공간 프로그램

안전한 공간(Safe Spaces) 프로그램은 미국과 전 세계의 재난에 대비한 세이브더칠드런의 '대표 프로그램' 중 하나다. 안전한 공간 프로그램에서는 아동이 성인 보호자의 감독 하에 놀이를 하고, 사회성을 키우고, 자신을 표현할 수 있으며, 다양한 게임과 활동을 통해 회복을 시작하는 특별한 공간을 제공한다. 미국 세이브더칠드런에서는 재난대피소 등 여러 곳에 안전한 공간 프로그램을 실행할 수 있도록 관련 활동자료 세트를 배포한다.

직원이나 자원봉사자들은 활동자료 세트를 이용하여 아동을 위한 구조화된 활동을 실시하거나 단기적으로 가족과 아동이 함께 놀이하는 방법을 제시할 수 있다. 활동자료 세트는 아동에게 특별한 영역을 표시하는 자료, 예를 들어 미술 재료, 책, 블록, 스카프나 공 등의 활동자료, 그리고 활동 구성, 출석 확인, 장난감 소독을 돕는 자료 등으로 구성되어 있다.

출처: Save the Children. Safe Spaces–A signature program. http://www.savethechildren.org/programs/us-programs/safe-spaces-us.html.

[그림 1.5] 2005년 9월 12일, 텍사스 주 휴스턴(Houston, Texas). 조지 R. 브라운 컨벤션센터(George R. Brown Convention Center)에는 여러 장소에 이재민 자녀들을 위한 다양한 놀이시설이 갖춰져 있다. 뉴올리언스에서 대피한 수백 명의 이재민이 여기에 거주하고 있다(Ed Edahl/FEMA).

아동이 주양육자와 헤어진 경우이거나, 주양육자가 아동을 돌볼 수 없는 상황인 경우 아동은 생명의 안전에 위협을 받게 된다. 대부분의 아동은 자신의 기본적인 욕구, 즉 의식주, 의료처치, 심리적 안정 등에 대한 필요성을 완벽하게 주장하지 못한다. 또한 재난 발생 이전과 이후 상황에서 아동 스스로 대피할 능력도 없다. 양육자와 헤어진 영아와 걸음마기 아동이 가장 위험한데, 이들은 심각한 부상으로 고통스러워하거나 며칠 또는 몇 시간 이내에 사망에 이를 수도 있다. 결국 아직 인지발달 수준이 낮은 아동은 경고 및 지시를 이해하여 따르는 데 어려움이 있고, 자신이 위험에 처해 있음을 인지하고 대피할 능력이 부족하다([더 알아보기 1.7] 참조).

[더 알아보기 1.7] 미국 적십자사 – 아동

재난은 아무런 경고 없이 갑자기 발생한다. 이러한 사건은 성인에게는 단지 무서운 일에 불과하지만, 무엇을 해야 할지 모르는 아동은 이로 인해 외상을 경험하게 된다.

재난이 발생하면 가족들은 집이나 일상생활에서 떠나야 할 수도 있다. 아동은 혼란스러워하거나 불안해하거나 두려워할 수 있다. 아동의 두려움을 감소시키기 위해서는 적절한 도움을 제공해야 한다.

재난에 대한 아동의 반응

아동은 일과에 따라 생활한다. 아동은 아침에 일어나서 식사를 하고, 학교에 가서 친구들과 놀이를 한다. 이러한 일과가 응급상황이나 재난으로 중단되면 아이들은 불안해질 수 있다.

재난 발생 시 아동은 부모와 성인의 도움을 기대할 것이다. 성인이 재난상황에서 어떻게 반응하는지는 아동이 어떻게 행동할 것인지에 대한 단서를 제공한다. 성인이 불안하고 초조한 반응을 보이면 아동은 더욱 겁에 질릴 수 있다.

아동은 성인이 느끼는 두려움을 보고 실제로 위험한 상황이 발생했다고 생각한다. 성인이 상실감을 가누지 못할 경우, 아동은 더 강한 상실감을 느낄 수 있다.

아동의 두려움은 상상력으로 야기될 수도 있는데, 성인은 이러한 감정을 진지하게 받아들여야 한다. 두려움을 느끼는 아동은 실제로 두려워한다. 성인의 말과 행동으로 아동을 안심시킬 수 있다. 따라서 부모가 자녀와 대화할 때, 솔직함과 동시에 감당할 만한 사실을 제시해야 한다.

두려움은 성인과 아동 모두에게 건강하고 자연스러운 감정이다. 그러나 성인은 상황을 통제할 필요가 있다. 위험 상황이 지나갔다는 확신이 들면, 자녀의 정서적 요구에 집중해야 한다.

아동을 가족의 복구 활동에 함께 참여시키면, 아동은 자신의 삶이 '정상'으로 돌아간다고 느끼는 데 도움이 될 것이다. 이 기간 동안 성인의 반응이 지속적으로 영향을 미칠 수 있다.

출처: American Red Cross. *Preparing and getting trained: Children*. http://www.redcross.org/portal/site/en/menuitem.d8aaecf214c576bf971e4cfe43181aa0/?vgnextoid=e4a20c45f663b110VgnVCM10000089f0870aRCRD&vgnextfmt=def. ©2010. The American Red Cross. All rights reserved. With permission.

재난 발생으로 모든 가족구성원이 피해를 입은 아동은 학업성취도가 떨어질 가능성이 높다. 이러한 부정적 영향력의 주된 원인 중 하나는 주의집중력의 감소다. 의식주와 일과의 변화는 경각심 저하와 피로를 가져오고, 이는 낮은 수준의 학업성취도로 이어진다. 아동은 계속해서 재난현장을 방문하거나 심리적 외상으로 고통스러워하게 되는데, 이는 아동이 정보를 처리하고 학습하는 능력에 영향을 미친다.

심리적 취약성

모든 재난피해자는 심리적 스트레스와 외상에 직면한다. 아동은 양육자에 대한 의존성이 크므로 위험수준도 높고, 주위 상황에 대한 이해력도 떨어진다. 아동은 재난으로 인해 산산조각 난 자신의 안전을 책임져야 하고, 공포, 부상, 부모의 사망을 목격한다. 재난의 여파는 그 이후로도 계속 아동의 마음속 깊이 남을 것이다([더 알아보기 1.8]과 [그림 1.6] 참조).

[더 알아보기 1.8] 쓰나미가 생존 아동에게 미친 영향

세이브더칠드런은 2004년 12월 쓰나미가 발생한 이후 인도네시아 아체 지역(Arche Province)의 부모 및 양육자 500명에게 자녀의 태도와 행동이 쓰나미로 인해 어떻게 변했는지 기술하도록 요청했다. 그 결과 다음과 같은 답변이 가장 많았다.

- 잠들기 힘들어하고, 밤에 눈을 감으면 무섭다고 한다.
- 바닷가 근처에 가고 싶어 하지 않는다.
- 파괴된 학교로 다시 돌아가는 것을 두려워한다.
- 많은 아이들이 자신감을 상실했다.
- 어떤 아이들은 커다란 소리가 나면 놀라거나 운다.
- 악몽을 꾸는 아이들이 많다.

부모들은 자녀들이 가지고 있는 가장 큰 공포는 쓰나미가 다시 발생하여 부모와 헤어질 수 있다는 것이라고 말했다. 세이브더칠드런은 아동의 회복을 돕기 위해 교육 및 오락 프로그램뿐만 아니라 어린이클럽을 만들어 예측 가능한 미래와 정상생활을 도모했다. 아동이 자신의 두려움을 표현하고, 다른 친구들과 걱정을 나눌 수 있도록 성인이 지도하는 구조화된 활동 역시 아동을 치유하는 환경이 된다. 또한 세이브더칠드런은 자신의 두려움을 해결하고 자녀가 회복될 수 있도록 부모를 지원한다.

출처: Save the Children. 2005. *Policy brief – Protecting children in emergencies.* http://www.savethechildren.org/publications/policy-briefs/policy_brief_final_1.pdf.

[그림 1.6] 2004년 아시아 지역에서 발생한 쓰나미와 같이 대규모 사상자 및 사망자가 발생한 사고는 특히 아동에게 매우 치명적이며 장기적인 영향을 미칠 수 있다.

미국 의료관리품질조사국(Agency for Healthcare Research and Quality)에서는 다음과 같이 제시하고 있다(그림 1.7).

재난이 아동에게 미치는 심리적 영향은 한결같거나 공통적인 특성을 보이지는 않는다. 재난이 아동에게 미치는 심리적 영향의 주요 요인은 재난 자체의 속성, 재난에 노출된 정도, 아동과 주위 사람이 입은 피해 정도, 개별 아동의 특성 등이다. 아동은 재난 발생 시에도 여전히 심리적인 발달이 진행되고 있다. 아동의 발달단계는 그들의 대응방식을 특징짓고, 외상 사건에 적응하는 다양성의 수준을 결정한다(AHRQ, 2006).

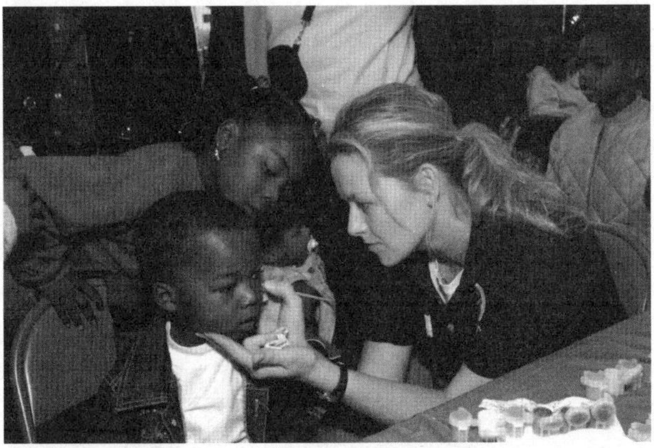

[그림 1.7] 2005년 12월 17일, 미시시피 주 매콤(McComb, Mississippi). FEMA DRC 코디네이터인 도나 알도프(Donna Althof)가 허리케인 카트리나 피해 아동의 얼굴에 페이스페인팅 그림을 그려주고 있다. 매콤 지역의 재난복구센터(Disaster Recovery Center, DRC)는 이 센터와 연계된 허리케인 카트리나 피해 아동을 위해 크리스마스 파티를 개최했다(Patsy Lynch/FEMA).

안전 및 안정의 취약성

재난피해 아동은 자신의 신체적 안전과 안정 측면에서 매우 취약할 수 있다. 재난 발생 상황에서는 산만해진 경찰력과 관리감독의 소홀함으로 인해 나약한 재난피해 아동을 착취하려는 범죄자들이 평상시보다 더 쉽게 피해자에게 접근할 수 있다. 대피나 보호 상황에 처해지면서 범죄자와 아동이 근처에서 함께 지낼 수 있다.

재난피해 아동은 또래의 괴롭힘이나 우울증에 시달릴 수도 있다. 재난피해 아동은 마약이나 알코올중독 같은 매우 위험한 증상을 보이기도 한다. 또한 아동이 우울증 증상을 겉으로 나타내지 않을 수 있고, 혼란한 주변 상황으로 인해 이러한 증상이 드러나지 않을 수 있으나, 자살 또는 폭행 같은 충동행위로 이어질 수 있다.

또한, 재난 발생 후 부모가 자신의 상황을 감당하기 어려워 가정폭력이 급증한다는 연구결과가 보고되었다. 재난 발생 이전에 사회복지사가 담당하던 사례 건수보다 담당 사례 건수가 너무 많아져 아동은 가정폭력의 희생자가 된다(그림 1.8).

[그림 1.8] 가정폭력, 학대 및 아동 성범죄자는 아동의 안전과 보호를 위해 재난계획 담당자가 해결해야 할 고려사항 중 하나다.

재난대응 시 아동의 특별한 요구는 무엇인가?

재난관리계획 담당자는 아동뿐만 아니라 아동과 관련된 개인, 서비스, 제품의 요구사항을 명확하게 이해하여 재난관리계획에 그러한 요구사항이 반영되도록 해야 한다. 이러한 요구사항은 관심사에 따라 몇 개의 영역으로 구분된다. 개별 관심 영역의 요구사항은 예방, 대비, 대응, 복구의 재난관리주기와 관련된 4가지 분리된 기능으로 세분화할 수 있다.

대다수의 재난관리계획 담당자는 아동의 요구가 재난 이외의 상황에서도 광범위하다는 사실을 알고 있다. 재난 상황의 경우에는 이러한 요구가 지속됨과 더불어 재난 자체로 인해, 그리고 아동을 둘러싼 환경의 변화로 인해 발생하는 새로운 요인들이 기하급수적으로 증가한다.

유엔(UN)에서 정의한 아동의 요구는 3가지 일반 범주로 구분된다.

- 신체적 보호
- 심리사회적 보호
- 인지적 보호

신체적 보호에는 아동의 안정과 신체적 안전에 관한 요구가 포함된다. 아동은 착취나 약탈에 대한 전통적인 보호체계가 무너지거나 약해지는 재난 상황에서 더 나약해진다. 재난으로 인한 부상이나 건강문제가 추가로 수반되면서 기존의 건강문제가 더 악화된다. 주거, 영양, 위생, 수면, 휴식처럼 모든 사람에게 기본적으로 필요한 신체적 욕구는 아동의 경우 탄력적으로 조절되지 못하며, 나이가 어리고 작고 성장 중인 신체의 특수성을 잘 알고 있는 훈련된 담당자가 해결해야 한다.

심리사회적 보호의 목표는 재난피해 아동의 심리적 · 사회적 발달에 성인보다 훨씬 과도하게 나타나는 피해 및 발육부진이 없도록 하는 데 있다. 재난 상황에서 아동의 삶과 일상이 붕괴되면 아동의 심리적 · 사회적 발달은 방해받을 수 있다. 아동은 개인이나 체계에 절대적으로 의지하는데, 이들의 내구성과 영속성이 재난 발생 이후 무너지면서 아동의 심리상태도 나약해진다.

인지적 보호는 아동이 정보를 인식 · 처리 · 보유하는 능력에 관한 처리 과정을 말한다. 아동기는 학교, 부모, 사회관계망, 경험에 의해 인지발달이 집중적으로 진행되는 시기다. 재난으로 인해 이러한 과정은 몇 주 또는 몇 달, 심지어 몇 년 동안 중단될 수 있다. 재난으로 인해 인지발달에 부정적 영향을 받은 아동은 또래에 비해 인지능력이 뒤떨어지고, 이후 삶에서 학습장애로 어려움을 겪게 된다.

대부분 아동의 개별 욕구는 이러한 영역 중 둘 또는 셋에 해당한다. 예를 들어, 아동에게 인지발달을 위한 우수한 교육 프로그램을 제공한다면, 교육의 사회적 효과뿐만 아니라 안전한 교실환경에서 또래, 교사와 함께 일과에 참여하여 얻는 신체적 건강과 발달도 가능하다. 또한 개별 욕구는 아동의 연령에 따라 그 정도와 세부사항이 변하며, 특수한 신체적 · 사회적 · 심리적 상황에 따라서도 아동의 욕구는 변한다.

[사례연구] 재난이 아동에게 미치는 심리적 영향

재난 발생 시 아동의 반응을 파악할 때 두 가지 잘못된 신념이 있는데, 이 신념을 받아들여서는 안 된다. ① 아동은 선천적으로 적응 유연성이 있고 빠르게 회복한다. 심지어 심각한 외상으로부터도 빠르게 회복한다. ② 아동, 특히 나이 어린 유아는 부모가 잘못 대응하지 않는 이상 재난의 영향을 받지 않는다. 이 두 가지 신념은 모두 거짓이다. 아동이 재난의 영향을 두 배로 경험한다는 사실을 보여주는 많은 증거가 있다. 심지어 매우 어린 아동도 죽음, 파괴, 테러, 개인의 신체적 폭행, 부모의 부재 또는 무력함 등에 직접적으로 영향을 받는다. 또한 재난이 부모와 다른 신뢰할 수 있는 성인(예: 교사)에게 미친 영향과 재난에 대한 부모의 반응에 의해 아동은 간접적으로 영향을 받는다.

재난에 대한 아동의 반응을 파악하려고 할 때 발생하는 또 다른 문제는 부모가 자녀의 반응을 잘못 해석하는 경향이 있다는 것이다. 이미 스트레스 상태에 있는 부모는 자녀의 위축, 퇴행 또는 문제행동이 고의적인 행동이라고 오해할 수 있다. 또는 부모가 자신이 겪은 외상을 떠올리고 싶지 않거나, 통제 가능한 평범한 일상으로 돌아가고 싶어서 모든 것을 '괜찮다'고 여기고 싶어 할 수도 있다. 두 가지 경우 모두 부모는 자녀가 고통스러운 상황에 있음을 무시하거나 거부하려고 한다. 그렇게 되면 아동은 자신이 무시당하거나 가치 없는 존재로 여겨지거나 양육을 거부당한다고 느낄 수 있다. 이것은 아동의 발달에 장기적인 영향을 줄 수 있다. 단기적으로는 아동이 불안감으로 인해 자신의 감정이나 고통에 대한 표현을 억제하게 되어 부모가 자녀로부터 심리적으로 더 멀어지게 만들 수 있다(그림 1.9).

[그림 1.9] 2005년 5월 24일, 플로리다 주 올랜도(Orlando, Florida). FEMA가 지원하는 위기상담 보조금을 활용하여 20분 분량의 인형극인 「폭풍 속의 영웅(Heroes of the Storm)」을 공연한다. 플로리다 주 아동가족부(Child and Families Department)에서 개발한 이 프로그램은 아동이 작년에 발생한 허리케인으로 초래되었을지 모를 고통과 외상을 다루는 데 도움을 제공한다(Ed Edahl/FEMA).

부모나 신뢰할 만한 성인으로부터 보호와 지지를 받고 안정감을 느낀다면, 대부분의 아동은 재난이 발생해도 분별력을 가지고 적절하게 대응한다. 그러나 재난 이후 아동 역시 성인처럼 다양한 증상을 보일 수 있다. 이들의 증상은 성인과 대체로 유사하다. 하지만 좀 더 직접적이거나 외현적인 형태로 나타난다.

1~5세 영유아의 경우, 불안 증상이 분리에 대한 두려움, 낯선 이에 대한 두려움, '괴물' 또는 동물에 대한 두려움, 수면장애 같은 일반적인 형태로 나타나게 된다. 아동은 재난과 직접적인 관련이 있을 수도 있고 그렇지 않을 수도 있지만, 어떤 특정한 상황이나 환경을 회피하는 반응을 보일 수도 있다. 또한 재난과 직접적으로 관련된 또는 그렇지 않은 단어나 상징에 몰두하거나, 강박적인 반복 놀이를 할 수도 있으며, 제한된 감정 표현 또는 억제된 놀이 유형으로 나타나기도 한다. 사회적으로 위축되거나 기존에 획득된 발달 능력을 상실할 수도 있다(예: 배변훈련).

6~11세 아동의 경우, 재난 발생을 재연하는 반복 놀이를 하거나, 재난에 대한 이야기를 반복해서 할 수도 있다. 아동은 (공개적으로 또는 은연중에) 안전과 위험에 대한 강박적인 감정을 표현할 수 있다. 수면장애, 신경과민, 또는 공격적 행동과 분노 폭발이 나타날 수 있다. 아동은 부모의 걱정에 대해 세심한 관심을 보이거나 가족과 친구에 대해 지나치게 걱정하는 모습을 보일 수 있다. (아마도 신체 증상의 형태로) 등교 거부가 나타날 수 있다. 아동은 주양육자와 분리되는 데 대한 분리불안을 보일 수 있다. 이해되지 않는 부분들은 상상을 동원하여 해석하거나 매우 어린 아동에게서 나타나는 일반적 특성과 같은 행동을 하기도 한다. 행동, 기분, 성격의 변화, 외현적 불안과 두려움, 위축, 활동에 대한 흥미 상실, 그리고 '어리석은' 또는 산만한 행동이 나타나기도 한다.

사춘기에 근접한 아동일수록 그들의 반응은 성인의 반응과 유사하다. 공격적인 행동, 부모에 대한 적대감, 비행, 약물 남용 및 위험 추구 행동 등의 강한 반응이 나타날 것이다. 또한 학업성취도가 저하될 수 있으며, 복수심을 표출할 수도 있다. 청소년들은 상담에 참여할 가능성이 특히 낮다.

모든 연령의 아동은 부모 또는 다른 양육자가 재난에 대해 보이는 반응에 영향을 받는다. 아동은 부모와 분리되거나 부모를 잃었을 때, 버려진 것과 같은 느낌을 받는다. 따라서 아동을 '보호'하기 위해 재난의 현장으로부터 멀리 보내는 것은 사랑하는 사람과 분리시키는 것이므로 재난으로 인한 외상에 분리로 인한 외상을 추가하게 된다.

학령기 아동이 보이는 증상

- 우울
- 위축
- 악몽, 재난 관련 자극에 대한 강한 공포증을 포함한 일반적 공포
- 적대감
- 공격성, '과잉 행동'
- 원망, 의심, 신경과민
- 무질서하고 '흥분된' 행동
- 신체 이상: 두통, 위장 장애, 일반적인 통증. 이러한 증상은 반복적인 학교 결석으로 나타난다.
- 주의집중의 어려움
- 지루하거나 휴식을 취할 때, 또는 잠들 때 나타나는 침투적 기억, 사고, 감각
- 반복적인 꿈
- 통제감 및 책임감 상실
- 장래성의 상실
- 개성 및 정체성 상실
- 대인 간 상호작용에 대한 합리적 기대감 상실
- 위험상황이거나 취약한 상태에서의 현실감 상실
- 수치심
- 놀이, 그림, 스토리텔링에서 재난에 대한 습관적 재연: 이러한 행동은 재난을 극복하기 위한 일종의 노력으로 이해될 수 있다. 그림에는 수많은 반복과 정교화 과정에 의해 외상의 이미지 또는 무의식적 이미지가 기괴하게 표현되기도 한다.
- 재난에 대한 (신체) 운동감각 형태의 재연
- 전조 증상: 아동은 재난 이전에 있었던 특정한 '징후'가 재난의

전조 증상이라고 믿고 향후에 닥칠 재난 징후에 민감히 반응할 수 있다.

- 퇴행: 배변 실수, 오염, 집착, 강한 분리불안
- 발생 가능성은 낮지만 성인과 유사한 기억 상실, 회피, 마비 같은 외상후스트레스장애 증후군(Post Traumatic Stress Disorder syndromes)

성인의 경우 재난의 영향이 심각하고 지속적일 수 있지만, 그 영향은 이미 형성된 성격 위에 나타난다. 아동의 경우, 아직 성격 발달이 진행 중이므로 그 영향이 극대화된다. 아동은 재난으로 인한 심리적 피해 구조 안에서 자신의 정체성을 형성해나가야 한다. 만약 재난에 의해 발현된 증상을 치료하지 않거나 파괴된 구조물로 인해 계속해서 재난이 이어질 경우(예: 지진에 의해), 또는 외상의 원인 자체가 만성인 경우(예: 전쟁이나 난민 캠프로 이전) 그 결과는 더 처참하다. 아동은 학대 및 폭력을 경험하고, 집과 가족으로부터 분리됨으로써 두려움과 불안 속에 성장한다. 평범한 놀이, 사랑과 애정이 가득한 아동기는 더 이상 찾을 수 없다. 만성적인 외상을 입은 아동의 장기적인 반응에는 방어적 둔감화가 포함된다. 이러한 아동은 일상생활에서 차가운 모습을 보이거나 무감각해지고, 정서적 결핍을 보인다. 폭력은 합법적인 행동처럼 여겨질 수도 있다. 의미 있는 미래에 대한 감각을 상실한다.

출처: Ehrenreich, J. H. 2001. *A guidebook to psychosocial intervention.* Mental Health Workers Without Borders. http://www.mhwwb.org/CopingWithDisaster.pdf. With permission.

[사례연구] 재난 이후 아동의 특별한 심리적 요구

대부분의 경우, 성인에게 적용되는 원칙이 연령에 적합한 방식으로 아동에게도 동일하게 적용된다(즉, 아동의 연령에 적합한 용어를 사용하여 구체적으로 설명한다). 앞에서 설명한 재난에 대한 아동의 특수한 반응을 고려할 때, 아동을 대상으로 업무를 진행할 경우 다음과 같은 부가적인 원칙을 고려할 것을 제안한다.

- 아동은 부모의 반응을 관찰하거나 영향을 받는 등 재난으로부터 직접적인 영향뿐만 아니라 간접적인 영향도 받는다. 부모의 학대, 신체적 또는 심리적 방임과 같이 강력한 방해 요인이 없는 이상 아동치료에 부모를 참여시키는 것은 매우 중요하다.
- 재난으로 인해 무슨 일이 일어났는지에 대해 자녀와 의논하고, 자녀의 반응을 인식하고 수용하며 이해하고, 부모 자신의 반응에 대해 열린 마음으로 자녀와 소통하는 것이 도움이 된다.
- 자녀나 부모 자신의 고통을 무시 또는 부인하거나, 배변 실수 또는 과잉 행동 같은 퇴행 행동을 고의적인 행동이라고 귀인한다면, 아동의 적절한 요구를 파악할 수 없다. 부모는 이러한 문제에 대해 교육을 받아야 하고, 여러 경로(예: 학교)를 통해 사례연구 결과를 수집해야 한다.
- 부모에게는 특정한 행동에 대한 적절한 반응과 관련된 교육뿐만 아니라 구체적인 처치에 관한 교육도 유익하다. 예를 들어, ① 배변 실수 등과 같은 퇴행 행동의 경우 처음에는 허용해줘야 한다. 아동에게 강요하지 말고 위로해줘야 한다. 아동이 부끄러움을 느끼게 하거나 비판하거나 벌을 주지 말아야 한다. 시간이 지나면 점차 일반적인 기대수준만큼 회복될 수 있다. ② 부적절한 행동에 대한 가장 유용한 반응은 행동 중재(바람

직하지 않은 행동에 대한 제재와 바람직한 행동에 대해 보상하는 시스템)다. ③ 아동의 불안 수준을 감소시키기 위해 신체적인 접촉이 도움이 될 수 있다. 정기적으로 허리와 목 마사지를 해주면 도움이 된다는 연구결과도 있다. ④ 아동이 두려움 없이 자신의 감정을 표현하기 위해서는 허용과 안심이 필요하다.

- 아동은 장난감, 침구, 특별한 음식, 연령에 적합한 활동(놀이집단, 학교, 집안일) 등 구체적인 요구가 있을 수 있다. 이러한 요구사항이 제공되면 아동의 요구를 감당해야 할 부모도 혜택을 누리게 된다. 직장에 복귀하기 위해 또는 정상 기능을 회복하기 위해 여러 가지 일을 수행하기 위해서는 지속적인 보육서비스도 필요하다.
- 가능하다면 아동이 부모로부터 분리되는 일은 피해야 한다. 반드시 분리가 필요한 경우(아동의 안전을 위해, 또는 부모가 아동을 돌볼 수 없는 경우) 조부모, 손위형제 또는 교사와 같이 아동에게 친숙하고 중요한 사람과 지내도록 해야 한다.
- 아동은 재난의 원인, 자신의 행동과 현재 느끼는 감정이 정상인지에 대해 부정확한 결론을 도출하는 경향이 있다. 예를 들어, 아동은 자기 자신 때문에 그러한 일이 일어났다고 믿기도 한다. 치료를 통해 아동이 오인하고 있는 부분을 탐색하고 교정할 수 있다.
- 어린 아동(적어도 10세에서 11세까지)은 자신의 감정을 설명하기 위해 효과적으로 언어를 사용하거나 자신의 반응을 처리하지 못하기도 한다. 그림 그리기, 손인형 놀이, 역할 놀이, 주제가 재난이 아닌 이야기(예: 동시, 동화)를 통해 아동의 반응을 전체적으로 탐색할 수 있다.
- 아동이 자신의 감정을 경험하고 표현할 수 있는 시간적 여유가 주어져야 하지만, 가능한 한 빠른 시일 내에 가정에서의 일상

생활로 복귀해야 한다.

- 학교는 중요한 역할을 담당한다. 낮에는 아동에게 안전한 피난처를 제공하고, 사례 발굴 및 중재를 위한 장소로서의 역할도 한다. 학교는 아동에게 구조화된 환경을 제공함으로써 아동이 자신의 행동을 조절하도록 돕는다. 조속한 학교 복귀, 출석 여부 점검, 특이사항 발견은 아동에게 도움이 된다(재난이 발생한 직후 아동이 부모와 함께 지내고 싶어 하는 것은 당연하지만, 아동 보육서비스가 필요할 수도 있다). 재난 이후 아동이 학교에 복귀했을 때 곧바로 학교의 일과 운영에 맞추어 생활하도록 강요해서는 안 된다. 그 대신 (말하지 않으려는 아동에게는 강요하지 않으면서) 발생한 사건에 대해 대화하고 자신의 감정을 표현할 시간을 제공해야 한다. 학급 전체 또는 일부 학생을 대상으로 하는 학급회의가 도움이 될 것이다. 또한 학교에서 학부모 대상 모임을 개최하여 아동의 반응에 대해 대화를 나누고, 재난 이후 아동에게 반응하는 방법에 대해 부모교육 프로그램을 제공할 수도 있다.
- 성인처럼 아동 역시 두려운 상황에 대한 통제감을 느끼는 것이 도움이 된다. 복구 작업 중 연령과 상황에 적합한 과제에 아동을 참여시키는 것(예: 재난피해자를 위해 구호품을 수집하거나 대피소 내 나이 어린 아동을 돌보는 것과 같이 책임을 맡는 것)이 아동과 다른 재난 피해자 모두에게 도움이 된다.
- TV에 방영되는 반복적인 재난 관련 영상은 불안을 고조시킬 수 있으므로 재난과 관련된 TV 시청을 제한해야 한다. 성인은 TV 속 과도한 영상으로부터 아동을 보호하고 모니터링해야 하며, 아동이 시청하는 영상에 대해 대화를 나눠야 한다.

출처: Ehrenreich, J. H. 2001. *A guidebook to psychosocial intervention.* Mental Health Workers Without Borders. http://www.mhwwb.org/CopingWithDisaster.pdf. With permission.

세이브더칠드런(Save the Children)에서는 아동과 양육자가 재난의 정서적 · 심리적 충격을 극복하도록 돕기 위해 심리사회적 프로그램을 개발했다. 세이브더칠드런 홈페이지에 제시된 프로그램의 내용은 다음과 같다.

> 세이브더칠드런에서는 미국에서 주요 재난이 발생한 이후 지역사회-기반 복구 및 탄력성 구축 프로그램을 제공하여 재난 관련 사안을 다루고자 했다. 아동의 개인적 · 정서적 · 사회적 요구를 다루고 있어 '심리사회 프로그램'이라 불리는 이번 워크숍에서는 아동을 돕기 위해 협동게임, 구조화된 놀이, 표현 및 미술활동을 활용한다.
>
> - 안전과 정상으로 회복하기
> - 경험에 대한 생각과 감정 표현하기
> - 탄력성 또는 대처기술 강화하기
> - 또래 및 양육자와 긍정적 관계 형성하기
>
> 허리케인 카트리나 이후 3만 명의 아동과 1,400명 이상의 양육자가 세이브더칠드런 심리사회 프로그램에 참여했다(Save the Children, 2007).

2009년 세이브더칠드런에서는 텍사스 주 4개 도시에서 아동을 위한 재난-회복 공동체(Disaster-Resilient Communities for Children)를 설립하는 국가적인 계획을 시작했다. 이 계획의 구성요소 중 하나는 회복 및 준비 프로그램(Resilient and Ready Program)인데, 이는 K-6학년 아동을 대상으로 한 1시간 분량의 교육용 워크숍으로 지진, 홍수, 산불 등 다양한 재난을 경험한 아동의 탄력성을 구축하는 프로그램이다. 이 워크숍은 아동이 재난 대비 학습에 흥미를 가지도록 재난교육에 협동게임을 도입했다(Save the Children, 2009). 이와 관련된 더 자세한 내용은 제3장과 제4장에서 살펴볼 예정이다.

[더 알아보기 1.9] 아동을 위한 재난 – 회복 공동체

세이브더칠드런은 재난계획 설계자, 재난대응 담당자, 학교 및 영유아교육 기관장, 양육자, 그리고 아동과 함께 지역사회의 강점을 평가하고 재난계획에서 제외된 아동의 포괄적 요구를 파악한다. 이때 지역사회-기반 접근을 포괄하며, 전국적으로 적용할 수 있는 프레임을 사용한다. 세이브더칠드런의 아동을 위한 재난-회복 공동체는 오클라호마 주 툴사(Tulsa)에서 1년 동안 시행한 매우 성공적이었던 시범사업을 토대로 위험 지역의 아동을 보호하기 위해 지역사회의 이해관계자들과 협력하여 재난계획 수립의 모범 사례를 적용했다. 세이브더칠드런은 지역사회의 기업과 단체의 지원을 받아 이와 같은 아동 대상 프로그램의 성공 사례를 계속 만들어가고, 텍사스 주 대도시 지역(오스틴, 댈러스, 휴스턴과 샌안토니오)의 지도자들이 아동과 가족의 재난에 대한 탄력성과 준비성을 갖출 것을 희망했다.

출처: Save the Children. 2009. Disaster resilient communities for children: Concept note. August.

다수의 단체에서 아동이 재난에 대처하도록 돕는 방법을 포함한 부모용 지침서를 개발했다.

[더 알아보기 1.10] 아동의 재난 대처를 돕는 10가지 조언

위기상황이 발생한 동안이나 이후에 아동은 자신이 보고 듣는 것에 의해 크게 영향을 받는다. 주요 재난이 발생한 동안 전국의 아동은 자신의 가족이 피해를 당하지 않았어도 언론 보도에 나타난 파괴된 모습을 보고 두려워할 수 있다.

자녀의 정서적 안녕감에 관심이 있는 많은 부모, 교사, 조부모와 양육자는 재난에 대한 아동의 질문에 대답하는 방법에 대해 조언을 구한다.

다음의 10가지 조언은 수년간 세이브더칠드런의 미국 및 국제 긴급구호 경험을 기반으로 구성되었으며, 위기 발생 시 아동을 지원하는 부모를 위한 지침으로 사용될 수 있다.

1. 자녀를 자주 안아주고 안심시켜준다.
2. 아동의 이야기를 주의 깊게 듣고, 그들에게 무슨 일이 있었는지에 대해 이야기할 기회를 제공한다.
3. 뉴스 및 사진은 아동을 놀라게 할 수 있으므로 TV 시청 시간을 제한한다.
4. 자녀의 행동 변화를 관찰한다. 자녀에게 식사, 수면 또는 일상생활과 관련된 불편이 계속해서 나타나거나, 양육자로서 힘들거나 걱정이 된다면 정신건강 전문가의 도움을 받는다.
5. 자녀가 여전히 혼란스럽고 두려워할 수 있으므로 인내심을 가지고 이해한다.
6. 자녀에게 충분한 시간을 주고 관심을 기울인다.
7. 자녀 주변에서 긍정적인 행동과 언어를 사용한다.
8. 자신을 돌보고, 긴장 완화를 위한 운동을 하며, 충분한 휴식을 취한다.
9. 자녀가 학교, 일상생활 및 일과에 복귀할 수 있도록 도움을 준다.
10. 아동이 자원봉사에 참여하여 다른 사람들을 돕도록 격려한다.

출처: Save the Children. http://www.savethechildren.org/countries/usa/us-emergency-programs/us-preparedness/ten-tips.html.

가족통합

재난 상황에서도 가족통합을 유지하는 것은 아동의 신체적·정서적 안정을 위해 중요하다([더 알아보기 1.11]과 [그림 1.10] 참조). 아동은 다음과 같은 여러 가지 이유로 인해 가족과 헤어질 수 있다.

- 재난 발생 이전 및 이후의 대피상황에서
- 재난 발생 시 학교 또는 영유아교육기관에서
- 재난 발생 시 병원이나 진료소에서 치료받는 경우
- 재난 발생 시 학교에서 수업 중이거나 여름캠프, 수학여행 중인 경우
- 재난 발생 시 집을 떠나 친구나 친척을 방문하는 중인 경우
- 재난 발생 시 친구 집을 방문하거나 매장, 영화관에 있는 경우

다음 재난이 발생하기 이전에 가족과 헤어진 아동을 발견하고, 아동과 가족이 가능한 한 빨리 다시 만나도록 돕는 실시 요강 및 절차를 개발하는 것이 핵심요소다.

[더 알아보기 1.11] 가족과의 헤어짐

세이브더칠드런 보고서

분쟁 또는 자연 재난이 발생한 경우 갈 곳을 잃고 혼자가 되거나, 가족 또는 지역사회로부터 분리되는 것보다 아동에게 더 무섭고, 아동의 안전과 건강에 더 위협적인 일은 없다. 아직도 전쟁 또는 기타 비상사태의 결과로

전 세계 수십만 명의 아동이 끔찍한 경험을 한다. 지난 10년간 100만 명 이상의 아동이 무력 충돌에 의해 고아가 되거나 가족과 헤어지게 되었다. 가족과 헤어진 아동은 질병, 착취, 차출, 학대에 더 취약하다. 이들은 가족의 지원과 보호가 없어 이러한 위험에 특히 더 취약하고, 삶을 회복시키는 데 필요한 자원도 부족하다. 조기 중재가 이뤄지지 않을 경우, 이러한 아동은 자신의 가족을 찾지 못할 수도 있고, 특히 매우 어린 유아는 생존이 어려울 수도 있다.

출처: Save the Children. 2005b. *Policy brief – Protecting children in emergencies*. http://www.savethechildren.org/publications/policy-briefs/policy_brief_final_1.pdf.

[그림 1.10] 2008년 8월 30일, 루이지애나 주 뉴올리언스(New Orleans, Louisiana). 뉴올리언스에서 대피하기 위해 4명의 자녀와 함께 뉴올리언스 공항터미널에 도착한 한 어머니가 운전면허증을 보여주며 비행기 탑승에 필요한 정보를 제공하고 있다(Jacinta Quesada/FEMA).

대피나 강제 이동 상황에서 가족과 헤어지는 것은 중요한 문제다. 허리케인 카트리나 발생 이후 약 5,200명의 아동이 가족과 헤어졌고,

이 모든 아동이 가족과 다시 만날 때까지 약 7개월의 시간이 흘렀다([더 알아보기 1.12] 참조).

[더 알아보기 1.12] 허리케인 카트리나 이후 다시 재회한 가족

전국실종학대아동센터(NCMEC)에 따르면, 2005년 8월 29일, 허리케인 카트리나가 멕시코 만 연안 지역을 강타했다. 거대한 폭풍우로 심각한 재산 피해가 발생했으며, 사회기반시설이 파괴되었고, 전기가 차단되었고, 도로가 파손되었으며, 41만 1,000명의 전례 없는 이재민이 48개 주로 이동했다. 많은 가족이 뿔뿔이 헤어지게 되었다. 몇 시간 내에 미국 법무부는 전국실종학대아동센터에 성인과 아동 모두의 요구를 수렴할 수 있는 핫라인을 구축하도록 요청했다. 앨라배마, 루이지애나, 미시시피, 텍사스 주에 배치된 30개 팀의 실종아동 담당자들은 가족과 헤어진 아동을 발견하여 가족과 다시 만날 수 있도록 도왔다. 전국실종학대아동센터가 지방정부 및 주정부와 연계하여 노력한 결과, 허리케인 카트리나와 리타로 인해 실종된 5,192명 가운데 마지막 아동이 2006년 3월 텍사스 주 휴스턴에서 어머니, 형제자매와 다시 만날 수 있게 되었다.

출처: National Center for Missing and Exploited Children. http://www.missingkids.com/en_US/publications/NC170.pdf. With permission.

허리케인 카트리나 발생 이후 질병통제예방센터(Centers for Disease Control and Prevention: CDC)에서는 아동 이재민을 발견하여 보호하기 위한 프로토콜을 출간했다([더 알아보기 1.13] 참조).

[더 알아보기 1.13] 질병통제예방센터

아동 이재민의 신속한 발견 및 보호를 위한 프로토콜

- 대피소에 있는 모든 아동을 조사하여 법적 보호자와 함께 있지 않은 아동을 파악한다. 이러한 아동은 실종아동 명단에 포함되어 있을 확률이 높다. 대피소 내에서 아동의 수면 장소가 어디인지 파악한다. 그 아동을 관리 감독하는 성인의 연령과 이름을 파악한다. 아동 이재민을 식별하기 위한 조사는 http://www.health.ok.gov/bt/에서 온라인으로 진행된다.
- 병원에서 사용하는 양식인 식별 팔찌(또는 가능하면 사진이 포함된 신분증)를 아동과 그 아동을 감독하는 성인에게 제공한다. 대피소 내에서는 아동과 함께 있는 성인의 식별 팔찌가 해당 아동의 것과 일치하는지 수시로 확인한다.
- 조사를 통해 법적 보호자와 함께 있지 않은 것으로 식별된 모든 아동은 고위험군에 해당하는 것으로 간주하고, 즉시 전국실종학대아동센터 1-888-544-5475에 보고해야 한다. 그러면 NCMEC는 실종 신고된 아동의 이름과 비교하면서 대조할 수 있다.
- '고위험군' 아동이 발생하면, 성인 또는 아동이 상호관계 및 상태에 대해 부정확한 정보를 제공했을 수도 있으므로 병원이나 대피소에 있는 전체 아동 이름 목록을 NCMEC로 전송해야 한다.
- 원래(즉, 허리케인 이전) 법적 보호자와 함께 있지 않았던 아동은 안전 및 복지 사정을 받아야 한다(아동을 동반한 성인과 아동의 관계에 대한 사정을 고려한다). 이러한 사정은 소아과 경험이 있는 의사가 실시하는 것이 적절하다.
- 만약 아동이 실종되었다고 NCMEC에 보고된 경우, 아동을 찾아서 법적 보호자와 다시 만날 수 있도록 노력한다.

출처: Centers for Disease Control and Prevention. 2005. CDC health advisory: *Instructions for identifying and protecting displaced children.* September 28. http://www2a.cdc.gov/HAN/Archive Sys/ViewMsgV.asp?AlertNum=00236.

2008년, 재난피해 아동의 요구를 파악하고 정부와 민간단체가 이러한 요구를 효과적으로 취급하기 위해 협력하는 방안을 모색하고자 국가아동재난위원회(National Commission on Children and Disasters)가 설치되었다([더 알아보기 1.14] 참조). 2009년 10월, 이 위원회에서는 위원회 활동의 결과물을 중간보고서로 발표했고, 2010년 10월 최종보고서를 출간했다. 보고서 결과의 요약본 및 권고사항은 이 책의 [부록 A]에 제시되어 있다. 위원회의 중간보고서는 http://www.childrenanddisasters.acf.hhs.gov/20091014_508IR_partII.pdf에서 다운로드 할 수 있다.

이 위원회의 중간보고서에 제시된 중요한 결과 중 하나는 재난 발생 이후 아동과 가족의 고유한 요구를 해결하는 사례관리에 관한 것이다. 이 보고서의 내용은 다음과 같다.

> 위원회는 연방재난사례관리프로그램(federal disaster case management program) 개발을 위한 미국 감사원(U. S. Government Accountability Office; GAO) 보고서의 견해를 지지하고, 자녀가 있는 가정의 요구를 우선적으로 고려하면서 지역사회의 문화적 · 경제적 차이를 모두 포괄한다는 점을 제안한다. 재난사례관리는 주정부의 모든 관련 부서와 조직이 협력하여 하나의 조직에 의해 실행되어야 하고, ① 건강, 교육, 아동과 가족의 요구 관련 서비스, ② 재난사례관리를 제공하기 위한 자원봉사단체와의 연계, ③ 재난사례관리의 모든 측면을 지원하는 재원을 확보해야 한다. 재난대비 재원은 재난 발생 이전에 재난사례관리프로그램 지원을 위한 사회기반시설 구축에, 그리고 재난사례관리자가 재난지역에 긴급 배치되도록 사전 협약하는 데 제공되어야 한다.
>
> 재난사례관리의 목적은 재난 상황에서 생존한 아동과 가족이 자급자

족 상태로 신속히 되돌아가도록 돕는 것이다. 재난사례관리프로그램에서는 가족에게 명백하게 긍정적 결과가 나타남을 보여주는 정기적인 측정과 모니터링이 가능한 일련의 포괄적인 프로그램 평가도구를 개발해야 한다. 프로그램 평가에는 아동의 회복 과정을 사정하고 모니터링하기 위한 지침서가 포함되어야 한다. 재난지역으로 선포된 지역의 모든 개인은 재난사례관리서비스를 제공받아야 한다(National Commission on Children and Disasters, 2009).

[더 알아보기 1.14] 국가아동재난위원회

배경

국가아동재난위원회(National Commission on Children and Disasters)는 2007 재난피해 아동의 안녕, 안전, 건강법(Kids in Disasters Wellbeing, Safety and Health Act of 2007)에 따라 설립되었고, 2008 통합 세출 법(Division G, Title VI of the Consolidated Appropriations Act of 2008; P. L. 110-161)에 포함되었다. 또한 위원회는 2008 통합 보안, 재난 지원 및 평생 세출 법(Consolidated Security, Disaster Assistance, and Continuing Appropriations Act of 2008; P. L. 110-329)에 의거하여 독립적인 연방자문위원회로서 입지를 가진다.

위원회는 모든 긴급 사태, 위험 및 재난 대비, 대응, 복구와 관련된 아동(0~18세)의 요구를 독자적으로 검토하고 사정하는 종합적인 연구를 수행한다. 다른 기관의 사정을 참조하고, 연구결과, 결론 및 이들 기관의 권고사항을 검토하여 불필요한 중복사항을 피해야 한다. 위원회는 늦어도 2010년 10월 14일까지 대통령과 의회에 이 중간보고서 외에도 최종보고서를 제출해야 한다.

위원회는 다음과 같은 세부적인 연구결과, 결론 및 관련 권고사항을 보고해야 한다. ① 아동의 신체건강, 정신건강 및 외상, ② 모든 상황에서의 아동보육, 아동복지, ③ 초 · 중등교육, ④ 대피소, 임시주택과 가용 주택,

⑤ 교통, ⑥ 청소년 보호, ⑦ 대피, ⑧ 재난관리 관련 활동, ⑨ 국가아동재난자원센터 설립 및 계획의 필요성. 위원회는 적절한 판단하에 자원과 서비스 배분, 관리, 정책, 규정 및 법률 변경의 조정에 대해 보고해야 한다(P. L. 110-161).

위원회는 초당적인 기구로 대통령 및 의회 지도자들에 의해 임명된 10명의 위원으로 구성된다. 위원회는 소아과, 주정부 및 지방정부 재난관리, 응급 의료서비스, 아동을 위한 민간단체, 주정부 지정 기관을 대표하는 위원으로 구성된다. 위원회는 위원 및 관련 전문가로 구성된 4개의 소위원회로 구성된다. ① 교육, 아동복지 및 청소년 보호, ② 대피, 교통 및 주택, ③ 사회복지서비스 복구, ④ 소아 의료서비스. 위원회는 분기별로 공식 회의를 개최하고, 소위원회는 구체적인 사안을 다루기 위해 매월 회의를 개최한다.

출처: National Commission on Children and Disasters. 2009. *Interim report.* October 14. http://www.childrenanddisasters.acf.hhs.gov/20091014_508IR_partII.pdf.

연방재난관리청(FEMA)은 최근 재난피해 아동의 고유한 요구에 대해 관심을 갖기 시작했다. 재난피해 아동 관련 훈련 과정은 온라인으로 제공되는데, 이는 연방재난관리청 명의의 지도자 과정이다. 2009년 8월 의회 연설에서 연방재난관리청장 크레이그 퓨게이트(Craig Fugate)는 아동의 요구 보장을 위한 관련 기관 합동 포럼을 제공하고자 아동전문위원회의 설치를 공표했다(Fugate, 2009)([더 알아보기 1.15]와 [그림 1.11] 참조).

[더 알아보기 1.15] FEMA 아동전문위원회: 연방재난관리청장의 연설에서 발췌

아동의 요구 보장을 위한 새로운 접근 방법

세이브더칠드런은 최근 국가아동재난위원회에서 수행하는 임무 이외에 재난 발생 시 우리 사회의 아동을 보호하기 위해 연방정부의 즉각적인 행동을 촉구하는 보고서를 발표했습니다. 이 보고서는 FEMA에 아동권리옹호를 위한 사무국(an Office for Children's Advocacy) 설립 등을 포함한 여러 가지 권고사항을 담고 있습니다. 저는 이 보고서에 대한 답변으로 국가위원회와 지속적으로 논의한 결과 FEMA에 아동전문위원회를 창설하게 되었다는 것을 공표하게 되어 매우 기쁘게 생각합니다.

전문위원회의 목적은 FEMA의 모든 부서를 총괄하는 중앙부서를 설립하여 아동의 요구가 우리의 모든 대비·대응·복구 활동에 통합되도록 보장하는 것입니다. 사실상 모든 부서의 장들이 전문위원회에 속하며, FEMA의 수석대표가 의장을 맡게 됩니다. 이 전문위원회는 FEMA의 모든 부서에서 수행하는 일반적인 역할을 조직화할 뿐 아니라, 아동의 요구를 보장하기 위해 연방정부, 주정부, 지방정부 간의 긴밀한 협력을 강화시킬 것입니다. 이와 같이 새롭게 구성된 위원회는 우리의 가장 소중한 사회구성원인 아동의 고유한 요구를 뒤늦게 수렴하지 않기 위해 계획 과정의 모든 단계에서 아동과 관련된 문제를 지지할 것입니다.

아동전문위원회는 더욱 구체적으로 다음과 같은 주요 영역에 초점을 두고 있습니다.

- 아동에게 적합한 피난, 대피 및 재배치 관련 지침
- 가족 추적 및 재회
- 사례관리의 통합 지원
- 영유아교육기관, 학교, 아동복지 및 청소년 사법제도에서 아동의 재난대비 강화
- 국가 재난관리계획 과정에 아동을 포함하여 국가 재난관리계획 강화

- 보조금 지침에 아동의 요구 포함
- 아동 교육, 건강, 주택 지원을 위한 연방정부, 주정부, 부족 및 지역사회 간 복구 협력 강화
- 재난 발생 이후 영유아교육기관의 신속한 재건과 수리가 보장되도록 연방정부의 지원 방법 고려
- 재난 발생 시 가족교육과 아동보호를 위한 대중의 인식 활동 증진

다시 말해, 아동전문위원회의 설립으로 전 부서에 아동의 요구 증진을 위한 토론의 장이 형성될 것입니다. 위원회는 국가아동재난위원회, 세이브더칠드런 같은 민간단체의 권고사항이 신속히 전달되도록 돕는 역할을 담당할 것입니다.

큰 틀에서 보면 지역사회의 문제와 아동의 문제를 별개로 분리하지 않고, 모든 계획에 아동의 고유한 요구를 통합할 수 있는 최선의 방법을 식별하여 지원하는 것이 아동전문위원회의 설립 취지입니다.

전문위원회는 이 문제에 대해 새로운 관점으로 새로운 해결책을 제안합니다. 아동과 관련된 계획을 통합하는 데 부서 전체의 초점을 두고, 전 국가적으로 연방정부 내 부처 간 협력을 이끌어내는 것이 바로 그 해결책입니다. 우리는 이러한 접근방식이 재난이 발생했을 때 아동의 요구에 대비하고 대응하기 위한 실제적이며 영구적인 변화를 가져올 것이라고 낙관적으로 예상해봅니다.

출처: Fugate, C. 2009. Testimony before the U. S. Senate, Committee on Homeland Security and Governmental Affairs, Ad Hoc Subcommittee on Disaster Recovery. In *Focus on children in disasters: Evacuation planning and mental health recovery.* Washington, D. C., August 4. http://hsgac.senate.gov/public/index.cfm?FuseAction=Files.View&FileStore_id=ac143d9,c760-47d6-bc46-0a9845b74116.

[그림 1.11] 2009년 12월 10일, 워싱턴 D. C.(Washington, D. C.). FEMA 청장 크레이그 퓨게이트는 재난복구 특별 분과위원회(Ad Hoc Subcommittee on Disaster Recovery)인 국토안보 및 행정자치 상원위원회(Senate Committee on Homeland Security and Government Affairs) 개최에 앞서 재난피해 아동의 요구 해결에 대해 진술하고 있다. 청문회의 주된 목적은 국가아동재난위원회의 중간보고서를 평가하기 위한 것이다. 특히, 분과위원회는 청장이 다음과 같은 질문에 응답하도록 요청했다. ① 재난피해 아동의 요구를 해결하기 위한 전략 개발에서 FEMA와 HHS의 협력, ② FEMA와 국가아동재난위원회의 협력, ③ 국가아동재난위원회의 중간보고서에서 제기된 우려사항을 해결하기 위해 FEMA가 담당하고 있는 역할(Bill Koplitz/FEMA)

결론

재난피해 아동의 특별한 요구 3가지에 대해 살펴보았다. 신체적 안전은 상해로부터 아동을 보호하고, 재난으로 인해 상해를 입은 아동에게 적절한 의료처치를 제공한다는 점에서 중요하다. 아동의 정서적 안정은 재난으로 인해 쉽게 손상되며, 재난으로 인해 외상을 입은 아동의 증상을 치료해야 한다. 아동과 양육자가 재난 발생 이후 대처하도록 돕고, 다음 재난 발생 이전에 대비하도록 돕는 프로그램이 제공된다. 가족통합은 아동의 일상, 특히 재난의 전반적인 심리적 안정에 결정적인 역할을 한다. 가족이 서로 헤어지지 않도록 돕고, 헤어진 가족이 적절한 시점에 다시 만나도록 돕는 절차가 다음 재난 발생 이전에 진행되어야 한다.

제2장
아동시설의
재난대비와 연속성

서론

제1장에서 아동은 재난 발생 시 특별한 조치를 필요로 한다는 점을 확인했다. 아동은 신체적 피해, 심리적 고통, 가족 해체로부터 보호받아야 하고, 양질의 교육에 접근할 수 있어야 한다. 아동에게 있어 일상은 신체적·정서적 행복에 결정적인 요인이며, 재난은 아동의 일상을 파괴하고, 그 파급력은 상당하다. 아동의 일상생활 중 대부분은 가족, 또래, 양육자에 의해 형성되며, 학교와 영유아교육기관에 의존한다. 아동을 위한 사회기반시설은 다음과 같다.

- 부모, 조부모, 후견인, 위탁부모, 형제
- 학교
- 아동보육 제공자와 양육자
- 아동을 위한 사회서비스
- 학급친구와 또래

이 장의 목표는 아동을 위한 사회기반시설의 요소들을 계획하기 위한 재난관리자의 역할을 기술함으로써 재난에 대비하도록 돕고, 지역사회 재난관리계획에서 아동을 위한 사회기반시설의 포함 여부를 결정하도록 하는 데 있다(그림 2.1).

[그림 2.1] 2008년 6월 12일, 캔자스 주 채프먼(Chapman, Kansas). F-3 토네이도가 이 지역을 덮친 이후 중학교는 엉망이 된 쓰레기 더미 속에 남겨졌다. 토네이도는 또한 학교 행정 건물과 고등학교를 무너뜨리고, 창문을 부수고, 초등학교 지붕을 날려버렸다(Anita Westervelt/FEMA).

이 장에서는 다음의 내용을 살펴본다.

- 가족
- 학교
- 아동보육 제공자 및 양육자
- 중요한 지역사회 기반시설
- 아동사회복지서비스

가족

가족은 형태와 크기가 다양하므로 재난관리 담당자는 가족의 다양한 법적 · 사회적 정의를 알고 있어야 한다. 오늘날 우리 사회에서 아동은 다음과 같은 가족구성원과 함께 살고 있다.

- 양부모
- 한부모
- 조부모
- 후견인
- 위탁부모
- 형제
- 홈리스 아동

재난피해 아동이 어떤 가족유형에 속해 있는지에 관계없이 아동을 책임지는 일차적인 방법은 가족을 통해서다. 한 가족의 가장은 위기가 닥쳤을 때 피난을 갈 것인지, 대피소를 찾을 것인지, 아동을 돌보기에 안전한 장소를 찾을 것인지에 대해 결정해야 한다. 가족은 재난관리자가 계획을 수립하기 위해 알고 있어야 하는, 재난 발생 시 아동에게 필요한 조치를 포함하여 아동의 일상생활에서 일어나는 많은 일에 대해 책임을 지고 있다.

아동의 안전 및 보안

- 보호(감독)

- 책무 및 추적
- 가족 재결합
- 대피소 안전
- 연령, 성, 인종, 능력 등에 따른 차별로부터 보호

영양섭취

- 연령에 맞는 음식
- 식수
- 영양 보충제
- 수유모를 위한 음식물
- 위생적인 수유 및 급식재료와 물품

의류 및 대피소

- 아동의 신체 크기와 성별에 맞는 의복
- 자주 변동되지 않는 가정 같은 분위기
- 학습하고, 놀고, 사회생활이 가능한 안전한 장소
- 적절한 숙박 장소에서의 일상적이고 충분한 수면
- 일상생활에서 느끼는 일반적 안정감
- 안전한 환경(흡연, 음주, 마약, 총기, 언어)

위생

- 신생아, 영아, 아동, 청소년용 물품(기저귀, 수건, 로션, 치아관리)
- 안전하고 아동에게 적절한 욕조 및 세면대
- 기본 위생 정보, 안내, 감독

대피 및 이동

- 학교와 영유아교육기관의 대피(그림 2.2)
- 영유아교육기관에서 대피한 아동의 추적
- 영아와 걸음마기 아동에게 필요한 조치를 위한 이동
- 가족 단위의 대피
- 대피소 내에서의 이동
- 의료시설로의 이동

아동, 부모, 양육자를 위한 재난관리교육

- 가족의 재난대비 및 계획 수립
- 학교와 영유아교육기관의 재난대비, 계획 수립, 훈련
- 지역사회의 재난대비

[그림 2.2] 1995년 4월 26일, 오클라호마 주 오클라호마시티(Oklahoma City, Oklahoma). 수색 및 구조 담당 직원들이 폭탄테러로 사망한 영유아교육기관 아동들의 추모비 앞에 모여 있다(Photo from FEMA News).

가족은 아동이 재난 사건에 대응하도록 준비하는 데 있어 중요한 역할을 담당한다. 이러한 각각의 계획은 ① 가족 재난계획 수립하기, ② 가족재난키트 제작하기, ③ 재난정보 숙지하기, ④ 가족 재난계획 실행하기와 같이 4가지 기본 단계로 전개된다. 그리고 다음과 같은 내용이 이후 제시된다.

- 자연재난: 당신의 가족은 재난에 대비하고 있습니까?: 전국실종학대아동센터(National Center for Missing and Exploited Children: NCMEC) 제작(더 알아보기 2.1)
- 미국 적십자사(American Red Cross)의 가족 재난계획 수립 정보(그림 2.3)
- 당신의 가족이 재난에 대비하기 위한 4단계: 미국소아과학회(American Academy of Pediatrics) 제작(그림 2.4)

재난관리자는 저소득층 및 중류층 가족이 며칠 동안 지낼 식품, 식수, 다양한 비상물품이 포함된 가족재난키트(family disaster kit)를 제작하는 데 어려움이 있다는 사실을 알고 있어야 한다. 이 가족들은 가족재난키트를 제작할 만큼의 경제적 여유가 없을지도 모른다. 게다가 저소득층 및 중류층 가족과 아동은 지속적으로 정보를 제공받지 못할 수 있는데, 특히 영어를 사용하는 가족원이 없는 경우와 모국어 방송을 청취할 수 없는 경우가 대표적 예다.

[더 알아보기 2.1] 자연재난: 당신의 가족은 재난에 대비하고 있습니까?

전국실종학대아동센터(NCMEC)는 가족들에게 가족의 안전을 위한 계획 수립이 중요하다는 사실을 상기시킨다.

자연재난의 혼란 속에서, 특히 대피해야 할 경우 가족은 서로 헤어질 수도 있다. NCMEC는 자연재난에 의한 잠재적인 피해 가능성이 있는 모든 가족에게 다음과 같은 권고사항을 제안한다.

- 자녀의 위치를 파악한다.
- 가족구성원과 함께 머무른다.
- 대피할 때 자녀와 함께 사진을 촬영한다.
- 자녀에게 이름, 생년월일, 주소, 전화번호 등이 기입된 개인 식별 정보를 소지하도록 한다. 만약 자녀가 너무 어리거나 스스로 말할 수 없는 경우, 자녀의 신체에 지워지지 않는 마커로 이름, 생년월일, 부모의 이름, 집 주소, 전화번호를 쓰는 것에 대해 고려한다.
- 친척 또는 친구에게 모든 가족구성원의 디지털 사진을 이메일로 보낸다.
- 중요한 문서는 복사하여 안전한 장소에 거주하는 친구나 친척에게 우편으로 발송한다.
- 대피 중 가족이 헤어질 경우 무엇을 할지 숙지하기 위해 자녀와 함께 계획을 세운다.

출처: National Center for Missing and Exploited Children (NCMEC). http://www.missingkids.com/missingkids/servlet/PageServlet?LanguageCountry=en_US&PageId=3252.

지역사회의 인구통계학적 특성을 이해하는 것은 재난관리자가 재난계획을 수립하는 데 도움이 된다. 지리정보시스템(GIS)을 통해 영유아와 위탁아동이 지역사회의 어디에 거주하고 있는지 알아두는 것은 유용하다.

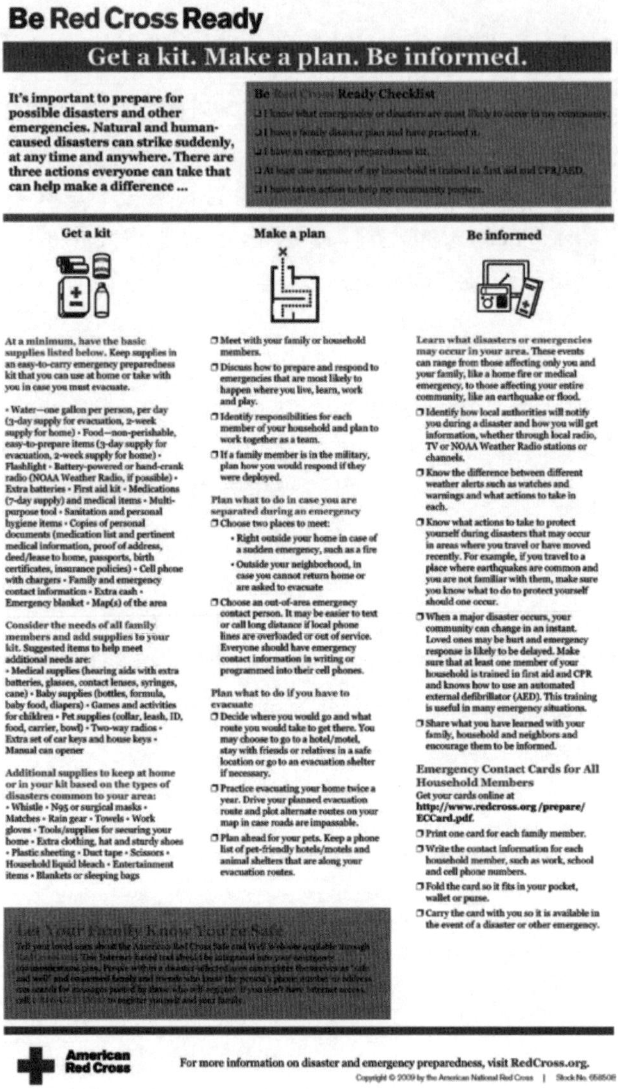

Be Red Cross Ready

Get a kit. Make a plan. Be informed.

It's important to prepare for possible disasters and other emergencies. Natural and human-caused disasters can strike suddenly, at any time and anywhere. There are three actions everyone can take that can help make a difference ...

Be Red Cross Ready Checklist

- ☐ I know what emergencies or disasters are most likely to occur in my community.
- ☐ I have a family disaster plan and have practiced it.
- ☐ I have an emergency preparedness kit.
- ☐ At least one member of my household is trained in first aid and CPR/AED.
- ☐ I have taken action to help my community prepare.

Get a kit

At a minimum, have the basic supplies listed below. Keep supplies in an easy-to-carry emergency preparedness kit that you can use at home or take with you in case you must evacuate.

• Water—one gallon per person, per day (3-day supply for evacuation, 2-week supply for home) • Food—non-perishable, easy-to-prepare items (3-day supply for evacuation, 2-week supply for home) • Flashlight • Battery-powered or hand-crank radio (NOAA Weather Radio, if possible) • Extra batteries • First aid kit • Medications (7-day supply) and medical items • Multi-purpose tool • Sanitation and personal hygiene items • Copies of personal documents (medication list and pertinent medical information, proof of address, deed/lease to home, passports, birth certificates, insurance policies) • Cell phone with chargers • Family and emergency contact information • Extra cash • Emergency blanket • Map(s) of the area

Consider the needs of all family members and add supplies to your kit. Suggested items to help meet additional needs are:
• Medical supplies (hearing aids with extra batteries, glasses, contact lenses, syringes, cane) • Baby supplies (bottles, formula, baby food, diapers) • Games and activities for children • Pet supplies (collar, leash, ID, food, carrier, bowl) • Two-way radios • Extra set of car keys and house keys • Manual can opener

Additional supplies to keep at home or in your kit based on the types of disasters common to your area:
• Whistle • N95 or surgical masks • Matches • Rain gear • Towels • Work gloves • Tools/supplies for securing your home • Extra clothing, hat and sturdy shoes • Plastic sheeting • Duct tape • Scissors • Household liquid bleach • Entertainment items • Blankets or sleeping bags

Make a plan

- ☐ Meet with your family or household members.
- ☐ Discuss how to prepare and respond to emergencies that are most likely to happen where you live, learn, work and play.
- ☐ Identify responsibilities for each member of your household and plan to work together as a team.
- ☐ If a family member is in the military, plan how you would respond if they were deployed.

Plan what to do in case you are separated during an emergency

- ☐ Choose two places to meet:
  - Right outside your home in case of a sudden emergency, such as a fire
  - Outside your neighborhood, in case you cannot return home or are asked to evacuate
- ☐ Choose an out-of-area emergency contact person. It may be easier to text or call long distance if local phone lines are overloaded or out of service. Everyone should have emergency contact information in writing or programmed into their cell phones.

Plan what to do if you have to evacuate

- ☐ Decide where you would go and what route you would take to get there. You may choose to go to a hotel/motel, stay with friends or relatives in a safe location or go to an evacuation shelter if necessary.
- ☐ Practice evacuating your home twice a year. Drive your planned evacuation route and plot alternate routes on your map in case roads are impassable.
- ☐ Plan ahead for your pets. Keep a phone list of pet-friendly hotels/motels and animal shelters that are along your evacuation routes.

Be informed

Learn what disasters or emergencies may occur in your area. These events can range from those affecting only you and your family, like a home fire or medical emergency, to those affecting your entire community, like an earthquake or flood.

- ☐ Identify how local authorities will notify you during a disaster and how you will get information, whether through local radio, TV or NOAA Weather Radio stations or channels.
- ☐ Know the difference between different weather alerts such as watches and warnings and what actions to take in each.
- ☐ Know what actions to take to protect yourself during disasters that may occur in areas where you travel or have moved recently. For example, if you travel to a place where earthquakes are common and you are not familiar with them, make sure you know what to do to protect yourself should one occur.
- ☐ When a major disaster occurs, your community can change in an instant. Loved ones may be hurt and emergency response is likely to be delayed. Make sure that at least one member of your household is trained in first aid and CPR and knows how to use an automated external defibrillator (AED). This training is useful in many emergency situations.
- ☐ Share what you have learned with your family, household and neighbors and encourage them to be informed.

Emergency Contact Cards for All Household Members

Get your cards online at http://www.redcross.org/prepare/ECCard.pdf.

- ☐ Print one card for each family member.
- ☐ Write the contact information for each household member, such as work, school and cell phone numbers.
- ☐ Fold the card so it fits in your pocket, wallet or purse.
- ☐ Carry the card with you so it is available in the event of a disaster or other emergency.

Let Your Family Know You're Safe

American Red Cross

For more information on disaster and emergency preparedness, visit RedCross.org.

Copyright © 2009 by the American National Red Cross | Stock No. 658508

[그림 2.3] 미국 적십자사 가족 재난계획 수립 팁(American Red Cross family disaster planning tips)은 http://www.redcross.org/www-files/Documents/pdf/Preparedness/checklists/Be_Red_Cross_Ready.pdf에서 확인할 수 있다. ©2010 The American National Red Cross. All Rights Reserved. With permission.

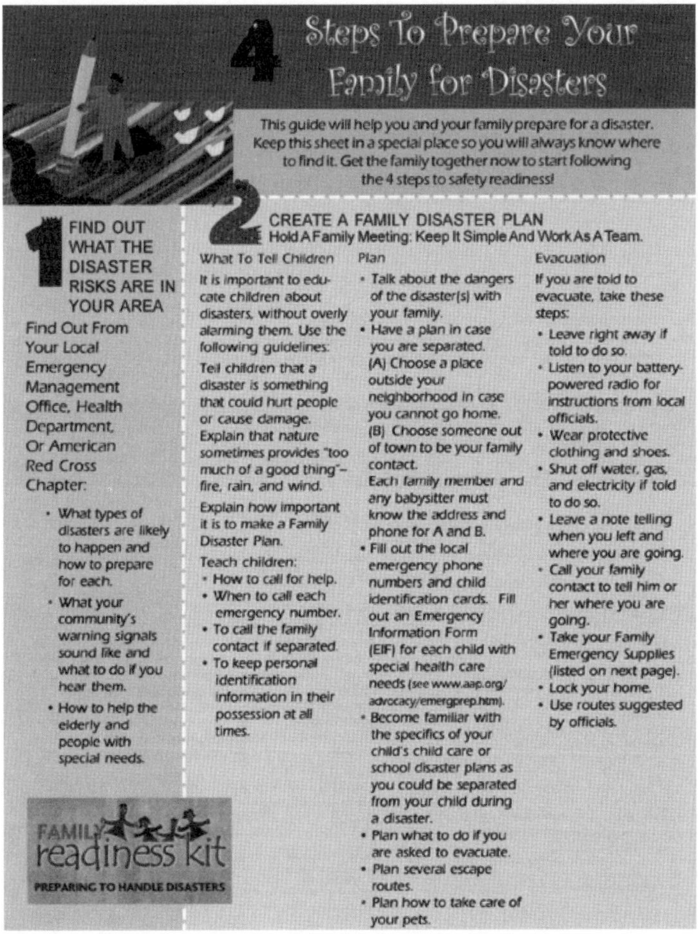

4 Steps To Prepare Your Family for Disasters

This guide will help you and your family prepare for a disaster. Keep this sheet in a special place so you will always know where to find it. Get the family together now to start following the 4 steps to safety readiness!

1 FIND OUT WHAT THE DISASTER RISKS ARE IN YOUR AREA

Find Out From Your Local Emergency Management Office, Health Department, Or American Red Cross Chapter:

- What types of disasters are likely to happen and how to prepare for each.
- What your community's warning signals sound like and what to do if you hear them.
- How to help the elderly and people with special needs.

2 CREATE A FAMILY DISASTER PLAN

Hold A Family Meeting: Keep It Simple And Work As A Team.

What To Tell Children

It is important to educate children about disasters, without overly alarming them. Use the following guidelines:

Tell children that a disaster is something that could hurt people or cause damage. Explain that nature sometimes provides "too much of a good thing"– fire, rain, and wind.

Explain how important it is to make a Family Disaster Plan.

Teach children:

- How to call for help.
- When to call each emergency number.
- To call the family contact if separated.
- To keep personal identification information in their possession at all times.

Plan

- Talk about the dangers of the disaster(s) with your family.
- Have a plan in case you are separated.
  (A) Choose a place outside your neighborhood in case you cannot go home.
  (B) Choose someone out of town to be your family contact.
  Each family member and any babysitter must know the address and phone for A and B.
- Fill out the local emergency phone numbers and child identification cards. Fill out an Emergency Information Form (EIF) for each child with special health care needs (see www.aap.org/advocacy/emergprep.htm).
- Become familiar with the specifics of your child's child care or school disaster plans as you could be separated from your child during a disaster.
- Plan what to do if you are asked to evacuate.
- Plan several escape routes.
- Plan how to take care of your pets.

Evacuation

If you are told to evacuate, take these steps:

- Leave right away if told to do so.
- Listen to your battery-powered radio for instructions from local officials.
- Wear protective clothing and shoes.
- Shut off water, gas, and electricity if told to do so.
- Leave a note telling when you left and where you are going.
- Call your family contact to tell him or her where you are going.
- Take your Family Emergency Supplies (listed on next page).
- Lock your home.
- Use routes suggested by officials.

FAMILY readiness kit
PREPARING TO HANDLE DISASTERS

[그림 2.4] 미국소아과학회에서 개발한 가족 재난대비 4단계(4 Steps to Prepare Your Family for Disasters)는 http://www.aap.org/family/frk/fourstepsFRK.pdf에서 확인할 수 있다.

뉴올리언스 시는 자신의 힘으로는 대피할 방법이 없는 거주자들을 돕기 위해 '시(市)에서 도와주는 대피 계획(city-assisted evacuation plan)'을 수립했다. 이 계획의 핵심요소는 특별한 의료조치가 필요한

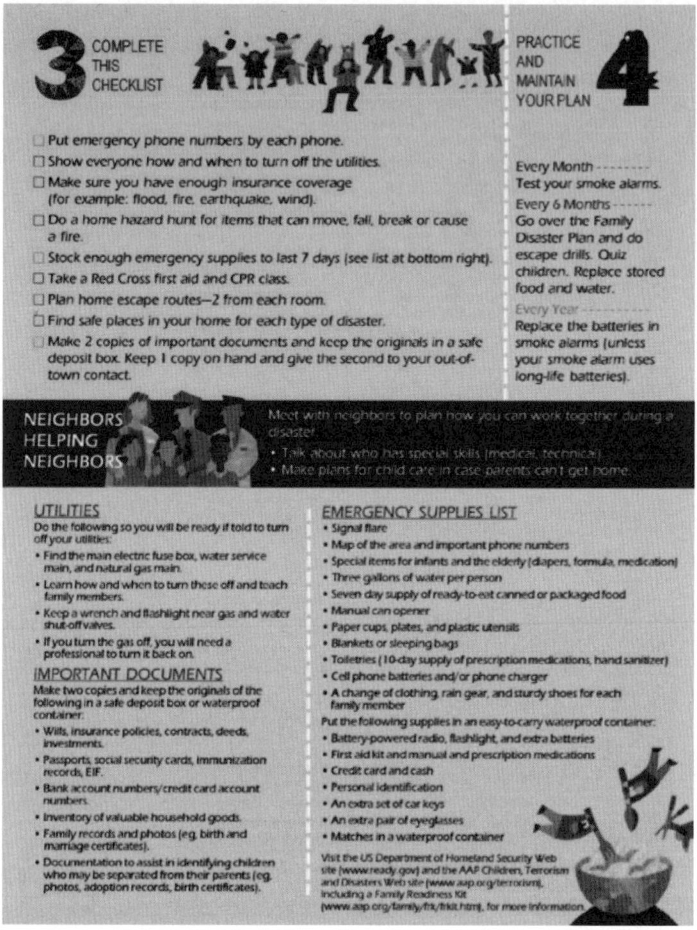
3 COMPLETE THIS CHECKLIST

- □ Put emergency phone numbers by each phone.
- □ Show everyone how and when to turn off the utilities.
- □ Make sure you have enough insurance coverage (for example: flood, fire, earthquake, wind).
- □ Do a home hazard hunt for items that can move, fall, break or cause a fire.
- □ Stock enough emergency supplies to last 7 days (see list at bottom right).
- □ Take a Red Cross first aid and CPR class.
- □ Plan home escape routes—2 from each room.
- □ Find safe places in your home for each type of disaster.
- □ Make 2 copies of important documents and keep the originals in a safe deposit box. Keep 1 copy on hand and give the second to your out-of-town contact.

PRACTICE AND MAINTAIN YOUR PLAN 4

Every Month
Test your smoke alarms.

Every 6 Months
Go over the Family Disaster Plan and do escape drills. Quiz children. Replace stored food and water.

Every Year
Replace the batteries in smoke alarms (unless your smoke alarm uses long-life batteries).

NEIGHBORS HELPING NEIGHBORS

Meet with neighbors to plan how you can work together during a disaster.

- Talk about who has special skills (medical, technical).
- Make plans for child care in case parents can't get home.

UTILITIES

Do the following so you will be ready if told to turn off your utilities:

- Find the main electric fuse box, water service main, and natural gas main.
- Learn how and when to turn these off and teach family members.
- Keep a wrench and flashlight near gas and water shut-off valves.
- If you turn the gas off, you will need a professional to turn it back on.

IMPORTANT DOCUMENTS

Make two copies and keep the originals of the following in a safe deposit box or waterproof container:

- Wills, insurance policies, contracts, deeds, investments.
- Passports, social security cards, immunization records, EIF.
- Bank account numbers/credit card account numbers.
- Inventory of valuable household goods.
- Family records and photos (eg, birth and marriage certificates).
- Documentation to assist in identifying children who may be separated from their parents (eg, photos, adoption records, birth certificates).

EMERGENCY SUPPLIES LIST

- Signal flare
- Map of the area and important phone numbers
- Special items for infants and the elderly (diapers, formula, medication)
- Three gallons of water per person
- Seven day supply of ready-to-eat canned or packaged food
- Manual can opener
- Paper cups, plates, and plastic utensils
- Blankets or sleeping bags
- Toiletries (10-day supply of prescription medications, hand sanitizer)
- Cell phone batteries and/or phone charger
- A change of clothing, rain gear, and sturdy shoes for each family member

Put the following supplies in an easy-to-carry waterproof container:

- Battery-powered radio, flashlight, and extra batteries
- First aid kit and manual and prescription medications
- Credit card and cash
- Personal identification
- An extra set of car keys
- An extra pair of eyeglasses
- Matches in a waterproof container

Visit the US Department of Homeland Security Web site (www.ready.gov) and the AAP Children, Terrorism and Disasters Web site (www.aap.org/terrorism), including a Family Readiness Kit (www.aap.org/family/frk/frkit.htm), for more information.

[그림 2.4] (계속)

거주자를 돕는 것이다. 특별한 의료조치가 필요한 사람들과 이러한 조치가 필요 없는 사람들을 서로 분리된 장소로 안내하여 대피시킬 필요가 있다. 특별한 의료조치가 필요한 성인이 의료조치가 필요 없는 아동과 함께 대피할 경우에는 가족이 서로 헤어지지 않도록 이를 고려하여 시(市)에서 절차를 마련해야 한다.

학교

학교는 아동의 삶에서 중요한 역할을 하는데, 특히 재난 발생 이후 아동이 자신의 일상을 회복하는 데 도움을 준다. 학생들은 가정에서 이전에 다니던 학교로 돌아오거나 새로운 지역사회의 학교로 전학을 가게 되는데, 이 경우 교육 단절을 최소화시키고 일상생활로 되돌아갈 수 있도록 다음과 같은 사항을 고려해야 한다.

교육

- 학습일과와 학업성취의 단절 예방
- 숙제 및 방과 후 활동 수행 기회 제공
- 믿고 신뢰할 만한 교사의 접근 가능성
- 수업자료의 접근 가능성
- 수업운영에 필요한 공간의 접근 가능성
- 심리적 외상 경험, 재난피해 경험, 다른 학교로 전학 온 아동의 교육

대피소 역할을 하는 학교는 재난에서 결정적인 요소이긴 하지만, 단지 건물의 역할만 하는 것은 아니다. 교사, 상담사, 보건교사는 아동을 위한 사회기반시설에서 필수적인 역할을 담당한다([더 알아보기 2.2]와 [그림 2.5] 참조).

[그림 2.5] 2006년 8월 15일, FEMA, 미시시피 주 빌록시(Biloxi, Mississippi). 허리케인 카트리나에 의해 수많은 차량이 파괴된 이후 새로운 버스가 팝스 페리 초등학교에서 아이들을 태우고 있다(Michelle Miller-Freeck/FEMA).

[더 알아보기 2.2] 학교와 아동

학교는 중요한 역할을 담당한다. 낮에는 아동에게 안전한 피난처를 제공하고, 사례 발굴 및 중재를 위한 장소로서의 역할도 한다. 학교는 아동에게 구조화된 환경을 제공함으로써 아동이 자신의 행동을 조절하도록 돕는다. 아동이 신속하게 학교에 복귀하여 출석 여부를 점검하고, 특이한 증상이 있는지 모니터링하는 것은 아동에게 도움이 된다(재난 이후 아동이 부모와 함께 지내고 싶어 하는 것은 당연하지만, 아동보육서비스가 필요할 수도 있다). 아동이 재난 발생 이후 학교로 복귀했을 때 곧바로 학교의 일과로 되돌아가도록 요구해서는 안 된다. 그 대신 (말하지 않으려는 아동에게는 강요하지 않으면서) 아동이 재난 사건에 대해 말하고 자신의 감정을 표현할 시간을 제공해야 한다. 학교 전체의 학급회의 또는 일부 학생 대상의 회의를 제공하는 것도 도움이 될 수 있다. 학교는 아동의 반응과 관련하여 학부모회의를 개최하거나 재난 이후 아동에게 반응하는 방법에 관한 부모교육 프로그램을 제공할 수 있다.

출처: Ehrenreich, J. H. 2001. *A guidebook to psychosocial intervention.* Mental Health Workers Without Borders. http://www.bittersandcream.com/index.php?p=1_6. With permission.

교사와 상담사는 재난 발생 이전에 재난이 아동에게 미칠 영향과 이에 대처하기 위한 방법을 아동이 인식하도록 돕는다. 교사와 학교 관계자는 학교 내에서 아동의 신체적 안전을 책임지고, 대피 및 임시 휴업 절차를 수립하며, 아동을 대상으로 정기적인 대피훈련을 실시해야 한다. 학교 관계자는 학기 중 재난 발생 시 학교의 역할과 학교에서 아동을 언제, 어떻게 데려갈 것인지에 대해 아동의 부모 및 보호자에게 연락해야 한다. 재난관리자는 또한 대피 및 임시휴업 계획과 절차에 대해 알고 있어야 하고, 이러한 계획을 수립 · 추진 · 실행하는 데 있어 학교조직과 긴밀하게 협력해야 한다.

교사와 상담사는 재난 발생 이후에 아동의 정서적 · 심리적 요구사항이 무엇인지를 파악해야 한다([더 알아보기 2.3] 참조). 교사와 상담사 역시 재난으로 인해 충격을 받은 상태이며, 재난에 의해 야기된 스트레스에 대처하기 위해 도움이 필요한 상황이다. 세이브더칠드런(Save the Children)에서는 허리케인 카트리나 발생 이후 허리케인으로 인해 충격을 경험한 교사, 상담사, 양육자의 정서적 · 심리적 요구사항을 해결하기 위해 희망여행(Journey of Hope) 프로그램을 개발했다([더 알아보기 2.4] 참조).

[더 알아보기 2.3] 교사 및 기타 교직원 지원

재난관리자는 "아동의 스트레스 반응 증상에 대한 정보, 학급 토론의 진행 방법 및 아동의 질문에 대한 답변 방법에 관한 지침을 교직원에게 제공해야 한다. 앞서 언급한 바와 같이, 집단토론을 진행할 수 있도록 지원해야 한다. 교사가 자신의 요구에 주의를 기울이도록 격려하고, 교사 자신이 불편한 상황을 감당하도록 강요해서는 안 된다. 학교 관리자는 교직원이 자발적으로 자신의 감정과 반응을 공유하고, 지원 집단을 개발하도록 시간을 허락한다. 또한, 재산상의 손해 또는 자신이나 가족이 상해를 입은 경우 필요에 따라 교사에게 휴가를 제공해야 한다."

출처: Save the Children. 2007. *The unique needs of children in emergencies: A guide for the inclusion of children in emergency operations plans.* September. http://www.savethechildren.org/publications/emergencies/Children-in-Emergencies-Planning-Guide.pdf.

[더 알아보기 2.4] 희망여행

희망여행(Journey of Hope)은 하루 일정의 워크숍(2시간, 4시간, 6시간 일정으로 운영 가능)으로 최근에 겪은 사건들을 극복하고자 하는 교사, 정부관계자, 부모, 영유아교사를 지원하여 당면한 문제들을 해결하고, 더 건강한 미래를 바라볼 수 있도록 돕는다.

배경

세이브더칠드런(Save the Children)에서는 전형적으로 아동을 위한 프로그램에 초점을 둔다. 하지만 그에 못지않게 아동의 보호자(교사, 정부관계자, 부모)를 지원하는 일도 시급하다는 요구가 멕시코 만 연안 지역에서 등장했다. 학교 교직원은 새로운 교육과정 기준, 부족한 예산 대비 필요한 자원, 미래에 대한 불확실성, 과중한 업무로 인한 슬픔, 상실감, 불안을 처리할 시간과 공간이 부족한 것으로 보고되었다. 지속되는 스트레스는 학교 교직원을 소진시키고, 대인 간 갈등을 일으키며, 교실에서도 분노와 좌절감을 느끼게 한다. 일상적인 도움이 제공되지 않고, 아동과 가족의 요구를 해결하려 할 때 교사와 부모는 친숙하지 않은 새로운 환경에서 직면하는 도전으로 인해 유사한 문제를 경험할 가능성이 있다. 교사와 부모가 자신을 돌보는 데 필요한 요구를 파악하고 지역사회의 응집력을 강화시킨다면, 아동의 요구를 반영하고 주의를 기울일 수 있는 보호자로서의 역량이 증진될 것이다.

프로젝트 설명

희망여행에서는 교사와 부모가 최근에 겪은 재난 전후 삶의 여정에 대해 생각해볼 기회를 제공한다. 이 프로그램은 교사, 학교 사회복지사, 정부관계자 등 아동복지와 관련된 직업군에서 겪는 경험을 반영한다. 희망여행에서는 지역사회에 대한 신뢰감, 소속감 형성을 위해 참여자들을 한 곳에 모은다. 침묵의 스토리텔링, 음악, 성인을 위한 협동게임뿐만 아니라 자신을 돌보는 데 필요한 실제적인 지식 및 기술과 같은 창의적인 방법을 활용하여 활동을 진행한다. 워크숍에서는 교사와 양육자에게 안전한 공간을 제공하여 다음과 같은 역량을 촉진한다.

- 신뢰감 및 공동체에 대한 소속감 형성
- 스트레스에 대한 반응 이해 및 대처 기술 향상
- 슬픔과 상실감의 통합적 해결
- 지역사회의 강점과 자산의 발견 및 확대
- 향후 지역사회에서의 주도적인 행동과 지원을 위한 협력 계획

이 프로그램의 목적은 개인과 집단이 자신의 여정을 깊이 생각해보도록 하고, 학교와 지역사회를 강화시키기 위한 지속 가능한 계획을 개발하는 것이다.

> 마지막으로 재난계획 시 학교 간호사를 포함시킨다. 학교 간호사는 지역 보건 담당 부서 및 응급의료서비스(EMS) 담당자와 협력해야 하고, 현재 비상운영계획에 학교 간호사가 제외되어 있다면 반드시 포함시켜야 한다.
>
> ---
>
> **출처:** Save the Children. *Journey of hope for caregivers.*

2007년 세이브더칠드런(Save the Children)에서는 아동에게 필요한 조치와 문제점을 재난관리계획에 포함시키도록 재난관리자를 위해 「재난피해 아동의 고유한 요구: 아동 중심 비상운영계획 지침서(The Unique Needs of Children in Emergencies: A Guide for Inclusion of Children in Emergency Operations Plans)」라는 제목의 지침서를 발간했다. 이 지침서는 아동 관련 재난관리계획을 강화하기 위해 지역 재난관리자와 협력해야 하는 모든 개인 및 단체에 추천할 만하다. 이 지침서의 사본이 [부록 G]에 제시되어 있으며, http://www.savethechildren.org/publications/emergencies/Children-in-EmergenciesPlanning-Guide.pdf에서도 확인할 수 있다.

이 지침서는 학교와 학생이 재난에 대비하기 위해 학교 관리자가 다음과 같은 다양한 활동에 참여하도록 권고한다.

- 지역사회 재난관리계획 수립 과정에 협력하기
- 지역 재난관리계획 수립에서 외부와 연계하여 내부 자원 활용하기
- 아동이 가족이나 보호자와 재회할 때까지 아동의 일시적인 보호를 위해 재난 발생 이전에 학교와 관계기관의 협약 체결하기
- 학교 건물의 대피소 제공 및 대피훈련 실행하기

[그림 2.6] 2006년 6월 17일, 루이지애나 주 배턴루지(Baton Rouge, Louisiana). 이 수업은 오두본 초등학교(Audubon Elementary School)에서 임시교실로 사용되는 새로운 모듈형 건물에서 진행되었다. FEMA는 허리케인 피해 학생들이 지역사회에 돌아오도록 과밀학급의 상황을 예방하기 위해 이들을 수용할 여러 학교지구에 있는 이러한 건물들에 보조금을 지원했다(Robert Kaufmann/FEMA).

- 부모와 보호자에게 연락하는 방법에 관한 계획 수립하기
- 학교 기반 재난관리계획 수립에 부모와 보호자 참여시키기
- 학교에서 재난대비훈련 실행하기
- 지역의 재난 발생 시 부모가 데려가지 않는 아동이 거주할 장소를 마련하기 위해 지역사회 단체와 함께 계획 수립하기
- 학교건물이 파괴되거나 지역사회의 대피소 역할을 하게 될 경우 임시 학급 설치를 위한 계획 수립하기
- 모든 학생의 교육 관련 기록을 안전한 다른 장소에 보관해두기
- 지역사회에 영향을 미친 재난에 관한 교육자료를 정규 교육과정에 포함시키기
- 재난피해로 인한 자신의 후유증을 해결하기 위해 이직한 교사

와 영유아교육기관 인력에 대한 대체 인력 계획 수립하기

- 재난피해를 경험한 교사의 일시적 대체 인력 제공하기
- 교사가 업무에 복귀하도록 돕고, 필요한 경우 추가적인 인력을 모집 · 채용하기 위한 시스템 갖추기
- 지역사회 복지서비스 담당자와 함께 불안, 우울, 행동문제, 외상후스트레스장애(PTSD)를 포함한 심각한 심리문제의 잠재적 증후와 적절한 대응방안을 인식하여 스트레스를 경험한 아동을 지원하기 위해 교사 훈련 제공하기
- 지역사회 복지서비스 담당자와 함께 스트레스를 경험한 교사 지원하기

(Save the Children, 2007)

[그림 2.7] 2009년 12월 2일, 아이오와 주 웨이벌리(Waverly, Iowa). 지역사회 인사들이 2008년 홍수로 파손된 학교를 대신할 새로운 학교의 기공식에 참석한 웨이벌리-셜록 학교(Waverly-Shellrock School) 학생들을 바라보고 있다. 아이오와 주 복구센터 책임자인 케이 필립스(Kay Phillips, 오른쪽에서 첫 번째)와 FEMA 지역 VII 행정관인 베스 프리먼(Beth Freeman, 오른쪽에서 두 번째)이 첫 삽을 뜨는 모습을 바라보고 있다. 1천만 달러 이상의 FEMA 공공 보조금이 프로젝트 지원금으로 사용되었다(Vincent Clark/FEMA).

일부 학생은 재난 발생 이후에도 곧바로 가정으로 돌아가지 못하고 학교에 남아 있게 된다. 허리케인 카트리나 발생 시처럼 학생과 가족은 자신의 가정과 학교에서 몇 개월 동안 떨어져 있을 수도 있다. 교육과 발달의 공백을 최소화하기 위해 이 학생들이 가정으로 돌아가기 전까지 현재 거주하는 지역사회의 학교에 다니도록 해야 한다. 이들이 새로운 학교에서 환영받고 새로운 상황에 적응하도록 돕는 노력이 필요하다.

아동보육 제공자와 양육자

전국아동보육지원기관협회(National Association of Child Care Resource and Referral Agencies; NACCRRA, 2016b)에 따르면, "아동보육은 영유아 및 초등학생 자녀를 둔 모든 미국 가정의 일상이다. 6세 미만 아동의 약 2/3 또는 1,160만 명의 아동은 맞벌이부모가 아니라 다른 양육자가 매일 돌본다. 부모와 사업주는 맞벌이부모가 직장에서 일하는 동안 아동의 건강, 안전, 행복을 보호하는 아동보육프로그램에 의존한다"(아래 [사례연구] 참조).

이 영역에서 아동에게 필요한 사항은 다음과 같이 요약해볼 수 있다.

감독, 보육 및 교육시설

- 부모가 책임에서 자유롭도록 안전한 관리감독
- 안전하고 평온한 분위기에서의 일상적인 양육과 정상화
- 다른 아동과의 사회화 능력

- 장애아동에게 적합한 치료
- 감독관, 영유아교육기관 관계자, 교사, 행정관에 대한 지원
- 부모를 위한 의사소통
- 재난 발생 이전과 이후 모든 아동에 대한 책임
- 재난 발생 시 재난으로부터의 보호 및 복구 능력
- 안전하게 복원된 건물

국가아동재난위원회(National Commission on Children and Disaster)의 중간보고서에 의하면 다음과 같다.

재난 발생 이후의 아동보육은 아동의 안전을 지키고 가족의 안정을 지원하는 데 필요한 필수적인 복지서비스에 해당한다. 아동보육은 부모가 파손된 집을 방문하고, 복지수당을 요청하고, 일자리와 거주지를 찾는 동안 아동이 안전하게 보호되고 있음을 확신시켜줌으로써 복구가 신속하게 진행되도록 돕는다. 게다가 아동보육은 지역사회 경제 회복에 도움이 된다. 그 지역의 나이 어린 아동이 보육서비스를 제공받지 못한다면 가족은 직장으로 돌아갈 수 없으며, 지역경제의 회복이 어려울 수 있다. 결국 지속적인 양질의 초기 교육 및 보육서비스는 나이 어린 아동의 건강을 증진시키고 인지발달을 촉진시키는데, 이 두 가지 모두 재난에 의해 부정적인 영향을 받는다는 사실이 연구결과 밝혀졌다.

재난피해를 입은 영유아교육기관을 수리하는 대신 재건축하여 개원한다면, 그 지역에서 아동보육서비스를 제공할 수 있는 역량에 손실이 생기게 되어 부모가 직장으로 돌아가고 가족이 지역사회로 복귀하는 것을 제한하여 복구를 방해할 수 있다. 게다가 아동보육 분야에 대한 투자는 단기적 및 장기적인 경제발전에 박차를 가하는 데 효과적이라는 연구

결과가 제시되었다(National Commission on Children and Disaster, 2009).

[사례연구] 아동보육: 왜 지역사회 기반시설의 중요한 부분인가?

허리케인 카트리나가 2005년 8월 미시시피 주 멕시코 만 연안 지역을 강타했을 때 쉐브론(Chevron) 경영진은 패스커굴라 정유소(Pascagoula refinery)를 재가동하고 가스를 다시 공급하기 위해 신속하게 움직였다. 그들은 자주 간과되었던 사회기반시설의 하나인 영유아교육기관에 대해 자세히 조사했다.

"허리케인이 발생한 이후 많은 것들이 서로 연결되어 있다는 것에 대한 이해가 부족했음을 알게 되었어요. 모든 것이 한순간에 사라질 수도 있다는 것이죠."라고 쉐브론 임원진의 한 명인 스티브 렌푸뢰(Steve Renfroe)가 말했다. "카트리나 같은 재난은 경제를 마비시킬 만큼 위력이 큽니다. 하지만 어떻게 경제를 되살릴 건가요? 정유소를 재가동하기 위해 초기 에너지를 제공한 휴대용 발전기를 떠올려보세요. 영유아교육기관은 그 발전기와 같은 역할을 합니다. 영유아교육기관은 부모가 직장으로 돌아갈 수 있도록 도와줍니다."

이 지역의 70% 이상의 영유아교육기관이 손상되거나 파괴되어 복구하는 데 많은 작업이 필요했다. 렌푸뢰는 지역, 주, 연방정부를 방문했으나, 영유아교육기관은 연방정부의 중대 사안 목록에 들어 있지 않아 재난 복구 보조금을 지원받을 수 없다는 사실을 알게 되었다. 그래서 쉐브론은 지역재단, 비영리단체인 세이브더칠드런, 미시시피 주립대학교의 유아교육연구소와 연계하여 정부의 지원 없이 영유아교육기관을 재건했다.

출처: American Planning Association. 2007. Putting child care in the picture: Why this service is a critical part of community infrastructure. *Planning Magazine*, June. http://government.cce.cornell.edu/doc/pdf/Planning%20Jun%202006.pdf.

국가아동재난위원회(National Commission on Children and Disaster)의 중간보고서(2009)에 의하면, "아동보육 제공자는 재난 발생 후 위험 속에서 아동의 안전과 정신적 건강을 책임질 뿐만 아니라 부모, 사업주, 직원에게 지원서비스를 제공함으로써 복구를 촉진하도록 재난에 대비해야 한다"고 되어 있다.

그러나 재난대비를 위한 아동보육 제공자의 근본적인 자격요건이 부족하다는 점은 미국 전체 주(州)에서 공통적인 현상이다. 2009년 6월 세이브더칠드런(Save the Children)은 「재난 10년사(The Disaster Decade)」라는 보고서를 출간했는데, 이 보고서에는 50개 주와 워싱턴 D. C. 영유아교육기관에서 재난관리계획 수립의 자격요건에 대한 현황이 포함되어 있다. 주요 결과는 다음과 같다(National Commission on Children and Disaster, 2009).

- 대피, 재결합, 장애아동 수용 장소에서 자격을 가진 아동보육 제공자가 문서화된 재난관리계획을 수립하도록 하는 법률이 제정되어 있는 주는 17개뿐이다.
- 재난 발생 시 지정된 장소와 대피통로를 확보한 영유아교육기관을 인가해주는 주는 21개뿐이다.
- 재난 발생 시 헤어졌던 아동과 가족의 재결합 계획을 수립한 영유아교육기관을 인가해주는 주는 15개뿐이다.

「재난 10년사」 보고서의 사본은 http://www.savethechildren.org/publications/usa/disaster-decade-lessons.pdf.에서 확인할 수 있다. 보고서의 추가적인 자료는 [더 알아보기 2.5]에 제시되어 있다.

[더 알아보기 2.5] 「재난 10년사」

위기에 처한 학교 또는 영유아교육기관의 아동

미국에서는 평일 기준으로 670만 명의 아동이 학교와 영유아교육기관에 다닌다. 아동은 가족과 헤어져 있을 때 가장 취약하다. 재난이 발생했을 경우, 부모가 안전한 장소에서 신속하게 자녀와 재회하는 것이 중요하다. 카트리나 발생 이후, 일부 아동은 6개월이 지나서야 가족과 재회할 수 있었다. 세이브더칠드런은 50개 주와 워싱턴 D. C. 지역에서 다음과 같은 사실을 발견했다.

- 14%의 주에서만 인가된 영유아교육기관 및 K-12 학교가 4가지 기본 재난대비 기준을 모두 충족한다.
- 41%의 주에서만 모든 인가된 영유아교육기관에 문서화된 대피 및 이전 계획을 갖추도록 요구한다.
- 29%의 주에서만 모든 인가된 영유아교육기관에 재난 발생 시 부모에게 통보하는 문서화된 계획을 갖추도록 요구한다.
- 22%의 주에서만 긴급 대피 및 이동 시 특별한 도움이 필요한 모든 아동을 수용하기 위해 문서화된 계획을 요구한다.

출처: Save the Children. 2009. *The disaster decade.* June. http://www.savethechildren.org/publications/usa/disaster-decade-lessons.pdf.

국가아동재난위원회(National Commission on Children and Disaster, 2009)의 중간보고서는 아동보육과 재난에 관해 다음과 같은 권고사항을 포함하고 있다.

- 주정부 아동보육 감독기관은 주정부에서 요구하는 최소한의 건강 및 안전에 관한 기준 내에서 아동보육 관련 자격 기준에 재난관리계획의 수립 · 훈련 · 실행 요건을 포함시켜야 한다.
- 아동보육 제공자를 위한 재난관리계획에는 적어도 대피 공간, 대피, 이주, 가족 재결합, 담당자 훈련, 특별한 요구가 있는 아동의 수용에 대한 구체적인 가능성을 포함시켜야 한다. 아동보육 관계자, 아동보육 감독기관, 아동보육지원기관까지 포함하도록 주정부와 지역 재난관리계획 수립 활동을 확대해야 한다.
- 이와 유사하게 주정부의 아동보육 행정관은 재난관리자, 아동보육 감독기관, 아동보육지원기관과 협력하여 주정부 차원의 아동보육 재난관리계획을 수립해야 한다.
- 모델, 지침서, 기술적 도움은 개별 아동보육 제공자의 재난관리계획 수립 · 훈련 · 실행을 돕고, 주정부와 지방정부가 협력하여 재난관리계획을 수립하도록 촉진할 것이다.
- 미국 의회는 주정부의 아동보육 감독기관이 아동보육 제공자를 위해 재난관리계획 수립 · 훈련 · 실행을 포함하도록 요구하고, 대응 지침서를 포함한 아동보육 재난관리계획을 주정부 차원에서 수립하도록 요구할 수 있다.

전국아동보육지원기관협회(NACCRRA)에서는 아동보육지원기관(CCR&R)과 아동보육프로그램 제공자들이 재난에 대비하고 대응하도록 돕기 위해 아동보육지원기관과 아동보육 제공자를 위한 지침서를 출간했다. 미국에서는 매년 약 500만 명의 아동이 어떤 형태로든 외상

사건을 경험한다. 이들 중 대다수 아동은 아동보육지원기관으로부터 아동보육프로그램을 제공받는다. 이 지침서는 주정부뿐만 아니라 지방정부의 아동보육지원기관을 돕기 위한 정보를 제공한다. 또한 재난이 아동보육서비스에 미치는 부정적 영향을 지방정부, 주정부, 연방정부가 최소화시키는 방법에 관한 권고사항도 이 지침서에 포함되어 있다. 결국 미국 국민 중 가장 취약한 집단인 아동에게 재난이 미치는 영향을 재난 발생 이후 시간이 흐르는 동안 최소화하는 것이 이 지침서의 목적이다([더 알아보기 2.6] 참조). 이 지침서는 전국아동보육지원기관협회(NACCRRA) 웹사이트 http://www.naccrra.org/disaster/에서 확인할 수 있다.

[더 알아보기 2.6] 아동보육지원기관(CCR&R)의 역할

지역사회 기반 아동보육지원기관(CCR&R)은 재난이 지역사회나 지역을 강타했을 때 중요한 역할을 담당한다. 지난 10년간 미국에서는 다양한 유형의 재난이 발생했다. 재난에 대한 경험은 재난 발생 시 CCR&R이 부모, 아동보육 제공자, 보육전달체계를 지원하기 위해 준비하는 것이 얼마나 중요한지에 대한 경각심을 불러일으킨다.

CCR&R에서는 재난과 관련하여 책임져야 할 일이 많다. CCR&R에서는 부모, 공급자 및 긴급대응인력 외에도 여러 이해관계자들과 공동책임을 가짐과 동시에 지역의 보육전달체계가 재난에 대응할 준비가 되어 있는지 확인하고, 재난 발생 시 그들을 지원하는 특별한 위치에 있다. CCR&R의 책임은 다음과 같다.

- 아동보육프로그램 및 개별 아동보육 제공자가 잠재적 재난에 대비하도록 지원한다.
- 지방, 주, 지역 및 국가 재난계획 수립 시 아동보육 공동체를 포함시킨다.

- 재난 발생 전후 또는 발생 시 부모에게 알리고 부모를 지원한다.
- 재난 발생 이후 긴급구조대원 및 가족을 위한 임시 아동보육시설의 설치를 돕는다.
- 일자리를 상실한 아동보육 제공자의 손실을 대체하기 위해 재취업 및 채용 기회를 제공한다.
- 재난 발생 시 또는 발생 이후 아동보육 제공자들이 보육사업을 지속하도록 돕는다.
- 재난 발생 이후 지역사회가 양질의 영유아교육기관을 충분히 확보하도록 돕는다.
- 재난 피해를 입은 아동보육 제공자와 프로그램에 자선기부금을 편성한다.
- 재난 발생 시 CCR&R의 자산을 보존하여 지역사회에 지속적으로 기여하도록 한다.

출처: National Association of Child Care Resource and Referral Agencies (NACCRRA). 2006a. *Is child care ready? A disaster planning guide for child resource and referral agencies*. http://www.naccrra.org/disaster/docs/Disaster_Guide_MECH.pdf.

아동보육 제공자를 위한 훈련 지침서의 내용은 다음과 같다(NACCRRA, *Disaster Preparation*).

훈련을 마치면 참여자들은 다음과 같은 활동이 가능하다.

- 영유아교육기관에서 재난관리계획을 수립해야 하는 이유 설명하기
- 이 지역에서 발생 가능성이 높은 재난유형을 목록으로 만들기
- 영유아교육기관의 재난관리계획 수립하기

· 아동보육프로그램에 적합한 대피계획 수립 및 실행하기
· 재난대비와 관련된 다른 과제 수행하기

중요한 사회기반시설

도로, 교량, 국가시설이 지역사회의 주요 사회기반시설로 간주되는 것처럼 재난관리자는 학교와 영유아교육기관을 지역사회의 주요 사회기반시설로 간주해야 한다.

재난 발생 이전에 학교와 영유아교육기관의 위치를 파악하고, 이 시설에 영향을 주는 위험요인(예: 홍수, 지진, 토네이도, 위험물질 사고 등)을 파악해야 한다. 이 시설이 재난 발생 시 대피소 역할을 담당할 수 있다면, 재난에 잘 견딜 수 있도록 건축되어야 한다. 새로운 시설의 인가 결정 시 위험요인에 대해 고려해야 한다.

재난 발생 이후에 재난관리자와 지역사회 의사결정권자는 신속하고 안전하게 복구되어야 할 주요 사회기반시설 목록의 우선순위에 학교 및 영유아교육기관, 아동 관련 사회기반시설을 포함시켜야 한다. 학교 또는 영유아교육기관이 장기간 문을 닫을 경우, 아동은 일과의 중단과 교육서비스 이용의 결핍으로 인해 어려움을 겪게 된다. 아동이 학교에 다니지 못하는 상황은 주요 재난이 지역사회에 미치는 영향을 과소평가한 사례에 해당한다.

또한 문을 닫은 학교 및 영유아교육기관은 이미 재난 피해를 입은 지역사회 경제에 또 다른 영향을 미친다. 유아 및 초등학생 자녀가 영유아교육기관 또는 학교에서 안전하게 보호되지 못한다면 부모와 보

호자는 직장으로 복귀할 수 없다([더 알아보기 2.7] 참조).

[더 알아보기 2.7] 아동보육산업에 대한 투자: 루이지애나 경제 개발 전략

"아동보육산업에 대한 투자: 루이지애나 경제 개발 전략(Investing in the Child Care Industry: An Economic Development Strategy for Louisiana)"은 루이지애나 주 사회복지 담당부서에서 의뢰한 연구다. 이 프로젝트는 툴레인(Tulane)의 제프리 네이글(Geoffrey Nagle) 박사와 LSU의 덱 테럴(Dek Terrell) 박사가 수행한, 코넬 대학교의 대규모 프로젝트의 일부다.

연구결과에 의하면 루이지애나 주 소재 1만 2,701개의 아동보육산업에 2만 2,644명의 직원이 고용되어 있다. 이에 비해 석유 및 정유 산업에는 1만 8,278명이 고용되어 있고, 루이지애나 주 전체의 호텔과 모텔에서는 1만 7,559명을 고용하고 있다.

이 연구에서는 인가받은 보육시설, 헤드스타트/조기 헤드스타트 프로그램, 가정보육시설 및 가정 내 보육에 대해 조사했다. 그 결과, 총 14만 9,849명의 아동이 보육대상이었으며, 6억 5,700만 달러 이상의 소득이 창출되었다.

"아동보육산업은 다양한 형태로 경제에 영향을 미칩니다." 연구의 결과가 주정부에 시사하는 바에 대해 오버스트리트(Overstreet)가 설명했다.

"첫째, 근로자에게 일자리를 제공합니다. 둘째, 양질의 보육은 부모의 임금에 영향을 미칩니다. 왜냐하면 보육시설을 이용하지 못할 경우 직장에 결근하거나 아예 일을 할 수 없게 되기 때문입니다. 셋째, 아동보육산업은 비교적 괜찮은 상승효과를 만듭니다. 아동보육산업은 수익을 창출하면서 구매도 유도하고, 근로자가 소비할 임금을 지불합니다."

전문가들은 또한 기업이 구매하고 근로자가 소비할 때, 다른 경제 분야에 새로운 일자리가 창출된다는 점을 지적한다. 즉, 아동보육산업에서 발생한 자금은 상승효과를 가져온다.

"그러나 아마도 가장 중요한 경제적 영향은 미래에 나타날 것입니다."

라고 지오(Gioe)가 강조했다. "인생의 첫 3년은 뇌 발달과 향후 인생에서의 성공을 위해 가장 중요한 시기임이 연구에서 지속적으로 밝혀지고 있습니다."

"연구결과에 의하면, 어렸을 때 양질의 보육프로그램을 이용한 아동이 졸업률 및 노동생산성이 더 높았습니다. 또한 교정 및 특수교육, 복지 또는 범죄에 국민세금을 지불할 가능성이 더 적었습니다."

출처: LSUAgCenter.com. 2005. *Be child care aware: Child care important industry, economic factor for state.* June. http://www.lsuagcenter.com/en/family_home/family/childcare/be_child_care_ aware/Be+Child+Care+Aware+Child+Care+Important+Industry+Economic+Factor+For+State.htm.

보건 및 의료 사회기반시설

제1장에서 살펴본 바와 같이 아동은 특별한 의료조치를 필요로 한다. 아동이 일상에서나 재난 발생 이후의 상황에서 건강하게 성장하기 위해서는 다음의 요소들이 제공되어야 한다.

보건 및 의료서비스

- 기본적인 건강검진
- 일상적 건강진단 및 예방조치
- 부모의 의료정보 이용
- 아동용 의약품 및 투약
- 의료기록 이용, 자료수집, 건강검진기록 추적

- 약물치료와 다른 치료 이용
- 소아환자 치료를 위한 병원 이용 급증
- 소아병원 장비
- 소아과 의사 및 훈련된 소아 전담 간호사
- 특수한 소아과적 치료

응급의료 및 응급상황 대응(그림 2.8)

- 가족 중심 의료
- 환자 식별 및 추적
- 아동용 의약품, 투약 정보, 백신, 치료기구
- 아동의 특별한 증상을 파악하고 필요한 의료처치를 할 수 있는 훈련된 전문가

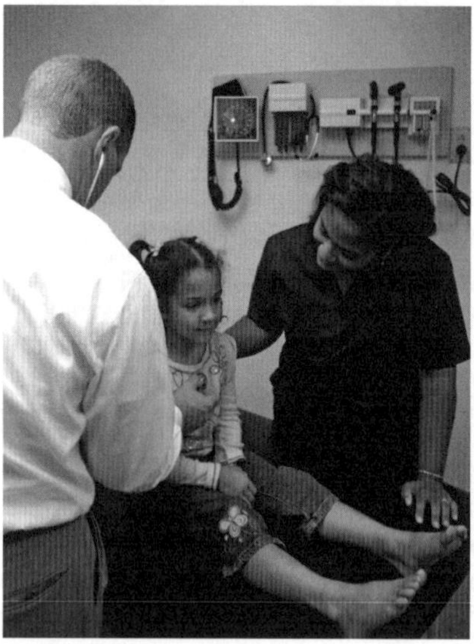

[그림 2.8] 환자 식별 및 추적, 소아과 전문의 및 간호사, 의약품 및 투약은 영아와 아동의 응급의료 및 대응에서 고려할 사항이다.

- 모든 재난 유형에 응급처치가 가능한 전문가
- 모든 상황의 아동을 위한 특수 병실
- 충분한 경고

심리적 의료서비스

- 사회적 통합
- 심리적 보호
- 심리적 중재
- 심리치료, 상담
- 부모와 양육자를 위한 지원
- 과거 심리문제에 대한 지속적 의료서비스 제공
- 아동을 위한 추모 서비스

사회복지서비스

사회복지시설은 많은 지역사회 아동의 삶에 중요한 역할을 담당한다. 위탁가정아동, 시설보호아동, 그리고 다른 위기상황의 아동에 대한 사회복지서비스의 역할과 책임을 이해하는 것은 재난관리담당자가 자신의 재난관리계획을 수립하고 보완하는 데 결정적인 사안이다. 이는 재난피해가 발생할 수 있는 지역사회의 재난관리자뿐만 아니라, 재난지역에서 대피하여 사회복지시설에서 거주해야 하는 아동을 돕는 지역사회의 재난관리자에게도 중요하다([더 알아보기 2.8] 참조).

[더 알아보기 2.8] 재난피해 아동복지 감사원 보고서

연방정부가 주정부 차원에서의 아동복지 재난계획 수립을 요구하지 않기 때문에 현재 많은 주정부가 이러한 계획을 수립하지 않은 상태다. 또한, 재난계획을 수립한 주에서도 아동과 가족이 헤어지는 문제를 다루지 못한 경우가 있다. 아동과 가족이 헤어지는 문제에 대한 계획이 없는 경우 가족이 해당 서비스를 필요로 할 때 혼란이 발생할 수 있다. 주정부에서 대비해야 할 측면에 대한 최소 요구사항이 아동복지 재난계획에 포함되어 있지 않으면, 보육 대상 아동에게 주의 내외로부터 적절하고 지속적인 복지서비스를 보장해줄 수 없다.

보육 대상 아동이 주의 내외로부터 적절하고 지속적인 복지서비스를 받도록 보장하기 위해 의회는 주정부가 아동복지 재난계획을 수립하여 제출하도록 요구해야 한다.

주정부의 아동복지 재난계획 수립을 원활히 지원하기 위해 보건사회복지부 장관은 부서의 아동복지 재난계획 지침에 아동과 가족이 주의 내외로 헤어졌을 경우에 대한 사안을 제시하고 있다. 다음과 같은 정보가 포함되어야 한다.

- 아동복지 기록 보존
- 가족과 헤어진 아동 식별
- 아동복지 사례 발굴 및 복지서비스 제공
- 복지서비스 편성 및 다른 주정부와 정보 공유
- 다른 주에서 편입된 아동의 배치

마지막으로, 장관이 모든 주정부에 아동복지 재난계획을 수립하고 교육을 제공하도록 권고한다.

출처: General Accounting Office. 2006. *Child welfare: Federal action needed to ensure states have plans to safeguard children in the child welfare system displaced by disasters.* General Accounting Office Report GAO-06-944. July.

허리케인 카트리나 발생 이후 미국 전역에서 40개 이상의 주(州)가 재난피해 지역에서 이주한 카트리나 이재민을 수용하기 위해 연방재난관리청(FEMA)과 다른 기관으로부터 지원을 받았다. 이재민을 수용한 지역의 재난관리자는 이주 아동을 돌보기 위해 사회복지기관과 긴밀하게 협력했다. 재난관리자는 이주 아동을 돌보는 것과 관련된 다양한 법적 문제에 대해 변호사에게 자문을 구해야 한다([더 알아보기 2.9와 2.10] 참조).

[더 알아보기 2.9] 법률체계

재난관리자는 지역사회의 법률체계에 관여함으로써 재난 발생 시 위험에 처한 아동과 관련된 법적 문제를 적절히 해결할 수 있다. 법률체계는 다음과 같다.

- 동의, 후견, 오염물질 제거 동의, 개인정보 보호 및 신원 미상 아동의 사진 등 소수 아동(보호자를 동반하지 않은 미성년 아동 포함)의 보호 및 치료와 관련된 법적 고려사항을 결정한다.
- 고아가 되었거나 보호자를 상실한 아동을 위해 변호사를 소송 후견인으로 임명한다.
- 아동의 이익을 최대한으로 고려한 계획을 수행하기 위해 관련된 모든 가정법원(예: 가정법원, 유언 검인 법원, 소년법원)을 포함시킨다.

출처: Save the Children. 2007. *The unique needs of children in emergencies: A guide for the inclusion of children in emergency operations plans*. September. http://www.savethechildren.org/publications/emergencies/Children-in-Emergencies-PlanningGuide.pdf.

[더 알아보기 2.10] 재난피해 아동 지원 시 법적 고려사항

다음은 재난 발생 시 제기될 수 있는 법률적인 의문과 쟁점 사안이다. 재난사건이 발생하기 이전에 관련 정책 및 절차의 마련에 대해 고려할 필요가 있다.

- 재난 발생 시 부모를 동반하지 않은 아동의 경우 생명이나 신체가 위협당하는 상황에서 치료가 필요할 경우 부모의 동의가 필요하지 않다. 사소한 부상을 당한 경우 아동을 치료하기 위해 부모의 동의가 필요한가? 심리적 손상의 경우는 어떠한가?
- 부모를 동반하지 않은 아동의 경우 오염물질을 제거하기 위해 부모의 동의가 필요한가? 만약 증상이 없는 경우는 어떠한가? 아동이 거부하는 경우는 어떠한가?
- 재난 발생 시 공개 가능한 의료정보나 사회정보에는 어떠한 것이 있으며, 누구에게 공개할 것인가?
- 신원 미상 아동의 사진을 게시하는 것과 같이 신원 미상 환자의 위치 파악을 위해서는 HIPAA 규정을 확인하고 법률자문을 구한다.
- 아동을 누구에게 인계할 것인가? 부모 또는 양육자가 아닌 경우에는 허가서 또는 신상정보가 필요한가? 만약 법적 보호자 또는 부모를 찾을 수 없거나 허가서가 없을 경우 아동을 인계하기 위한 절차는 무엇인가?

출처: New York City Department of Health and Mental Hygiene (NYC Health). 2006. *Hospital guidelines for pediatrics in disasters*. Centers for Bioterrorism Preparedness Program Pediatric Task Force.

결론

아동의 일상생활을 지원하기 위한 사회기반시설을 구축하기 위해 필요한 요소들이 무엇인지 살펴보았다. 가족, 학교, 아동보육 제공자와 양육자, 중요한 지역사회 기반시설, 사회복지서비스, 학급친구와 또래 등은 아동의 일상생활에서 중요한 역할을 담당한다. 재난은 이러한 아동의 지원체계를 파괴하고, 아동의 신체적·정서적 안녕에 부정적인 영향을 미친다. 효과적인 지역사회 재난관리계획을 수립하기 위해 재난관리자는 다양한 사회기반시설 요소들 간의 상호 의존성을 주의 깊게 고려해야 한다. 재난 발생 이후 이러한 지원체계가 보호되고 신속하고 안전하게 원상 복구될 수 있도록 학교관계자, 아동보육 제공자, 자원추천기관, 사회복지서비스, 법률체계와 협력해야 한다.

제3장
재난예방

서론

재난은 일상생활에서 경험하는 실제 삶이다. 지난 10년 동안 미국과 전 세계에서 재난의 사회적·경제적 비용은 괄목할 만하게 증가했다. 모든 재난은 개인, 특히 아동의 안전, 안정, 정서적 안녕에 영향을 미친다. 재난이 아동에게 미치는 영향을 감소시키는 핵심 요인은 가정과 지역사회가 재난에 대해 더욱 유연하게 적응하도록 예방 대책을 마련하고 실행하는 것이다. 개인과 지역사회가 재난의 피해자가 되지 않도록 하는 것이 재난예방의 주요 목적이라는 점에 대부분의 실무자들이 동의한다. 즉 예방의 목적은 경제적으로 안정되고, 사회적으로 안전하며, 환경적으로 더욱 건전하여 쉽게 재난의 피해를 입지 않는 지역사회를 만드는 것이다.

바로 미래에 발생할 재난의 영향을 감소시키는 것이 성공적인 예방 실천의 중요한 요인이다. 그 결과, 지역사회의 피해를 줄이고, 일상으로 더 빨리 복귀하게 된다. 아동에게 있어 일상생활은 신체적·정서적 안녕과 교육의 측면에서 매우 중요하다. 미래에 발생할 재난이 가족, 학교, 영유아교육기관에 미치는 영향을 감소시키는 것은 아동의 일상생활을 유지하는 데 결정적인 요인이다.

가장 일반적인 재난예방 수단은 다음과 같다.

- 위험요인 확인 및 계획
- 설계, 시공, 재건축
- 토지 이용 계획
- 경제적인 지원 정책

- 구조물에 의한 통제

이 장에서는 주로 아동의 안전 및 보안을 지원하는 기반시설이 탄력적이도록 도와주는 다양한 예방 수단에 대해 살펴본다. 또한 여러 기관과 지역사회가 다양한 유형의 재난에 어떻게 대처했는지를 보여주는 성공적인 예방 프로그램의 실제 사례도 제공된다.

지역사회 기반시설과 아동

아동은 지역사회에서의 일상적인 활동에서 다양한 기반시설에 의존한다.

- 시설(학교 건물, 영유아교육기관, 레크리에이션센터, 공공건물)
- 교통망(도로, 교량, 교통시스템, 통학버스)
- 공공시설(전기, 가스, 상하수도)

이러한 모든 시스템은 재난 발생 시 위험에 처한다. 위험의 정도는 재난에 따라 다양하다. 예를 들어, 토네이도는 학교나 가정의 개별 건물에 영향을 미치는 반면, 지진은 지역사회의 모든 시스템에 커다란 영향을 미치고, 홍수는 하나 이상의 시스템에 다양한 영향을 미칠 수 있다. 그러나 기반시설 시스템 간에는 상호 의존성이 높아 재난이 하나의 시스템에 미친 영향은 다른 시스템에 파급효과를 가져온다. 예를 들어, 홍수로 도로가 유실된다면 아이들은 통학버스를 타고 학교에 가지 못하며, 지진이 하수처리장을 파괴한다면 학교나 병원은 일시적으로 휴교 또는 휴원을 해야 한다.

아동을 위한 지역사회 기반시설의 예방

위험요인 확인 및 계획

위험요인 확인 및 계획은 가장 확실한 예방도구다. 위험요인이 무엇인지, 아동을 위한 지역사회 기반시설에 위험요인이 어떠한 영향을 미치는지 알지 못한다면 위험을 예방할 수 없다. 예방 전략이나 계획을 수립하는 데 가장 필수적인 부분은 어떤 지역에 어떤 위험요인이 존재하는지를 분석하는 것이다. 위험요인을 확인하는 데 유용한 자료는 무수히 많다. 연방정부는 모든 위험요인을 실제 지도상에 작성하는 대규모 프로그램을 보유하고 있으며, 위험요인이 표시된 지도를 지역사회에 제공한다. 연방재난관리청(FEMA)의 국가 홍수보험 프로그램(NEIP)은 상세한 홍수지도와 연구결과를 제공하고, 미국지질조사국(USGS)은 지진과 산사태에 대한 광범위한 연구결과와 지도를 제공한다. 주정부 산하의 많은 기관들이 위험요인 확인을 위해 이러한 결과물을 개선해왔다. 예를 들어, 캘리포니아 주의 일부 지역에 필요한 토양 안정성 연구와 지질 조사를 통해 이러한 결과물이 개선되고 있다. 위험요인을 파악하고 재난이 시스템에 미치는 영향을 이해한 다음 재난의 영향을 예방하는 계획을 수립해야 재난이 아동에게 미치는 영향을 감소시킬 수 있다.

이러한 이유로 인해 모든 지역사회에서는 현재 존재하는 지역사회의 위험요인을 확인하고, 이러한 위험을 예방하는 전략을 제시하여 지역사회의 위험요인 예방 계획을 수립해야 한다. 이러한 예방 계획은 관련된 지역사회의 모든 구성원(지방자치단체 공무원, 학계 전문가, 비영리 자원봉사단체, 사업가, 환경 및 노동조합 대표, 시민단체, 시민)이 계획 과정에 함께 참여하여 개발하는 것이 가장 좋다. 이 계획은 재난 발생 이전에는 사전 재난 예방 기금 마련을 위한 지침이 되고, 재난 발생 시 및 재난 발생 이후에는 재해 예방 보조금 마련을 위한 지침이 된다. 지역사회의 예방 계획은 지역사회 내의 재난관리 단체와 협력하여 수립되어야 한

[그림 3.1] 2003년 10월 17일, 노스캐롤라이나 주 롤리(Raleigh, North Carolina). 노스캐롤라이나 주 박람회(North Carolina State Fair)의 FEMA 예방 부스에서는 허리케인 이사벨로 인해 피해를 입은 성인뿐만 아니라 아동에게도 예방 방법을 알려주는 활동자료를 제공한다(Photo by Mark Wolfe/FEMA News Photo).

다. 재난관리자는 현재 지역사회의 위험요인이 아동의 요구를 직간접적으로 지원하는 중요한 기반시설에 어떠한 영향을 미칠지 결정하기 위해 지역사회 위험요인 예방 계획을 재검토해야 한다.

이러한 재검토의 결과는 현재 지역사회 위험요인 예방 계획 중 예방 전략에 포함되어 있는 예방 프로젝트의 우선순위를 제고하는 데 사용되어야 한다. 예방 대책을 수립하고 실행할 경우, 지역사회의 중요한 기반시설에 재난이 미치는 영향을 감소시켜야 한다는 점을 고려해야 하는데, 그 이유는 이러한 기반시설이 아동을 위한 지역사회 기반시설에 직간접적으로 영향을 미치기 때문이다(그림 3.1).

[사례연구] 영유아교육기관과 가정을 위한 툴사 협력 프로그램

영유아교육기관 관계자와 아동이 크고 작은 재난을 이겨내며 안전하고 지속적인 보호를 받기 위해서는 연속성 있는 대비 계획이 필요하다. 아래에서 설명할 두 개의 프로젝트는 바쁜 영유아교육기관 관계자들의 재난 대비를 돕기 위해 고안되었다. 13개의 영유아교육기관과 가정이 한 달 간격으로 두 번 훈련 워크숍에 참가했다.

툴사 아동보육지원센터(CCRC)는 참가자들에게 "아동보육 준비되었는가(Is Child Care Ready)?"라는 전국아동보육지원기관협회(NACCRRA)의 교육과정을 제공했다. 이 교육과정의 첫 번째 세션 내용은 영유아교육기관 및 가정 모두를 포괄하도록 구성되었으나, 한 달이 지난 후에는 자신이 속한 시설만의 특화된 재난관리계획을 개발해야 했다. 이 프로젝트를 지원하기 위해 툴사 협력 프로그램(Tulsa Partners Program)에서는 12명 이상의 자원봉사자를 모집하여 훈련시켰다. 이들은 영유아교육기관 및 가정의 계획 수립을 지원하는 민간 협력업체의 주간사인 스테이트 팜 보험회사(State Farm Insurance)와 CCRC를 대표한다.

한 달이 지난 후 교육과정 참가자들은 두 번째 세션에 참가했는데, 여기서는 좀 더 상세한 정보를 제공받았고, 계획 수립에 관련된 문제를 해결하는 데 집중했다. 영유아교육기관 관계자들은 아동의 안전 유지를 위한 재난관리계획을 세우는 데 열정을 쏟았고, 자신의 생각을 다른 참가자들과 공유했다. 후원자들과 협력업체들은 정보 제공을 위한 부스를 설치하여 무료 아침식사와 증정품을 제공했는데, 툴사 지역의 월마트(Wal-Mart) 지점에서는 응급구호품과 25달러 상품할인권을, 미들랜드 라디오 회사(Midland Radio Corporation)에서는 국립해양대기청(NOAA) 일기예보용 라디오를 참여 시설에 기증했다.

- 아동보육 준비되었는가(Is Child Care Ready)?: 비상운영계획

  툴사 CCRC는 오클라호마 주 북동부 4개 지역의 영유아교육기관 담당자들에게 교육과 지원 등의 서비스를 제공하는 지역의 비영리기관이다. NACCRRA에는 800개의 지역 CCRC가 등록되어 있으며, 이들 기관은 국가 수준의 훈련과 지원을 제공하고, 영유아교육기관의 비상운영계획(EOP)을 위한 심화 교육과정을 개발했다. 이 교육과정은 영유아교육기관 및 가정에서의 기본 훈련 교재로 사용된다.

- 사업운영계획시스템(Open for Business®): 아동보육 평가 및 보육사업 연속성 계획

  첫 번째 세션에서 재난관리 전문가들은 참가자들을 대상으로

가정 및 기업안전협회에서 개발한 사업 운영 계획 시스템을 이용하여 사업 연속성 관리의 중요성, 시설의 위험요인 평가 방법, 저비용 개선에 의한 위험요인 감소방법(예: 내풍 창문)을 교육했다. 부가적인 개선 방법으로는 토네이도 안전교실(Tornado Safe Room), 국립해양대기청(NOAA) 일기예보용 라디오, 연기 탐지 알람, 예비 발전기 등이 있다.

사업 운영 계획 시스템(Open for Business®)과 NACCRRA의 교육과정을 통합하여 제공하면 재난 대비와 연속성 있는 시설 운영을 위한 준비가 완벽해진다. 이 계획에는 재난 발생 전후에 영유아교육기관이 재난관리 전문가 및 다른 아동 관련 네트워크와 지속적으로 의사소통할 수 있는 방법이 포함되어 있다.

부가적으로, 이 계획은 아동이 재난 발생 장소에서 안전한 다른 장소의 시설로 이동해야 할 경우 어떻게 아동을 이동시킬 것인지, 계속해서 운영해야 할 것이 무엇인지, 부모에게 어떻게 알릴 것인지, 가족에게 아동을 어떻게 인계할 것인지에 대한 정보를 제공한다.

툴사 CCRC는 그 지역 영유아교육기관의 재난계획 수립을 위해 이 훈련을 활용했으며, 영유아교육기관 및 가정에 이러한 2회기 워크숍 교육을 지속적으로 제공하고 있다. 2008년 6월까지 20개의 영유아교육기관이 이 프로그램을 통해 훈련받았다.

출처: Save the Children. 2008. *Including children in emergency planning: Giving children priority — before, during, and after disasters.*

설계, 시공, 재건축

설계와 시공 과정은 지역사회 기반시설의 위험요소를 감소시키는 수단 중 비용 대비 효율이 가장 높은 수단이다. 이 과정은 건축 규정, 건축 양식과 설계 기준, 토지와 조경에 관한 사항을 정함으로써 관리가 가능하다. 예방을 위한 건축 규정은 건물의 신축, 대대적인 수리, 또는 건물 유형이나 용도를 변경하는 개조의 경우에만 적용된다. 실제적으로 아동을 지원하는 모든 지역사회 기반시설 시스템의 경우, 특히 시설과 교통시스템은 이러한 시스템이 향후 재난 발생 시 아동이 직면하게 되는 위험요인을 감소시키는 복합적인 수단이 된다. 이러한 예방 수단이 아동의 취약성을 감소시키는 데 적용된 몇몇 사례는 다음과 같다.

[사례연구] 캔자스 지역의 학교에서 토네이도 위험요인 예방하기

캔자스 주 위치토(Wichita)는 토네이도 앨리(Alley)의 중심부에 위치해 있는데, 토네이도 앨리는 미국에서 토네이도가 발생할 가능성이 가장 높은 지역이다. 매우 강력한 토네이도가 주택과 건물을 강타하면 그 결과는 언제나 참담하다. 지역의 아동이 모여 있는 학교를 강타할 경우 10배 이상의 물리적 · 정서적 손실이 발생할 수 있다. 실제로 1999년 5월 3일에 그러한 상황이 발생했다.

토네이도가 청소년과 성인을 대상으로 한 치스홀름 특수교육학교(Chisholm Life Special Education School)와 그리픈스타인 특수교육학교(Greiffenstein Special Education Center)를 강타했을 때는 학교가 문을 닫은 이후여서 다행히도 학생들이 없었다. 지역의 재난관리 부서에서 토네이도의 위협을 인지하여 위험요인 평가를 실시하고, 두 학교 내에 안전 대피소를 지정했음에도 불구하고 아동 집합 장소로 추정되는 안전 대피소가 매우 심각한 피해를 입었다. 다음에 토네이도가 또 발생하면 이번처럼 행운이 따르지 않을 수도 있어서 지역주민에게 이번 결과는 중요하지 않았다.

캔자스 주에서는 학교와 관련된 재난 사후 조사에서 수집된 모든 정보를 분석한 다음, 학생들에 대한 부가적인 보호 조치를 마련하기 위해 연방정부 차원의 지원금을 사용했다. 캔자스 주 재난관리국(KDEM)과 재난예방팀(KHMT)은 연방정부의 기금으로 학교 내에 토네이도 대피소를 세우기로 결정했고, 새로운 학교 건물을 시공하거나 재건축할 때는 필수적으로 토네이도 대피소를 설치하기로 했다.

위치토 지역의 공립학교지구에서는 두 개의 안전교실 설치 프로젝트가 진행되었다. 이 시설은 지역의 학생 9,000명 중 약 7,800명을 수용할 수 있어 투표, 예배 같은 봉사활동이나 행사 등 다양한 활동으로 이 시설을 폭넓게 사용하는 지역주민을 보호할 수 있다. 구조물 예방요소는 다음과 같은 과정이나 절차에 의해 진행된다.

- 대피소 관리팀 설치
- 대피소 관리 절차 및 일정 수립
- 대피소 안내, 교육, 훈련 절차 및 일정
- 날씨 모니터링
- 대피소 보안 점검
- 인원 조사, 대피소 보안, 날씨 모니터링, 철수 절차 등 대피소 운영 절차 수립

세지윅(Sedgwick) 지역 재난관리국은 위치토 공립학교지구와 긴

밀히 협력하여 학교 내 대피구역을 평가했다. 평가자들은 학교에서 가장 안전한 영역을 발굴하고 학교 관계자들에게 학교 안전 증진을 위한 최적의 방법을 모색할 것을 권고했다. 이러한 평가 방법을 사용하여 학교 담당 공무원들은 대피소 설치를 위한 가장 적절하고 실용적인 수단을 결정할 수 있다. 때로는 학교를 완전히 새로 건축해야 할 수도 있고, 기존 구조물에 추가 건물을 설치하거나 지정된 구역에 새로 증축할 수도 있다.

오늘날 위치토 프로그램에서 새롭게 승인된 대피소 시공 방법은 FEMA에서 발행한 출판물 「지역사회 대피소 설계 및 시공 지침서(Design and Construction Guidance for Community Shelters)」에 제시된 기준을 충족한다. 부가적으로 모든 대피소 건축 프로젝트는 훈련받은 사람들이 점검한다. 이들은 대피소로 가장 적합한 장소를 결정하고, 개선이 필요한 지역을 발굴하며, 구조적 문제 해결방안을 모색한다.

출처: Haddow, G. and Bullock, J. 2006. *Introduction to emergency management.* 2nd ed. Burlington, MA: Elsevier.

[사례연구] 카밀에 대한 기억: 카트리나 생존 학교

미시시피 주 오션 스프링스(Ocean Springs, MS)—1969년 여름에 허리케인 카밀이 미시시피 주 멕시코 만 연안 지역을 강타했다. 이를 계기로 오션 스프링스 중학교는 허리케인 카트리나가 발생하기 전에 사전 예방조치를 취할 수 있었다.

많은 장기 거주자들은 허리케인 카밀로 인해 얼마나 많은 사망자가 발생했고, 대규모 피해를 입었으며, 여러 주 동안 학교가 폐쇄되었는지 분명히 기억한다. 이러한 경험을 통해 학교는 향후 발생할 재난에 대비해 생명과 재산의 손실을 줄이기 위한 방안을 모색했다.

학교 당국에서는 멕시코 만 연안 지역에서 불어오는 강한 바람에 저항할 수 있도록 취약한 교실 창문에 영구적인 내풍 셔터를 설치했다. 미시시피 주 재난관리기관에서는 오션 스프링스 중학교를 대신해 연방재난관리청(FEMA)의 재해 예방 보조금 프로그램(HMGP) 사용을 신청하여 허리케인 예방 프로젝트를 위한 기금으로 4만 9,477달러를 지원받았다. FEMA는 프로젝트 비용의 75%를 지급하고, 오션 스프링스 시에서 나머지 금액을 지원했다.

2005년 8월 29일, 허리케인 카트리나가 상륙했을 때 설치된 셔터가 매우 효과적으로 작용하여 시간당 104마일로 불어오는 멕시코 만 연안의 바람을 견뎌냈다.

허리케인 셔터는 바람에 쓸려 온 물체들로부터 창문을 보호했고, 건물 안의 물건들도 지켜냈다. 셔터가 없었다면 허리케인의 강풍에 의해 창문이 산산조각 났을 것이다. 그러면 압력이 위로 가해져 지붕이 날아가게 되고, 건물 내부 인테리어가 강풍에 노출되었을 것이다.

허리케인 카트리나 이후 심각한 피해로 인해 거주가 불가능한 다른 학교들과 달리 오션 스프링스 중학교는 전혀 피해를 입지 않고 운영되었다. 게다가, 오션 스프링스 중학교는 허리케인이 발생한 직후 재난지휘본부로 이용되었고, 나중에는 집을 잃은 사람들을 위한 대피소로 활용되었다.

현재 오션 스프링스 중학교의 교장인 데이빗 바젯(David Baggett)은 "재난이 발생한 이후 학교로 돌아가는 것은 매우 중요하다. 왜냐하면 집을 잃은 학생들에게는 안정감이 필요하기 때문이다. 그들에게는 안전이 확보된 공간이 필요하다"고 말했다. 바젯 교장의 집은 허리케인 카트리나로 인해 완전히 파괴되었다.

이 지역의 다른 학교들은 오션 스프링스 중학교만큼 운이 좋지는 않았다. 불과 1마일 정도 떨어진 오션 스프링스 초등학교는 창문이 보호되지 않아 매우 심각한 피해를 입었다.

허리케인 셔터는 학교를 보호하는 데 있어 비용적 측면에서 매우 효과적인 방법이다. 이 셔터는 허리케인에 의해 발생한 강풍을 지탱하도록 설치되고, 비바람과 잔해물들이 건물에 침입할 수 없도록 창문을 보호한다. 오션 스프링스 중학교 사례에서와 같이 사전 예방적인 안전 구조물을 설치하는 것은 교사와 학생의 안전감을 증진시킬 뿐 아니라, 재난 발생 이후 교육과 사회적 지원이 지속될 수 있도록 하는 데도 중요하다.

출처: FEMA Mitigation Best Practices Portfolio. http://www.fema.gov/mitigation bp/brief.do?mitssld=2165.

[사례연구] 지진 예방를 위한 콜튼(Colton) 학교 증축 프로그램

캘리포니아 주 샌버나디노 카운티(San Bernardino County, CA)—캘리포니아 주 샌버나디노 지역의 콜튼 통합학교지구에서는 전통적으로 연간 계획에 따라 학교가 운영된다. 따라서 이 학교에는 재학생이 많고 학교시설에 대한 활용도 역시 높다. 매년 학교시설의 안전을 유지하는 것이 통합학교지구 대비 및 예방 프로그램의 주요 관심사다.

이 지역은 랜더스(Landers) 지진과 빅 베어(Big Bear) 지진으로 심각한 피해를 입었는데, 1992년에 발생한 두 차례의 지진은 1시간 간격으로 이 지역을 강타했다. 두 차례의 지진으로 인해 건물이 파손되었고, 학교의 운영이 중단되었다.

두 차례의 지진, 그리고 지진에 취약한 지역(샌안드레아스 단층 인근)이어서 잠재적인 위험과 시설의 손상이 지속될 것으로 예상되어 이 지역의 교육당국은 FEMA에 재해 예방 보조금을 신청했다. 이 기금은 지역 내 학교지구에 비구조물 예방을 위해 사용된다.

콜튼 통합학교지구 관계자는 생명 안전기준 이상의 예방 대책을 제안했다. 먼저 첫 번째 비구조물 예방 프로젝트에서는 3개 학교의 주방에 설치된 레인지, 냉동고, 냉장고가 지진 발생 시 뒤집어지지 않도록 고정시켰다. 또한 컴퓨터가 넘어지지 않도록 설치하고, 이동식 카트나 사물함을 고정시키는 것도 예방 계획에 포함되었다.

이 프로젝트를 위한 자금은 FEMA의 재해 예방 보조금 프로그램(HMGP)을 이용할 수 있어서 샌버나디노 지역 교육당국이 콜튼 학교지구 내 비구조물 예방을 위해 기금을 신청했다. 비구조물 개선 프로젝트는 비용 대비 효용이 높은 예방 대책 사례다. 지구 단위 프로젝트인 경우, 비용 대비 효용 분석을 통해 예방 비용 대비 향후 발생할 재난에서의 절감액을 계산할 수 있다.

학교 당국과 콜튼 학교지구의 사례를 볼 때 위험요인은 반복해서 발생할 수 있다. 따라서 위험요인의 영향을 감소시키기 위한 비구조물 예방 대책으로 인해 생명을 위협하는 위험요인의 영향 및 피해를 크게 감소시킬 수 있으며, 시설이 존재하는 한 비구조물 예방은 지속될 수 있다.

출처: FEMA Mitigation Best Practices Portfolio. http://www.fema.gov/mitigation bp/brief.do?mitssld=208.

토지 이용 계획

예방 프로그램의 개발에 대한 대부분의 결정은 지역에서 이뤄지기 때문에 예방 프로그램은 지역 차원에서 실시되어야 가장 성공적이다. 토지 이용 계획 전략은 토지 구입, 통행권, 우수 관리, 토지 합병, 환경 평가, 홍수 범람원 관리 계획 등 예방을 위한 많은 선택사항을 제공한다.

토지 이용 계획은 예방 활동을 장려하기 위해 활용되는 가장 초기 단계의 수단 중 하나다. 1968년 의회는 국가 홍수보험 프로그램(NEIP)을 운영하기 위해 「국가 홍수보험법」을 통과시켰다. 이 법은 연방정부가 저비용 홍수보험을 지급 보증하는 대신 지방정부가 홍수범람원 관리 조례를 통과시키도록 규정했다. 이 법률로 인해 연방정부 차원에서 최대 규모의 지도 제작이 시작되었고, 연방정부는 지역사회에서 홍수가 발생한 지역이 어디인지, 홍수지역으로부터 얼마나 떨어진 곳에 학교, 병원, 다른 기반시설이 위치해야 하는지를 결정하는 기술적 도구를 지방정부에 제공하기로 약속했다. 토지 구입을 통해 건축물을 안전한 곳으로 이동시키는 것은 분명히 가장 효과적인 토지 이용 계획 수단 중 하나이지만, 비용이 가장 많이 드는 방법이기도 하다. 예방 프로젝트를 달성하기 위해 지역사회가 혁신적인 방법을 찾아야 함을 보여주는 사례들이 있다.

[사례연구] 캐스테익 학교지구(Castaic School District)

캘리포니아 남부에 위치한 캐스테익 연합학교지구는 복합적인 위험요인으로 어려움에 처했던 사례에 해당한다. 1994년 노스리지 지진(Northridge Earthquake)이 발생한 이후, 캐스테익 연합학교지구에서는 초등학교와 중학교, 공공건물을 위협하는 지진 관련 위험요인에 대해 조사했다. 조사결과에 따르면, 학교지구는 지진 관련 구조물 손상 이외에도 추가적 위험요인에 직면한 것으로 확인되었다.

로스앤젤레스 북부 지구에는 63개 건물(전용면적 7만 7,000제곱피트)이 관리되고 있었고, 영구적 또는 이동식 구조물이 이들 건물에 혼재되어 있었는데, 오래된 것은 1917년에 지어진 건물도 있었다. 약 1,200명의 학생과 115명의 교직원이 이 건물을 사용한다. 샌안드레아스와 샌가브리엘 단층은 미국에서 활동이 가장 활발한 단층인데, 이들 단층이 학교지구가 위치한 지역을 지난다. 더구나 미국지질조사국에서는 샌안드레아스와 샌가브리엘 단층에서 주목해야 할 새로운 지진 활동이 발생할 수 있다는 결론을 내렸다.

이러한 요인에 따라 캐스테익 연합학교지구에서 시설에 영향을 미칠 대규모 지진이 발생할 확률이 높다고 판단했다. 또한 미국지질조사국은 지각의 흔들림에 의해 발생할 수 있는 피해 이상의 위험요인이 있음을 인식했다. 조사결과, 예상되는 지진 피해와 더불어 두 가지 위험요인이 더 발견되었는데, 캐스테익 댐의 범람으로 인한 홍수와 인근 송유관의 파열로 인한 화재 및 폭발이었다.

캐스테익 연합학교지구의 위험요인 진단 조사에 따르면, 캐스테익 댐이 범람할 경우 피해를 입을 수 있는 위치(불과 1.7마일 떨어져 있음)에 학교 건물이 있었다. 만약 댐이 무너질 경우 학교 건물과 이용자들은 홍수로 인해 침수되는 대참사로 이어질 것이 예상되었다. 2,200에이커 규모의 댐에 들어 있는 약 105억 갤런의 물이 범람할 경우 이 지역은 50피트 높이의 물로 뒤덮일 것으로 예상되었다.

1992년 캘리포니아 수자원국(DWR)은 지진 발생 시 댐의 상태를 재분석했다. 분석결과에 근거하여 DWR은 댐에 가능한 한 모든 안전조치를 갖추고, 최대 강진도 견딜 수 있도록 대비할 것을 요구했다. 그러나 학교지구의 위험요인 평가에서는 캐스테익 댐이 여전히 무너질 가능성이 있다고 결론지었다.

캐스테익 댐에서 제기된 위험과 더불어 인근 송유관에 문제가 생길 경우, 건물에 화재가 발생하고 폭발할 가능성이 매우 높다는 조사결과가 제시되었다. 현재 고압 송유관 두 개가 학교 아래를 지나고 있다(1925년 가스 용접 송유관 하나와 1964년 아크 용접 송유관 하나). 두 개의 송유관 모두 지진으로 땅이 흔들리거나 지각 변동이 생기면 폭발할 가능성이 있다. 송유관과 단층의 상태를 분석했을 때, 캐스테익 지역에 큰 지진이 발생하면 송유관이 파손될 가능성이 35% 정도 있다고 판단했다.

이러한 사실은 지구 내 시설 안전에 위험 경보를 보낸다. 만약 송유관에 문제가 생기면 원유에서 발화하여 화재나 폭발이 일어날 수 있고, 이로 인해 시설과 인명피해가 예상된다. 게다가 지진이 일어나면 인근 수도관이나 소화관을 이용하기 어렵고, 화재 대응 요구의 증가로 화재의 확산을 방지하기 어렵다.

지구 내 위험요인 분석결과에 의하면, 지진으로 댐이 무너지거나 송유관이 끊어질 경우 발생할 잠재적 경제비용이 엄청날 것으로 예상된다. 가장 먼저 발생할 학교지구의 잠재적 비용은 건물과 내부시설 피해다. 학교를 다시 짓는다면 약 770만 달러가 소요된다. 두 번째, 만약 지진이 발생한다면 대체할 학교시설이 있어야 하므로 연간 약 50만 달러의 임대료가 발생한다. 세 번째, 지역주민은 실제로 시설 피해가 발생한 시점에서 시작하여 임시시설로 이동하기까지 교육서비스를 제공받지 못하게 되므로 이 기간 동안 발생하는 손해를 감수해야 한다. 학교지구는 서비스 제공 시 발생하는 운영비를 근거로 공공재의 손실 비용을 산출했다. 하루에 발생하게 될 교육서비스 손실 비용은 대략 2만 8,601달러였다.

이와 같은 직간접적 재정 손실과 더불어, 지진으로 인한 사상자도 엄청날 것으로 예상된다. 지진으로 댐이 붕괴되면 범람한 물의 속도로 인해 학교 캠퍼스에 많은 사상자가 발생할 것으로 예측된다. 이러한 위험을 수치로 산출했을 때, 평소 이 학교 캠퍼스를 이용하는 사람들의 수를 시간당으로 계산하면 약 250명의 사상자가 발생할 것으로 예상된다.

만약 학교 수업시간 중에 댐이 무너지게 되면 최대 1,200명의 학생과 115명의 교직원이 생명을 잃게 될 수도 있다. 지진으로 인해 송유관에 문제가 생기면 45명 가운데 9명의 사상자가 발생할 것으로 추산된다. 또한, 학교 수업시간에 지진이 발생하여 송유관이 폭발할 경우 사상자 수는 급증할 것이다.

비용 대비 효용 분석에 의하면, 학교지구에서 위험요인을 감소시키는 가장 현실적인 방법은 오래되고 위험요인이 많은 장소에 대해 부적격 판정을 내리고, 학교 캠퍼스를 좀 더 안전한 지역으로 이전하는 것이다. 잠재적인 위험의 특성과 심각성을 고려해볼 때, 이전 이외의 다른 예방조치는 실행하기 어려운 것으로 판단되었다.

학교지구를 이전하기로 결정한 이후 학교시설에 적합한 다른 장소를 물색했다. 학교 캠퍼스로 지정된 위치는 댐의 범람원 범위와 고압 송유관으로부터 완전히 떨어져 있었다. 따라서 댐과 송유관으로 인한 위험요인이 제거될 수 있었다.

학교 캠퍼스가 여전히 활발히 활동 중인 지진 단층의 범위에 속해 있기는 하지만, 새로운 캠퍼스 건물은 1995년 건축 규정에 적합하게 건설되었다. 그 결과 이전 건물보다 지진으로 인한 피해에 더 잘 견딜 수 있게 되었다.

학교지구는 새로 이전하는 즉시 뉴홀(Newhall) 지역 상수도지구에 토지를 반환할 것이다. 과거 학교 건물은 캐스테익 주민에게 식수를 제공하는 상수도지구에 위치하고 있었기 때문이다. 이렇게 함으로써 주민의 주거지와 개발구역으로 사용하던 지역을 자연공간으로 개방하게 되었다.

캐스테익 학교지구는 이전 비용을 FEMA의 기금과 채권 발행으로 충당했다. 학교지구에서는 건축물과 사회기반시설을 포함한 자산의 시장가치를 고려하여 FEMA 재해 예방 보조금 프로그램에 720만 달러를 신청했다. 학교지구는 이 기금과 학교 채권으로 발행한 2,000만 달러를 초등학교, 학교지구 사무실, 중학교를 새로 짓는 비용, 시설이 완공될 때까지 초등학교 학생들이 임시건물에 거주하는 비용으로 사용했다. 새로운 중학교 건물은 1996년 가을에 완공되었고, 새로운 초등학교 건물은 1997년 8월에 완공되었다.

출처: Haddow, G., and Bullock, J. 2003. *Introduction to emergency management*. Burlington, MA: Elsevier.

[사례연구] 도로 유실을 방지하고 안전 증진시키기

메인 주 옥스퍼드 카운티(Oxford County, ME)—메인 주에서 가장 깨끗한 강으로 손꼽히는 사코 강(Saco River)은 메인 주의 남서부 전원지역을 따라 흐른다. 메인 주의 작은 마을 중 하나인 히람(Hiram)은 사코 강에 의해 반으로 나눠지는 곳에 위치해 있다. 여기에는 사코 강과 오랜 홍수 역사를 함께한 리버로드(River Road)가 있다.

과거에 이 마을은 홍수로 인한 도로 피해를 방지하기 위해 FEMA로부터 기금을 지원받았다. 그러나 예방조치를 취한 도로의 위치에 문제가 있었다. 강이 급격히 굽어지는 부분의 도로에 예방조치를 취한 결과, 강둑을 지속적으로 마모시켜 도로 전체를 위태롭게 만들었다. 만성적인 도로 유실 문제는 지역주민, 학교, 기업, 시, 전력시설에 부정적인 영향을 주었고, 마을을 둘로 분리시켜 매우 큰 불편을 초래했으며, 잠재적으로 안전을 위협하는 요인이 되었다.

마을은 이 문제를 한꺼번에 완전히 해결하기로 결정했다. 그래서 마을에서는 도로를 강둑에서 먼 곳으로 이동시키고자 했다. 그렇지만 이 프로젝트를 진행하기 위해 가장 중요한 것은 바로 비용이었다. 역사적으로 농업의 중심지였던 마을은 이제 포틀랜드(Portland) 지역의 베드타운이 되었다. 1,406명의 주민이 거주하는 이 마을에는 산업시설도 호반부동산도 없었기 때문에 매우 제한된 세금만 부과되었다.

두 번째 문제는 도로를 이전하고자 하는 위치가 사유지라는 점이었다. 다행히도 건강한 시민정신을 가진 소유자가 무상으로 마을에 토지 사용권을 넘겼다. 이는 마을에서 FEMA의 재해 예방 보조금 프로그램(HMGP)을 통해 다른 기금을 신청하는 계기가 되었다.

히람 마을은 2001년 5월 16일에 발생한 홍수 재난(DR-1371-ME) 이후 HMGP 기금을 신청했다. 2002년 4월에는 도로 이전과 강둑의 안정화를 위한 공사 기금을 지원받았다. FEMA의 재해 예방 보조금 프로그램(HGMP)에서는 중대한 재난 발생 이후 장기적인 위험 예방 프로젝트를 위한 기금을 주정부, 인디언 부족, 지방정부에 제공한다. 이 프로그램에서 FEMA는 프로젝트 비용의 75%까지 지급하고, 주정부 또는 신청자가 나머지 25%를 충당한다.

이 프로젝트는 1,825피트 길이의 도로를 강에서 대략 20피트 이동시키는 것이다. 이러한 개입으로 경사 각도를 2:1로 개선하고, 사석으로 기초를 튼튼히 한 후 조경으로 마무리했다. 또한 급커브와 둔덕을 제거하고, 도로의 웅덩이를 메우는 부가적인 혜택도 얻었다.

프로젝트 전체 비용은 53만 8,000달러였으며, 이 가운데 마을에서 13만 4,000달러를 부담했다. 직접적인 비용 이익은 75만 5,610달러로 추산되었다.

2009년 2월 프로젝트가 100% 완성됨에 따라 히람 마을의 리버로드에는 더 이상 홍수가 발생하지 않았다는 공식적인 보고가 있었다.

출처: FEMA Mitigation Best Practices Portfolio. http://www.fema.gov/mitigationbp/brief.do?mitssId=6549.

[사례연구] A⁺ 예방 프로젝트

텍사스 주 해리스 카운티(Harris, TX)—2003년 이전까지만 해도 클라인 고등학교에서는 비가 온다는 소식이 별로 달갑지 않았다. 캠퍼스 확장과 주변 지역의 급격한 개발로 빗물 배수가 잘되지 않았다. 폭우가 오면 학교 건물이 침수되곤 했다. 몇 년 동안은 모래주머니를 이용해 버텨왔지만, 클라인 독립학교지구(ISD)에서는 좀 더 나은 해결책을 모색했다.

"원래는 학교 입구 오른편에 집에서 사용하는 종류의 플라스틱 보관함을 두었어요. 그리고 거기에 모래주머니를 쌓아놓았지요." 라고 도널드 블루(Donald Blue) 클라인 ISD 프로젝트 총책임자가 말했다. "비가 꽤 많이 올 때면 문 주변에 작은 모래주머니들을 놓곤 했어요. 학생들은 모래주머니를 넘어 다녔고, 당연히 모래주머니 위로는 장애인 이동 편의시설인 경사로를 만들 수 없었지요."

클라인 ISD는 엔지니어 회사에 조사를 의뢰하고 제안을 받았는데, 이것이 바로 빗물 배수 프로젝트다.

배수 프로젝트(Drainage Project)는 2003년 4월에 시작되어 2006년 1월에 종료되었으며, 97만 113달러가 소요되었다. 클라인 ISD

는 재해 예방 보조금 프로그램(HGMP)을 통해 FEMA로부터 72만 7,580달러를 지원받았다.

프로젝트 1단계는 세 파트로 나눠졌다. 첫째 파트는 공사 현장의 시설을 제거하거나 재배치하는 것, 현장에 고여 있는 빗물을 퍼내는 것이었다. 고인 빗물은 2피트나 되었고, 파낸 흙은 현장에 둔덕을 만드는 데 사용되었다.

두 번째 파트는 학교 하수도에 물 흐름 확인 밸브(Tide Flex Check Valves)를 설치하는 것이다. 이것은 캠퍼스 밖에서 흘러들어온 빗물이 하수도로 역류하지 않도록 방지함으로써 캠퍼스 침수를 예방하는 것이다.

마지막 파트는 체육관에서 현재 배수로까지 12인치 중력 구동 빗물 파이프 400 리니어피트를 설치하기 위해 약 400 스퀘어야드의 아스팔트 포장도로를 제거하고 이를 교체하는 것이다.

빗물 배수 개선사업의 2단계는 54인치 중력 파이프를 15피트 깊이에 설치하는 것이었다. 이러한 개선사업이 완료된 이후 클라인 ISD는 비가 많이 와도 걱정할 필요가 없었다.

출처: FEMA Mitigation Best Practices Portfolio. http://www.fema.gov/mitigationbp/brief.do?mitssId=5107.

경제적인 지원 정책

경제적인 지원 정책은 예방을 촉진하는 신규 분야 중 하나다. 특별세 부과, 세금 인상, 채권 발행, 이주 지원, 지역사회 개발 또는 재개발 보조금 지급은 위험을 감소시키기 위해 지방정부가 사용해온 접근법이다.

반복적인 홍수가 지역경제에 미치는 피해 때문에 캘리포니아 주 나파와 오클라호마 주 툴사의 시민은 홍수 예방 활동을 위한 재원을 확보하기 위해 소액의 세금인상 법안을 통과시켰다. 이 두 지역의 경우 세금이 지역주민에게 미치는 영향은 매우 적었지만, 향후 홍수로 인한 잠재적인 경제 손실을 줄이는 데는 커다란 효과를 가져왔다. 캘리포니아 주 버클리는 지진으로 인해 파괴된 공공건물, 학교, 개인주택의 내진 보강 수리를 지원하기 위해 10건 이상의 채권 발행 법안을 통과시켰다.

지역 개발구역 보조금(CDBG)의 기금 지원을 받는 주택도시개발부(HUD) 프로그램은 부동산 구입과 이주를 위한 지역사회의 노력을 후원하기 위해 경제적인 지원을 집중적으로 제공했다. 이러한 기금은 연방정부의 다른 기금에 대한 대응자금을 충족시키는 데 사용되기도 했는데, 이는 지역사회의 예방 활동에 장애물이 되기도 했다. 중소기업청(SBA)과 경제개발국(EDA) 같은 다른 연방정부 차원의 프로그램에서도 예방을 위한 경제적인 지원 정책을 실시하고 있다.

경제적인 수단의 또 다른 신규분야는 특별 과세 구역, 부담금, 개발권 양도다. 이러한 모든 수단은 위험을 감소시키는 개발을 유도하기 위한 것으로, 개발업자들에게 경제적인 지원을 제공하거나 벌금을 부과한다.

[사례연구] 보조금을 활용하여 공공전선 매설하기

미주리 주 인디펜던스(Independence, MO)—인디펜던스 시의 경우, 전봇대에서 전선을 제거하여 땅에 매설하는 것은 단순히 외관상의 문제 때문은 아니었다. 인디펜던스 발전소(IPL)에서는 예방 보조금을 사용하여 전봇대의 전선을 지하에 매립했다. 이렇게 하면 전력 공급을 증진시키고, 재산 손해와 생명의 위험을 줄이고, 비용도 절감하게 된다.

폭풍으로 인해, 또는 나무가 넘어지거나 나뭇가지가 부러져서 끊어진 전선을 다시 설치하는 작업은 지방정부 공기업의 입장에서 재정적으로 바람직한 방법은 아니었다. 계속해서 생명의 위험과 재산피해와 함께 재설치 비용이 증가하자 '재설치' 관행을 뒤집는 것이 우선순위가 되었다(그림 3.2).

"우리가 30~40년 전에 하던 일을 반복하는 작업을 하지는 않겠습니다. 폭풍이 지나가면 끊어진 전선에 돈을 쏟아붓는 일을 이제 그만하고, 소비자에게 이득이 되고 향후 손실을 감소시킬 수 있는 방안을 찾아야 합니다."라고 잭 루니(Jack Looney) 인디펜던스 발전소 책임자가 말했다. "전선 매설 작업으로 이러한 문제를 해결할 수 있습니다."

[그림 3.2] 미주리 주 인디펜던스 시의 경우 전봇대에서 전선을 제거하여 지하에 매립함으로써 경제 및 안전 증진 전략을 모두 달성했다.

2002년에 착빙성 폭풍우(ice storm)가 이 지역을 강타했다. 그 결과 발전소 2,000곳에서 4만 7,000명의 주민에게 공급하는 전기가 끊겼고, 일부 주민은 재산피해를 입었다. 평균 6일 동안 전력 공급이 중단되었다. 폭풍으로 인한 피해가 140만 달러를 넘었다. 송전선이 끊어졌고, 수리 작업을 하던 전기기사가 심각한 부상을 입었다.

"전선을 둘러싸고 있는 얼음 때문이 아니라 근처 나무에서 떨어지는 얼음의 무게로 인해 전선이 떨어지는 것입니다."라고 루니가 말했다.

이 폭풍은 국가재난으로 선포되었고, FEMA의 재해 예방 보조금 프로그램(HMGP)을 통해 예방 기금이 마련되었다. HGMP는 주정부 또는 지방정부에 장기적인 위험요인 예방조치나 중대한 재난 선포 시 복구를 위한 비용을 지원한다. FEMA는 프로젝트별로 최대 75%까지 기금을 지원할 수 있다.

"전선을 매설함으로써 소비자의 위험에 대한 취약성을 감소시키고, 짧은 시간 안에 전기를 다시 공급하며, 수리비용을 절감할 뿐 아니라 재산피해를 줄이고자 합니다."라고 루니가 말했다. "2002년에 발생한 착빙성 폭풍우 이후 전선을 교체하는 데는 14일 정도가 소요됩니다. 주요 송전시스템을 수리하는 데 약 7일이 걸리고, 나머지 시간은 전기를 재공급하는 데 소요됩니다."

IPL은 미주리 주 재난관리국(SEMA)과 팀을 구성한 다음, 고위험에 노출된 주민 1,200명을 위해 송전선을 매설하는 작업을 하고자 예방 기금을 신청했다. IPL은 전선을 매설하는 작업이 좋은 예방 대책이라고 판단했다.

기금 신청이 성공하기 위해서는 FEMA 지침을 준수해야 한다. 프로젝트가 주정부의 재해예방계획(State Hazard Mitigation Plan)과 일치하고, 재난이 발생한 지역에 혜택을 주고, 환경 규준을 준수하고, 독립적으로 문제를 해결하려 하며, 비용 효율적이어야 한다.

출처: FEMA Mitigation Best Practices Portfolio. http://www.fema.gov/mitigation bp/brief.do?mitssId=6371.

[사례연구] 지진 이후 조명등 수리: 학교 아동 보호

캘리포니아 주 로스앤젤레스(Los Angeles, CA)—로스앤젤레스 통합 학교지구(LAUSD)는 뉴욕 시 학교지구 다음으로 규모가 크다. 현재 이 학교지구에는 900개의 학교가 있고, 80만 명 이상의 학생이 재학 중이며, 5만 7,000명의 상근 교직원과 2만 4,000명의 비상근 교직원이 재직 중이다. LAUSD는 로스앤젤레스, 벨, 카슨, 큐다헤이, 가드니아, 헌팅턴파크, 로미타, 메이우드, 샌페르난도, 사우스 게이트, 버넌, 그리고 웨스트 할리우드를 포함한 708제곱마일에 해당하는 지역에 공립학교 교육서비스를 제공하고 있고, 18개의 다른 시와 로스앤젤레스 지역에 포함되지 않는 지역에도 교육 서비스를 제공하고 있다.

1994년에 노스리지 지진(Northridge Earthquake)이 발생했을 때, LAUSD 시설에는 천장에 조명등이 달려 있었다. 강한 지진의 영향으로 조명등이 천장에서 떨어지는 사고가 있었다. 지진이 발생하자 수백 개의 조명등이 교실 책상 위로 떨어졌다.

다행히도 학교가 시작하기 전인 새벽에 지진이 일어났다. 이러한 경험 이후 LAUSD는 FEMA의 지원을 받아 안전을 증진시키고, 지진으로 인한 부상 위험을 줄이기 위해, 현행 건축 규정에 맞는 조명등을 새로 설치하거나 교체하는 작업을 진행하기로 했다.

노스리지 지진으로 LAUSD 소속 5,500개 건물의 총 피해액은 약 1억 3,400만 달러에 이르렀다. 법률에 의거하여 FEMA는 파손된 조명등에 대해 310만 달러를 지원했다. 부가적으로 45만 달러는 파손되지는 않았지만 떨어질 위험이 있는 조명등을 고정하는 데 의무적으로 사용하도록 했다.

LAUSD에서는 떨어질 위험이 있는 조명등을 교체하거나 고정했기 때문에 다음에 지진이 발생해도 80만 명 이상의 학생이 부상의 위험에서 벗어나게 된다.

출처: FEMA Mitigation Best Practices Portfolio. http://www.fema.gov/mitigation bp/brief.do?mitssId=226.

구조물에 의한 통제

구조물에 의한 홍수통제를 예방수단으로 활용하는 데는 논란의 여지가 있다. 구조물에 의한 홍수통제는 일반적으로 위험 지역에서 기존의 개발이나 시스템을 보호하기 위해 사용되어왔다. 그렇기 때문에 홍수통제용 구조물로 보호할 수 없는 지역에 대해 긍정적인 영향뿐만 아니라 부정적인 영향도 미칠 수 있다. 게다가 명칭에서 알 수 있듯이, 구조물에 의한 홍수통제는 위험을 예방하는 것이 아니라 위험요인을 통제하는 데 사용된다. 구조물에 의한 홍수통제의 가장 일반적인 형태는 제방이다. 그러나 도로 같은 지역사회의 기반시설에 영향을 미치는 위험을 처리하는 데는 배수구 같은 구조물에 의한 홍수통제도 매우 유용하면서 경제적이다.

[사례연구] 지하 배수로 개선: 범람 방지에 의한 안전 확보

뉴햄프셔 주 설리번 카운티(Sullivan County, NH)—화창한 날씨에는 클레어몬트 시(City of Claremont) 슈거 강로(Sugar River Drive) 아래로 쿠아빈나이트 시냇물(Quabbinnight Brook)이 지나간다는 사실을 알아차리는 사람은 거의 없다. 하지만 폭우가 쏟아질 때는 도로 아래 좁은 지하 배수로에서 물이 역류하여 슈거 강 상류에 대홍수가 발생한다.

조사결과에 의하면, 6피트짜리 물결 모양의 금속파이프가 25년 동안의 폭풍 피해를 견뎌내기에는 역부족이었다는 사실이 밝혀졌다. 지하 배수로는 이미 파손되어 더 이상 제 기능을 하지 못했다. 홍수로 인해 도로 옆 제방이 파손되었고, 결국에는 제방이 무너질 수도 있었다.

클레어몬트 시의 공공사업부서에서는 지하 배수로 위의 도로를 군데군데 계속해서 보수할 뿐이었다. 그러나 보수한 부분 아래로 2~3인치씩 함몰이 진행되고 있었다. 이는 손상된 배수로 주변의 하상 물질이 유실되었음을 의미한다.

슈거 강의 범람으로 150가구 이상, 600명 이상의 인원과 설리번 지역 요양시설 및 교정시설이 고립되었다. 소방관, 경찰관, 응급서비스팀이 인근 마을로 우회하여 접근하려면 25분이 걸리는데, 이것도 다른 도로가 통행 가능한 경우에 예상되는 시간이다. 통학버스, 중장비 및 농장비 또한 슈거 강로를 이용한다.

이 문제에 대한 해결방법은 손상된 배수로를 콘크리트 박스 배수로(concrete box culvert)로 교체하는 것이다.

새롭고 커다란 박스 배수로의 크기는 12×5×40피트이며, 수벽(wing walls)이 있다.

이 프로젝트는 주정부, 인디언 부족, 지방정부의 장기적인 재해 예방 프로젝트에 보조금을 지원하는 FEMA의 재해 예방 보조금 프로그램(HGMP)의 지원을 받았다. 이 프로그램을 통해 FEMA는 프로젝트 비용의 75%를 지원하고, 주정부 또는 신청자가 나머지 25%를 부담한다.

이 프로젝트는 2006년 봄에 완료되었다. 슈거 강로 프로젝트의 총 비용은 15만 달러다. FEMA의 부담금은 11만 2,500달러였으며, 지방정부는 3만 7,500달러를 부담했다.

2009년 2월 이후 슈거 강로에는 더 이상 홍수로 인한 범람 문제가 발생하지 않았다는 클레어몬트 시의 공식적인 보고가 있었다.

출처: FEMA Mitigation Best Practices Portfolio. http://www.fema.gov/mitigationbp/brief.do?mitssld=6510.

가정에서의 예방

주택 파손은 아동에게 큰 타격을 줄 수 있다. 지역사회의 재난예방계획에는 지역사회에서 고위험 주거지역이 어디인지 확인하고, 위험을 감소시키는 방법을 권고하는 내용이 포함되어야 한다. 예방조치에는 주택을 구입하여 이주하기, 주택 위치 높이기, 주택에 안전한 공간 마련하기, 폭풍으로부터 창문을 보호하기 위한 덧문 달기, 강풍에 지붕이 날아가지 않도록 고정시키기 등이 포함된다.

저소득층과 중류층 거주지역의 주민은 주택이 고위험 지역에 위치해 있고, 주로 이 지역에서 공사가 진행되고 있기 때문에 재난으로 인해 큰 피해를 당하게 된다. 지역사회 지도자와 재난관리자는 이 지역에 특별히 주의를 기울여야 하고, 아동이 거주하는 가정을 보호하기 위한 예방조치를 우선적으로 실행해야 한다. 각자 자신의 가정을 위해 예방조치를 실행하도록 지원하는 것은 정부 및 개인 차원에서 지역사회의 경제적인 지원 정책을 이용할 수 있어야 성공적으로 이뤄진다. 이러한 프로그램의 대표적인 두 가지 사례가 다음에 제시된다.

[사례연구] 케네벙크 인수, 철거 및 이주

메인 주 요크 카운티(York County, ME)—화창한 여름날 케네벙크(Kennebunk)에 있는 모샘(Mousam) 강둑에 앉아 있으면, 인터베일(Intervale) 마을에 되풀이해서 홍수가 범람하는 모습은 상상할 수 없을 것이다. 그러나 폭우가 내리면 강물이 강둑을 넘어 18채의 주택이 침수된다. 이 중 12채는 강변에 위치해 있고, 6채는 인터베일로(Intervale Road) 건너편 내륙에 위치해 있다.

이 마을에서는 1953년 이후 여섯 차례나 홍수 범람 사건이 보고되었다. 어떤 주택도 홍수보험에 가입되어 있지 않았다. 42명의 주민이 직접적으로 피해를 입었다. 하지만 부패물, 기름, 가스, 석면 등의 오염물질로 인해 하류 부근 마을은 더 큰 피해를 입었다. 이러한 피해는 마을, 학교, 기업, 지방정부, 공공서비스까지 파급효과를 가져왔다.

케네벙크 마을의 유일한 문제 해결 방법은 주택 소유주가 범람원 지역을 벗어나도록 해당 주택을 매입하거나 고지대로 이전시키는 것이다.

케네벙크 마을의 실천 계획은 FEMA의 HMGP에 신청하는 것이다. 이 기금은 중대 재난이 선포되면 주정부, 인디언 부족, 지방정부에 장기적인 재해 예방 프로젝트를 지원한다. 이 프로그램에서 FEMA는 프로젝트 비용의 75%를 지원한다. 주정부 또는 신청자가 나머지 25%를 부담한다.

2007년 9월에 기금을 신청하여 2007년 12월에 지원을 받았다. 기금으로 주택 3채를 인수하여 철거하고, 8채의 주택은 고지대로 이전시켰다. 철거된 주택은 화재 시 신입 소방관의 훈련을 위한 용도로, 그리고 소방서의 상호 구조 능력 시험을 위한 장소로 활용되었다.

프로젝트의 총비용은 150만 3,875달러였고, 마을의 부담금은 총 37만 5,969달러였다. 마무리 조경작업을 제외하고 이 프로젝트의 98%가 완료되었다.

이 프로젝트가 마무리되어 인터베일 마을은 다시 두 개의 새로운 작은 공원을 갖춘 1960년대 분위기의 전원마을이 되었고, 이 공원에서는 모샘 강에 접근할 수도 있고, 다양한 여가활동을 할 수도 있다.

2009년 2월 이후 이 마을에는 더 이상 홍수로 인한 범람 문제가 발생하지 않았다는 케네벙크의 공식적인 보고가 있었다.

출처: FEMA Mitigation Best Practices Portfolio. http://www.fema.gov/mitigationbp/brief.do?mitssId=6537.

[사례연구] 툴사 안전한 방 프로그램(Tulsa Safe Room Program)

오클라호마 주 툴사(Tulasa)는 토네이도 앨리(Alley)의 한가운데에 위치하고 있다. 툴사에는 평균적으로 4~5년마다 토네이도로 인해 막 대한 피해가 발생했다. 1999년 5월 3일, 토네이도로 인해 44명의 사망자가 발생했고, 오클라호마 주 전체적으로 심각한 피해를 입었다. 오클라호마 주는 새로운 시공 기술을 사용하여 토네이도로 인한 피해를 예방할 기회를 가지게 되었다.

'안전한 방(safe room)'은 FEMA의 재정 지원을 받은 텍사스공과대학의 바람공학연구센터(Wind Engineering Research Center of Texas Tech University)에서 1998년 예비 시험을 거쳐 개발되었다. 안전한 방은 토네이도가 발생했을 때 땅 위에서도 대피소 역할을 하고, 단단히 고정되어 있으면서 철갑으로 보호된 방과 같은 형태의 대피소다.

툴사에서는 재해 예방 보조금 프로그램(HGMP)으로 주택 소유자들이 주택에 안전한 방을 설치하는 데 필요한 기금을 제공해주도록 FEMA에 제안했다.

이 프로젝트를 위해 툴사는 FEMA, 오클라호마 주 재난관리국, 툴사 건설업체, 툴사 공공사업단체, 보험회사 등 여러 협력업체와 협의체를 구성했다.

이 협의체는 건축 기준, 허가, 인증, 협력절차, 공공교육 및 인식 프로그램 등에 관해 합의했다.

이 협의체의 목표는 2020년까지 모든 신축 또는 기존 주택에 토네이도로부터 안전한 방을 설치하는 것이다.

이 프로그램은 다양한 분야에서 공공 및 민간의 후원을 받았으나, 이 사업의 성공을 위한 중요한 열쇠는 건설업체들의 협력이다.

툴사 건설업체들은 '안전한 방'이라는 개념을 수용했고, 사업의 마케팅 수단으로 이 개념을 신속하게 적용했다. 시에서는 이 프로그램이 확장되도록 재정적인 지원을 제공했다. 툴사의 11개 주요 건설업체는 새로 짓는 상류층 거주지역에 처음으로 안전한 방을 구획하여 설치했다. 이는 오클라호마 주에서 처음으로 만들어진 안전한 방이고, 아마도 민간 건설업체들이 연방정부 재원으로 시공한 최초의 사례일 것이다.

이 프로그램은 툴사와 오클라호마 주에서만 확대되는 것이 아니라 토네이도 앨리에 속한 다른 주와 지역에서도 계속되고 있다. 툴사에서는 휠체어의 접근이 가능한 안전한 방도 설계하여 시공되었다. 다음 단계는 공공건물과 학교에 안전한 방을 만드는 것이다. 기술은 이미 개발되었지만 규모, 접근성, 개수 등 여러 문제가 해결해야 할 과제로 남아 있다.

툴사 안전한 방 프로젝트는 재난 발생 후의 분위기를 기회로 삼아 최대한으로 활용한 훌륭한 사례다. 이러한 성공 사례는 협의체의 구성 방법에 있어 매우 훌륭한 사례인데, 특히 민간 부문과 협의체를 구성하는 것은 예방 프로그램의 지속성을 보장해준다.

출처: Haddow, G. and Bullock, J. 2006. *Introduction to emergency management*. 2nd ed. Burlington, MA: Elsevier.

위험요인 예방 자원

연방재난관리청(FEMA)은 예방을 지원하는 대부분의 연방정부 프로그램을 책임지고 있는데, 여기서는 이러한 프로그램 중 일부 프로그램에 대해 살펴보고자 한다. 중소기업청(SBA), 경제개발청(EDA), 주택도시개발부(HUD)는 예방 지원 정책을 시행한다. 주택도시개발부(HUD)의 주택 선진화 기술 협력(Partnership for Advancing Technology in Housing: PATH) 프로그램은 공공주택사업에 예방 계획을 통합시키도록 권장한다. 환경보호청(EPA)은 범람원 관리 프로그램을 일부 실행했고, 2002년에는 국가 하천 유역에 대한 새로운 시범 프로그램에 착수했다. 국가 지진 재해 감소 프로그램(NEHRP)에는 여러 연방정부기관이 관여하고 있으며, 지진 감소를 위해 중요한 기술적 지원을 제공했다. 그러나 재난 예방과 관련해 주된 역할을 담당하는 연방정부기관은 연방재난관리청(FEMA)이다. 연방재난관리청 프로그램에는 재해 예방 보조금 프로그램(HMGP), 사전 재난 예방 프로그램(PDM), 그리고 홍수 예방 지원 프로그램(FMA)이 있다.

재해 예방 보조금 프로그램(HMGP)은 주정부와 지방정부 차원의 예방 활동을 위한 자금의 최대 공급원이다. 이 프로그램은 대통령이 선언한 재난 지역에 대해 주정부와 지방정부가 장기적인 재해 예방 프로그램을 수행하도록 보조금을 제공한다. HMGP 프로젝트는 반드시 위험을 감소시켜야 하고, 프로젝트로 인한 이익이 반드시 비용을 초과해야 한다.

HMGP가 지원하는 활동은 다음과 같다.

- 자발적 부동산 구입과 부동산 사용 개방 협조
- 구조물과 생명선에 대한 보강 작업
- 구조물의 위치 높이기
- 식물 관리 프로그램
- 건축 규정 강화하기
- 지역 맞춤형 홍수통제 프로젝트
- 공공 교육과 인식 제고

홍수 예방 지원 프로그램(FMA)은 국가 홍수보험 프로그램(NEIP)에서 제기된 위험을 감소시키거나 제거하려는 목적으로 제정된 1994년

「국가 홍수보험 개혁법(NFIRA)」의 일부로 만들어졌다. FEMA는 홍수가 빌딩, 주택, 다른 건물에 미치는 장기적인 위험을 감소시키거나 제거하기 위해 주정부 및 지역사회 차원의 실행 조치를 지원하는 데 FMA 보조금을 제공한다.

사전 재난 예방 프로그램(PDM)은 주, 준주, 인디언 부족 거주 지역, 지역사회, 대학 당국이 재난 발생 이전에 재난관리계획을 수립하고 예방 프로젝트를 수행하도록 보조금을 제공한다. 이러한 계획과 프로젝트에 보조금을 지원하는 것은 전반적인 위험요인을 예방하고, 실제로 재난이 발생한 경우 재정지원에 대한 의존성을 감소시킨다. PDM 보조금은 주정부별로 할당하지 않고 경쟁원리에 따라 지급한다.

지역사회는 재해 예방 프로젝트를 위한 연방정부, 주정부, 민간 차원의 재정지원금에 대응하여 지역 차원의 재정지원금을 창출해야 한다. 오클라호마 주의 툴사 시, 캘리포니아 주의 나파 시 같은 지역사회에서는 재해 예방 프로젝트와 프로그램에 사용하기 위한 지역사회 재정지원금을 확보하고 있다.

결론

재난에 대처하는 아동의 능력은 지역사회의 적응 유연성 및 지역사회의 기반시설과 직접적으로 관련된다. 허리케인 카트리나의 발생으로 29만 명 이상의 아동이 자신이 다니던 학교를 떠나 멕시코 만 연안 지역으로 이주했고, 아동의 적응 유연성에서 중요한 역할을 담당하는 학교에서의 일상을 혼란에 빠뜨렸다. 예방은 지역사회의 적응 유연성 및 아동에게 안전한 환경 보장에 핵심적인 역할을 한다. 그러나 가정과 지역사회에서 예방조치를 실행하는 것은 지역사회 내의 지속적인 활동과 후원자를 필요로 한다.

성공적인 예방은 ① 지역사회의 모든 구성원과 협력하기, ② 이러한 협력을 통해 지역사회의 위험요인 확인하기, ③ 위험요인을 해결하는 예방활동 확인하기, ④ 예방조치를 위한 우선순위 정하기, ⑤ 예방조치의 우선순위를 실행하기 위한 자원 확보하기와 같은 내용을 포함한다.

이 장에서는 지역사회가 다양한 위험요인에 대한 예방조치를 실행하는 방법, 그리고 주민과 아동의 안전을 확보한 사례를 살펴보았다. 아동이 매일 새로운 재난에 직면하게 되는 많은 지역사회에서 경험을 통해 새로운 경험을 창출하는 것이 바로 도전이다.

제4장
재난대비

서론

아동이 재난에 대비하도록 아동지원시설이 적절한 재난관리계획을 수립하고 있는지 확인하기 위해 지역사회에서는 여러 가지 조치를 취해야 한다. 재난관리자는 아동의 요구를 비상운영계획(EOP)에 반영하기 위해 지역사회 관계자, 학교 관계자, 영유아교육기관 관계자 및 긴급 대피소 관리자와 긴밀하게 협력해야 한다.

이 장의 전반부에서는 재난피해 아동의 고유한 요구를 반영하기 위해 기존의 비상운영계획을 개선할 때 재난관리자가 고려해야 할 행동지침에 대해 살펴보고, 후반부에서는 지역사회 수준에서 재난에 관련된 모든 이해관계자가 고려해야 할 사항에 대해 살펴본다. 이 장의 전반에 걸쳐 계획의 포맷, 체크리스트, 사례연구, 교훈 및 기타 지원 자료가 제시된다([더 알아보기 4.1]과 [그림 4.1]).

[더 알아보기 4.1] 재난피해 아동 지원을 위한 준비

재난관리기관이 적절한 계획과 지침을 가지고 있다면 지역사회 아동이 직면할 위험을 최소화시킬 수 있다. 아동, 가족, 아동보호 책임자(교사, 영유아교육기관 등)는 재난이 발생하기 이전에 재난이 미칠 영향에 대비하고 예방하기 위한 모든 조치를 취할 수 있다. 재난이 발생한 직후에 아동보호자 역할을 담당할 가능성이 가장 높은 아동책임기관에서는 특수집단인 아동의 고유한 요구에 대응할 수 있도록 적절한 훈련을 제공할 수 있다. 그리고 취약한 상태의 아동이 일상생활로 돌아왔을 때 장기적인 회복 단계가 필요하므로 지역사회에서는 이들의 고유한 요구를 위한 구체적인 계획을 수립할 수 있다.

출처: Save the Children. 2007. *The unique needs of children in emergencies: A guide for the inclusion of children in emergency operations plans.* September. http://www.savethechildren.org/publications/emergencies/Children-in-Emergencies-PlanningGuide.pdf.

[그림 4.1] 2009년 3월 27일, 노스다코타 주 파고(Fargo, North Dakota). 노스다코타 주 파고에 있는 파고 돔(Fargo Dome)에서 2명의 자원봉사자가 모래주머니를 채우고 있다. 이 모래주머니는 파고 주변의 제방을 보호하는 데 사용된다. 레드 강(Red River)의 최고 수위가 토요일에 41피트를 넘을 것으로 예보되었다(Patsy Lynch/FEMA).

학습목표

이 장에서는 다음과 같은 목표를 달성한다.

- 재난피해 아동의 고유한 요구와 관련된 체크리스트를 통해 지역사회의 비상운영계획(EOP)을 평가할 수 있다.

- 지역사회의 비상운영계획(EOP)에 아동의 고유한 요구에 관한 내용을 추가적으로 통합할 때 지역사회단체를 포함시킬 것인지 결정할 수 있다.
- 재난피해 아동의 적응 유연성 향상을 위한 요인에 대해 토론할 수 있다.
- 비상운영계획(EOP)에 포함된 학교 및 영유아교육기관에 필요한 조치를 설명할 수 있다.
- 대피소 계획의 세부사항에 아동의 고유한 요구가 고려되었는지 확인할 수 있다.

재난대비 행동지침

재난피해 아동의 12개 요구사항 영역은 다음과 같다.

- 아동 안전 및 보안
- 영양섭취
- 의류 및 대피소
- 위생
- 대피 및 수송
- 보건 및 의료서비스
- 응급의료 및 응급상황 대응
- 감독, 보육 및 교육시설
- 교육

- 심리적 의료서비스
- 아동, 부모, 양육자를 위한 재난관리교육
- 기타 필요조치

각 요구사항 영역에는 이를 충족시키기 위해 개인, 기관, 조직이 실행해야 할 행동지침이 제시되어 있으며, 이러한 요구사항은 4개의 일반 범주로 구분되고, 각 범주는 포괄적 재난관리 단계의 구성요소, 즉 예방, 대비, 대응 및 복구에 해당한다.

비상운영계획 팀이 지역사회 아동의 요구사항을 규정한 다음에 이러한 요구를 해결하고 아동의 취약성을 감소시키기 위해 필요한 행동이 무엇인지 결정한다. 아래의 목록은 위기상황의 아동에게 필요한 조치를 충족시키기 위해 별도의 문서를 개발할 때 비상운영계획 팀이 고려해야 할 내용이다.

영역 1: 아동 안전 및 보안 – 예방 및 대비

- 긴급 경보 발령 및 즉시 대응을 위한 아동보육시설 지원시스템을 개발한다.
- 아동보육시설 및 학교에 대해 정기적으로 위험요인 안전점검을 실시한다.
- 대피소, 학교, 영유아교육기관에서 부모와 헤어진 아동을 위한 후견 프로토콜을 개발한다.
- 재난으로 가족구성원이 부상을 당하거나 사망한 아동의 배치계획을 수립한다.
- 범죄경력 조회를 통해 아동의 안전이 확보된 모든 현장 인력의

목록을 작성한다.

- 재난복구인력 및 자원봉사자의 신원 및 자격 여부를 신속하고 정확하게 확인한다.
- 아동 담당 구조대원에 대한 식별 시스템을 구축한다.
- 대피 중이거나 대피소에 있거나 병원에 입원한 아동의 이동 및 위치 추적이 가능한 책임 시스템을 개발한다.
- 재난관리 사무소와 아동보육시설 간에 아동의 정보를 공유하기 위한 연락 시스템을 개발한다.
- 부모에게 아동의 위치와 안전에 관한 정보를 제공하는 시스템을 개발한다.
- 연령, 성별, 인종, 능력에 따른 차별로부터 아동을 보호하는 시스템과 정책을 수립한다.
- 아동의 안전 및 보안을 담당하는 경찰관, 소방관, 기타 재난관리 전문가에게 아동의 재난 취약성을 고려한 훈련을 제공한다.
- 모든 연습과 훈련에 아동의 안전 및 보안 관련 내용을 포함시킨다.
- 대피소, 학교, 영유아교육기관, 기타 아동시설의 보호자 부재 청소년을 위한 보안 시스템을 개발한다.

영역 2: 영양섭취 – 예방 및 대비

- 긴급 아동영양전문가 자격을 만들어 전문가를 지정한다.
- 비상식량, 식수, 영양보충제가 아동보육시설에 비축되어 있는지 확인한다.
- 모든 아동보육시설과 대피소에 아동과 임신부에게 필요한 영

양보충제가 구비되어 있는지 확인한다.

- 아동 급식 프로토콜을 개발하여 재난피해 아동이 거주하는 대피소에 제공한다.
- 아동용 식품제조업체 및 식품목록을 작성하여 재난 시 비상식량 보급 시스템을 개발한다.
- 모유를 수유하는 어머니가 모유를 안전하게 보관할 수 있는지 확인한다.
- 조제유를 수유하는 데 필요한 위생 도구와 설비를 갖추고 있는지 확인한다.

영역 3: 의류 및 대피소 – 예방 및 대비

- 대피소 내 영아 및 걸음마기 아동에게 적합한 침구류를 공급한다.
- 아동의 의류 및 침구류를 세탁하는 시설 및 설비를 갖춘다.
- 재난 발생 시 아동을 이동시킬 대피소에 대해 아동보육시설과 구호단체 간 협약을 수립한다.
- 구호단체에 대피소 내 아동의 특별한 요구에 대한 훈련을 제공한다.
- 아동에 대한 후견 정책과 대피소 내에서 부모의 책임에 관한 정책을 개발한다.
- 아동용 의류가 대피소 지역에 적절하게 배포되도록 시스템을 개발한다.
- 대피소 내 시나리오 계획을 제공함으로써 모든 아동보육시설을 지원한다.

영역 4: 위생 - 예방 및 대비

- 대피소 내에 청소 및 소독용품 보관창고를 마련한다.
- 위생적인 손 씻기 순서를 마련하고, 비누, 세면도구, 종이타월을 충분히 비축한다.
- 기저귀갈이를 위한 프로토콜을 수립한다.
- 장난감 및 공용물품의 세척을 위한 프로토콜을 수립한다.
- 청소 및 소독용 세제와 도구를 충분히 비축한다.

영역 5: 대피 및 수송(그림 4.2) - 예방 및 대비

- 재난 발생 시 아동의 수송에 적합한 차량의 이용 가능성을 확인한다.
- 아동보육시설에 대피 계획 및 절차에 대한 안내를 제공한다.
- 모든 아동집합시설의 위치를 확보하고, 재난 발생 시 아동의 안전한 대피계획을 수립한다.
- 재난대응 및 복구 시 아동용 수송 장비를 갖춘 차량의 이용 가능성을 확인한다.
- 부상당한 아동을 재난피해지역 밖의 병원으로 수송하기 위해 경로, 목적지, 차량, 안전장치에 관한 계획을 수립한다.
- 모든 재난 수송 인력을 대상으로 아동의 고유한 요구에 대해 오리엔테이션을 실시한다.

[그림 4.2] 2006년 5월 3일, 앨라배마 주 모빌(Mobile, Alabama). 허리케인 헌터 연구용 항공기 투어를 앞두고 모빌 카운티 학교 재학생들이 FEMA 연방 조정관 부대표(FEMA Deputy Federal Coordinating Officer, DFCO)인 제시 무노즈(Jesse Munoz)의 연설을 듣고 있다. 국가기상서비스(National Weather Service)와 국립해양대기청(NOAA) 허리케인 헌터 항공기 및 승무원은 허리케인의 발생에 대한 인식과 대비에 대해 홍보하고 있다(George Armstrong/FEMA).

영역 6: 보건 및 의료서비스 - 예방 및 대비

- 지역사회 소아과 의사의 연락처와 전공분야를 포함한 목록을 개발한다.
- 소아병원의 지속적인 비상운영계획(COOPs)이 유지되고 있는지 확인한다.
- 비상운영계획 수립 및 대비의 모든 측면에 소아 의료시설을 포함한다.
- 모든 웹 기반 네트워크에 소아 의료 관련 내용을 상세하게 제시한다.

- 모든 응급처치 인력이 소아환자의 요구를 인식하고 대응하도록 훈련을 제공한다.
- 모든 병원에서 소아환자의 급증에 대비한다.
- 모든 대피소에 아동용 비상약품과 응급처치용품이 구비되어 있는지 확인한다.
- 의료기록 파손에 대비하여 아동의 의료기록 사본을 보안 장소에 보관한다.

영역 7: 응급의료 및 응급상황 대응 – 예방 및 대비

- 아동용 항생제, 백신의 충분한 공급과 응급상황 대응 인력 및 차량을 구비한다.
- 대규모 아동 사상자 발생에 대비하여 소아 응급처치용품, 장비 및 의약품을 충분히 구비한다.
- 정기적으로 소아용 응급의약품의 유효기간을 확인하고 관리한다.
- 응급처치가 필요한 모든 시설에서 소아 응급상황의 관리 절차를 개발한다.
- 부모와 헤어진 아동, 보행이 불가능한 아동, 특별한 도움이 필요한 아동에게 적합한 오염물질 제거 샤워시설을 구비한다.
- 소아 응급처치에 관한 응급서비스 훈련을 제공한다.
- 응급처치시설에 소아 응급처치 관련 정보를 제공한다.
- 소아 응급치료 담당의사의 수요에 대비하기 위해 소아과 의사와 계약을 체결한다.
- 지역사회 재난대비 훈련 및 연습에 응급의료 및 응급관리 내용을 포함한다.

- 소아환자를 수용하기 위해 지역별로 상호 지원 협정을 수립한다.
- 독성학 관련 정보를 제공해주는 독극물 통제센터를 응급의료 절차에 통합한다.
- 소아환자의 급증에 대비하여 장비 및 물품을 소아병원에 구비한다.
- 아동의 고유한 요구사항을 해결할 단체 및 기관과 협약을 체결한다.
- 재난피해 아동을 위한 정부기관 연락망을 설정한다.
- 응급상황 아동을 위한 비상운영센터(EOC) 책임자를 임명한다.
- 응급상황 아동의 복구를 돕는 책임자를 임명한다.
- 재난대응 및 복구 시 아동 문제의 해결을 위한 지역사회 연계망을 구성한다.

영역 8: 감독, 보육 및 교육시설 – 예방 및 대비

- 모든 아동보육시설에서 아동 문제에 관한 재난관리 요구사항을 평가한다.
- 모든 아동보육시설이 지속적인 비상운영계획(COOPs)을 실행하고 있는지, 지역사회 서비스의 갑작스러운 중단에 대비하고 있는지, 모든 직원이 아동 대상 심폐소생술(CPR), 응급의료서비스(EMS) 훈련에 참여하고 있는지 확인한다.
- 학교, 영유아교육기관, 아동집합 장소, 대피소에서의 계획과 훈련을 실행한다.
- 지역사회 및 지역사회 인근 지역에 종일제 돌봄 공간을 확보한다.

- 부모와 헤어진 아동을 지속적으로 돌보기 위한 정책과 계획을 수립한다.
- 아동보육 기반시설이 파괴된 경우 임시 영유아교육기관의 설립 계획을 수립한다.
- 긴급대피소 내 영유아교육기관의 인력 구성, 운영, 시설설비에 대해 계획한다.
- 부모 또는 보호자에게 연락하기 위한 계획을 수립한다.
- 가족과 적절한 시기에 만나도록 프로토콜을 계획한다.
- 재난 발생 이전에 아동을 식별하는 시스템을 구축한다.
- 학교와 영유아교육기관의 재난대비계획에 대피, 수송, 가족의 재결합을 포함하고, 사고지휘시스템(ICS)을 통합한다.
- 위기관리 서비스와 연계한 재난 훈련 및 연습을 실행한다.
- 학교, 영유아교육기관의 재난관리계획에 부모를 참여시킨다.
- 재난복구를 위해 자리를 비운 교사와 직원의 업무 재배치를 계획한다.
- 학교, 영유아교육기관, 캠프에서 재난의 취약성을 경감시킨다.

영역 9: 교육 – 예방 및 대비

- 대피소에 아동을 위한 미술재료들이 구비되어 있는지 확인한다.
- 대피소용 안전키트를 구성하는 방법을 알아본다.
- 학교가 파괴되거나 지역사회의 대피소로 사용될 경우 대피소 인근에 임시 교실을 설치하기 위해 인력, 물품, 교육과정에 대한 계획을 수립한다.
- 재난복구를 위해 자리를 비운 교사와 직원의 업무 재배치를 계

획한다.

- 모든 학생의 학업기록이 안전한 장소에 보관되어 있는지 확인한다.

영역 10: 심리적 의료서비스 – 예방 및 대비

- 지역사회에 영향을 주는 위험요인 관련 자료를 정규 교육과정에 통합한다.
- 아동의 심리치료 및 회복을 위해 교사와 영유아교육기관 교사에게 진단 · 중재 · 치료에 대한 훈련을 제공한다.
- 가족정보 및 지원센터를 동원하기 위한 절차를 수립한다.
- 재난으로 급증한 요구사항을 처리하기 위해 아동 정신건강 기반시설을 강화한다.
- 소아과 의사가 심리 문제의 판별 · 진단 · 중재를 실시할 수 있도록 훈련시킨다.

영역 11: 아동, 부모, 양육자를 위한 재난관리교육 – 예방 및 대비

- 가정용 재난대비 지침서를 가족에게 제공하고, 가족재난계획을 개발하도록 한다.
- 가족에게 아동에 대한 재난의 위험요인을 경감시키는 방법을 교육한다.
- 학교, 영유아교육기관, 아동집합시설에서 재난훈련을 실행한다.
- 건강상 특별한 요구가 있는 아동의 가족에게 재난대비 및 대응 지침서를 제공한다.

- 아동이 재난의 영향으로 힘들어할 경우 부모가 도움을 제공하도록 부모에게 재난이 아동에게 미치는 즉각적이고 장기적인 영향을 알린다.
- 아동의 고유한 심리적·발달적·생리적 요구사항 및 취약성을 강조하기 위해 다른 재난훈련 프로그램과 연계하여 아동에 대한 평가, 소아용 기구 사용에 대한 훈련을 실시한다.
- 추가적 대응집단(예: 교직원, 보육인력, 지역사회 대응기관, 시민단체, 특별의료서비스 등)을 대상으로 소아 재난교육을 제공한다.
- 모든 지역 재난훈련에 소아환자와 아동 관련 시나리오를 포함시키고, 지역사회의 소아진료 담당자를 참여시킨다.
- 적절한 재난대응계획을 수립하고, 충분한 재난물품을 보급하기 위해 학교, 영유아교육기관에서는 소아과 의사와 연계한다.
- 아동에게 부모와 헤어지거나 구조가 필요한 경우 해야 할 일에 관한 재난대응 교육을 실시한다.

영역 12: 기타 필요조치 – 예방 및 대비

- 미성년 아동의 보호 및 치료에 관한 모든 법적 고려사항을 결정한다.
- 다양한 상황의 소아환자들을 포함하여 연방정부, 주정부, 지방정부의 재난관리자와 함께 훈련을 실행한다.
- 통역서비스
- 가족 및 부모 지원서비스
- 임신부 및 수유모
- 임시체류 아동

• 불법체류 외국인 부모의 자녀 또는 불법체류 아동

비상운영계획

재난관리자는 아동의 고유한 요구사항이 비상운영계획에 포함되어 있는지, 이를 반영하기 위해 어떠한 수정이 필요한지 확인하기 위해 현행 비상운영계획(EOP)을 재검토해야 한다. 지역사회 아동의 지원 프로그램과 시설에 관한 중요한 정보를 가진 다수의 새로운 이해관계자들이 이러한 재검토 과정에 참여한다. 위기대응관리자는 비상운영계획이 아동 친화적으로 구성되었는지를 신중하게 고려해야 한다.

세이브더칠드런(Save the Children)의 「재난피해 아동의 고유한 요구: 아동 중심 비상운영계획 지침서」에는 다음의 내용이 제시되어 있다. 비상운영계획 팀은 아동을 위한 긴급 대응조치에서 역할을 담당하는 다양한 집단으로부터 위기상황 아동의 발달 관련 자료를 수집해야 한다. 비상운영계획 책임자가 아동, 부모, 후견인 및 임신부를 위해 필요한 재난대응 관련 단체를 적재적소에 포함시키는 것이 비상운영계획 팀 구성의 핵심이다(Save the Children, 2007).

세이브더칠드런의 보고서는 다음과 같이 권고한다. 일단 비상운영계획 팀이 구성되면, 위험요소 평가, 지역사회 지도, 지역사회 내·외부의 위기관리 자원목록을 포함하여 기초 EOP 개발 결과 획득한 모든 정보를 평가함으로써 계획 팀의 업무가 시작된다(Save the Children, 2007)([더 알아보기 4.2] 참조).

[더 알아보기 4.2] 비상운영계획 팀 구성원(기관, 조직, 개인)

- 주요 기관장
- 긴급 서비스(법 집행, 화재/구조 및 응급의료서비스)
- 비상운영 관리자
- 공중보건 및 안전 담당 공무원
- 사회복지서비스기관과 자원봉사단체(아동 관련 기관 포함)
- 지역병원(아동 및 일반병원)
- 긴급 보육서비스 제공자
- 아동의 교육, 건강, 위생 및 영양 요구에 대한 설비 및 물품 공급자
- 소아과 의사
- 교육 관리자/교육감
- 교사협의회 지도자
- 영유아교육기관연합회 대표
- 공공 정보 책임자(PIO)
- 지역 미디어
- 관할지역 법률고문
- 인근 관할지역 재난관리자 및 기관 대표(상호 공제 협약을 확립하기 위해)
- 주정부 및 연방정부 대표
- 대중구호 조정자 및 대중구호시설 관리자
- 부모 및 보호자 단체 대표
- 아동 또는 아동/가족 레크리에이션 관련 조직이나 기관(예: 지역사회 레크리에이션 부서, 아동보육 인가기관)
- 아동이 포함된 유동인구를 관리하는 조직(호텔협회, 관광업)
- 정신보건기관
- 중독관리센터
- 사회복지서비스 기관
- 지역 재난관리계획위원회(LEPC) 위원
- 종교단체와 교회

- 학교 간호사
- 법원(필요 시)
- 지역사회 도시계획 공무원

출처: Save the Children. 2007. *The unique needs of children in emergencies: A guide for the inclusion of children in emergency operations plans.* September. http://www.savethechildren.org/publications/emergencies/Children-in-Emergencies-PlanningGuide.pdf.

세이브더칠드런 보고서는 다음과 같이 권고한다. "계획 팀이 일단 설립되고 나면, 그 팀은 기본 EOP 수립의 결과로써 수집 가능한 모든 정보를 평가하면서 시작해야 한다. 이 정보에는 재해 위험 평가, 지역사회의 기본 지도, 지역사회 내외에서 이용 가능한 재난관리 자원 목록이 포함된다."(Save the Children, 2007)([더 알아보기 4.3] 참조).

[더 알아보기 4.3] 정보 수집

비상운영계획 팀은 통찰을 제공해주는 다음과 같은 정보를 수집할 필요가 있다.

- 지역사회 아동의 긴급 보육과 관련된 법정 기관(법률, 규정, 법령 및 기타 법적 정보)
- 모든 아동보육시설(예: 학교, 영유아교육기관)의 위치가 표기된 지역사회 지도
- 지역사회 모든 아동의 인구통계학적 정보
- 지역사회의 특수아동 수와 그들의 요구를 충족하기 위해 필요한 요구의 수 및 시설에 관한 정보

- 지역사회 학교시스템 정보
  - 학교명, 주소 및 연락 정보
  - 학교의 학생 수와 학생 연령
  - 지역사회 대피소로서 학교 상황
- 아동보육 정보
  - 지역사회 아동보육시설 목록(명칭, 주소 및 연락 정보)
  - 시설의 수용인원
  - 시설의 긴급 대피소 전환 가능성
  - 시설 등록 아동 수
- 병원 및 의료 정보
  - 병원명, 주소 및 연락 정보
  - 시설 내 소아 병상 수
  - 소아과 의사 수
  - 사상자 초과 시 인근 병원 인계를 위한 법률체계
  - 지역사회 개인 소아과 명칭 및 연락 정보
- 대중구호 대피소 관련 정보
  - 대피소 운영자명
  - 대피소 주소 및 기타 주요 정보
  - 대피소 내 아동 수용인원
  - 비정부기구(NGO) 정보
  - 지역사회 내 아동 중심의 NGO
  - 연락 정보 및 주요 업무
- 교통 정보
  - 대피 시 또는 재난 발생 시 사용 가능한 아동 수송 차량 목록
  - 아동 안전장치 상태 또는 최대 인원
  - 수송 차량 제공자의 주소 및 연락 정보
  - 예상되는 대피 경로 및 아동을 위한 시설 계획
- 자원 데이터베이스
  - 아동 보호와 관련된 비상용품 및 관련 물품(기저귀, 물티슈, 분유, 이유

식 등)을 제공할 수 있는 사업자 목록
- 관련 물품의 재고 및 가격 정보
- 재난관리 정보
  - 아동의 긴급 요구사항을 충족시키는 장비, 용품 및 시설
  - 소아 응급 대응을 위한 응급관리요원 교육 관련 정보
  - 소아 응급 관리에 초점을 둔 지역사회 내외 과정
- 심리사회적(정서적 지원) 정보
  - 지역사회 아동심리학자 이름 및 연락 정보
  - 학교사회복지사 이름 및 연락 정보
  - 아동발달전문가 이름 및 연락 정보
- 위험 정보
  - 아동, 아동보육시설, 아동 인구밀도가 높은 거주지의 지역사회 위험요소
  - 아동과 아동보육시설의 위험을 최소화하기 위한 예방 방안

출처: Save the Children. 2007. *The unique needs of children in emergencies: A guide for the inclusion of children in emergency operations plans.* September. http://www.savethechildren.org/publications/emergencies/Children-in-Emergencies-PlanningGuide.pdf.

모든 계획은 계획의 수립을 알리는 일련의 가정에 근거한다. 세이브더칠드런의 보고서는 재난피해 아동을 위한 비상운영계획을 세우기 위해 비상운영계획 관리자가 활용할 수 있는 가정의 몇몇 사례를 확인했다. 이러한 가정 목록은 [더 알아보기 4.4]에 제시되어 있다.

[더 알아보기 4.4] 재난 발생 시 가정 상황

다음과 같은 상황을 가정하는 것은 단지 비상계획 팀이 해야 할 업무 관련 사례를 제공하기 위해서다. 특정 지역에서는 이러한 가정이 해당될 수도, 해당되지 않을 수도 있다.

- 부모 또는 보호자와 함께 있는 아동은 부모의 후견 또는 법적 보호자의 보호하에 있다.
- 학기 중 또는 정규 수업시간 동안 지역사회 아동의 소재는 교육 담당 부서와 개별 교육시설에서 파악하고 있는 바에 따라 예측 가능하다.
- 정규 수업시간 이외의 시간에 아동의 소재는 주로 가족과 사회적 관계망에 의해 좌우된다.
- 비상사태 또는 재난 발생 시 부모와 보호자의 주요 관심사는 자녀의 소재를 파악하고 자녀를 데려오는 것이다.
- 영유아교육기관 교사, 캠프 교사 등 아동보육 제공자들도 중대 재난에 의해 영향을 받는다. 이때 그들의 주요 관심사는 자기 가족의 행방과 안전이다.
- 학교, 영유아교육기관 등 주간 보호시설은 재난 발생 시 또는 재난 발생 이후에 폐쇄될 수 있다.
- 다수의 아동 부상자 또는 사망자가 발생할 경우 소아의료 제공자와 기관의 업무가 마비될 수 있다.
- 유행성 독감이나 생물 테러 같은 특정 재난이 발생할 경우, 아동은 가족과 함께 대피소로 대피해야 한다.
- 특정 재난의 경우, 아동은 학교와 영유아교육기관 등 주간 보호시설에 위치한 대피소로 대피해야 한다.
- 관광객, 지역사회를 지나가는 여행객, 지역기업 후원자 등의 자녀와 같이 단기체류 아동은 특히 부모나 보호자가 함께 있지 않을 경우, 부가적인 후견 관련 도움이 필요할 수 있다.
- 모든 학교와 민간 보육 및 교육시설에서는 아동을 지원하기 위한 내

부 비상운영계획을 운영한다. 이러한 계획은 아동이 시설에 남아 있을 경우에만 적용된다.

- 대재난이 발생했을 경우 의료, 응급치료, 특별식, 대피 준비 및 감독 등에 대한 아동의 요구가 지역시설의 역량을 초과할 수 있다.
- 아동이 학교나 아동보육시설을 떠날 때까지 또는 재난관리 사무실에서 지원이 이뤄질 때까지 아동은 학교나 아동보육시설의 보호를 받는다.

출처: Save the Children. 2007. *The unique needs of children in emergencies: A guide for the inclusion of children in emergency operations plans.* September. http://www.savethechildren.org/publications/emergencies/Children-in-Emergencies-PlanningGuide.pdf.

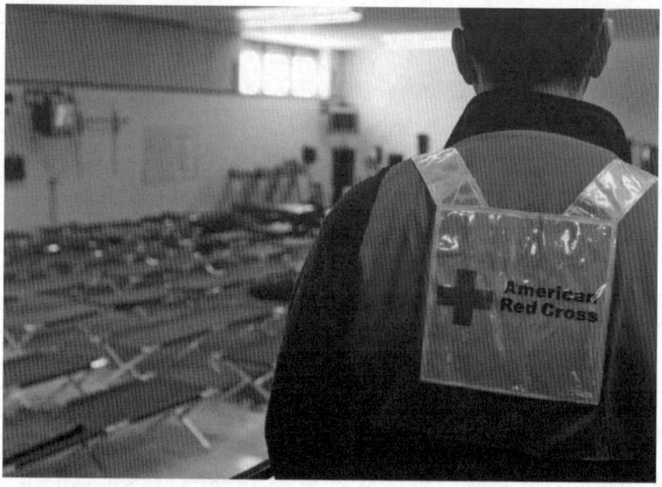

[그림 4.3] 2009년 3월 26일, 노스다코타 주 파고(Fargo, North Dakota). 미국 적십자사는 홍수 범람 지역 내 주택을 떠나야 하는 피난민을 예상하여 노스다코타 주 근처에 대피소를 설치했다(Patsy Lynch/FEMA).

세이브더칠드런의 보고서는 재난피해 아동을 담당하는 많은 이해관계자의 역할과 책임을 확인했으며, 다음과 같은 이해관계자들이 포함된다.

- 지역 재난관리자
- 아동 문제 책임자
- 수송
- 대규모 구호활동
- 학교 관리자
- 복지서비스
- 소방
- 응급의료서비스
- 병원
- 공중보건
- 정신건강
- 사회복지서비스
- 법률체계
- 사법당국
- 공적 정보
- 지역사회 도시계획공무원
- 공공사업 및 공공시설

지역 재난관리자

- 재난대응 및 복구에서 아동 문제를 해결하기 위해 지역사회 연

계를 구축한다.

- 학교, 영유아교육기관, 캠프, 경기장, 아동집합시설의 재난 취약성을 경감시킨다.
- 가족에게 아동의 재난 위험요인 예방 방법을 교육한다.
- 가족에게 가정 재난대비 지침서를 제공하고, 가족재난계획 수립을 장려한다.
- 부모나 보호자와 헤어진 아동을 위한 재난대응 교육프로그램을 개발한다.
- 비상운영센터(EOC)에 아동 문제 책임자를 배정한다.
- 아동에 대한 정보를 공유하기 위해 재난관리사무국과 아동보육시설 간 시스템을 구축한다.
- 아동에 대한 정보를 공유하기 위해 재난관리사무국과 아동보육시설 간 시스템을 아동문제 책임자와 함께 구축한다.
- 인증된 아동 관련업무 담당 대응인력을 식별하기 위해 배지(badge) 시스템을 구축한다.
- 재난대응계획 및 대비의 모든 측면에 소아 의료서비스기관을 포함시킨다.
- 학교 및 영유아교육기관을 지원하기 위해 현장 비상운영계획(EOP)을 수립한다.
- 소아환자를 담당하는 시스템의 역량을 검증하기 위해 연방, 주, 지방정부 재난관리자와 함께 소아환자를 포함한 훈련을 실행한다.
- 아동의 안전 및 보안 문제를 재난훈련과 연습에 모두 포함한다.

아동문제 책임자

- 아동 대상 업무 담당자를 위한 배지, 자격관리, 개인정보 확인 시스템을 실행한다.
- 다른 지역 대피소로 이동했거나 병원에 입원한 아동을 포함하여 모든 재난피해 아동을 추적한다.
- 현지 대피소에 거주하는 모든 아동을 추적하고, 아동의 요구를 충족시키도록 대피소를 지원한다.
- 대피 중인 아동의 위치 식별, 이동경로 추적을 위해 기록보존 시스템을 개발한다.
- 모든 아동집합시설의 위치를 파악하고, 긴급 재난 발생 즉시 안전하게 대피하도록 계획을 수립한다.
- 대피 중인 모든 아동을 추적하고, 부모, 보호자, 가족구성원에게 정보를 제공한다.
- 대피하는 동안 아동의 특별한 요구사항이 충족되고 있는지 확인한다.

수송

- 지역사회의 재난에도 이용 가능한 아동 수송용 차량을 확보한다.
- 재난대응 및 복구 시 아동의 대피 및 수송 장비를 갖춘 차량을 확보한다.
- 아동을 담당하는 모든 대피 및 수송 인력을 위해 오리엔테이션을 제공한다.

- 모든 대피 아동을 추적하고, 부모, 보호자, 가족구성원에게 정보를 제공한다.
- 모든 아동 수송 담당인력의 개인정보를 조회했는지 확인한다.

구호활동

- 대피소 내 아동의 위치 식별, 이동경로 추적을 위해 기록보존 시스템을 개발한다.
- 재난 발생 시 감독되지 않는 청소년이 대피소에 있는지 확인하는 보안시스템을 개발한다.
- 아동에게 필요한 비상식량, 식수가 대피소에 구비되어 있는지 확인한다.
- 재난 발생 이전에 아동보육시설과 아동구호단체 간에 협약을 체결한다.
- 부모 및 보호자의 대피소 내 책임에 관한 정책을 수립한다.
- 재난 발생 이후 대피소 내에 아동집합 장소와 세탁 및 소독설비 공간을 마련한다.
- 위생적인 손 씻기 순서를 마련하고, 비누, 세면도구, 종이타월을 충분히 비축한다.
- 대피소 내에서 아동이 일상생활을 영위하도록 안전하고 조용한 환경을 조성한다.
- 아동이 다른 아동과 놀이하고 또래관계를 형성할 기회를 제공한다.

복지서비스

- 지역사회 및 지역사회 인근의 모든 아동보육시설을 목록으로 작성한다.
- 지역사회 아동보육 기반시설의 파괴에 대비하여 임시 영유아 교육기관의 설치 계획을 수립한다.
- 지역사회의 긴급 대피소 내에 영유아교육기관을 설립하기 위한 인력 구성, 운영, 시설설비 계획을 수립한다.
- 가족의 재결합을 위한 프로토콜을 개발하기 위해 지역 사법당국과 연계한다.
- 자신의 이름이나 부모의 이름을 말하지 못하는 아동을 위해 이름표 등 아동 식별 시스템을 구축한다.
- 특별한 의료서비스가 필요한 아동의 가족에게 재난대비 및 대응 지침서를 제공한다.
- 모든 지역사회 대피소에 아동보육시설을 설치한다.
- 아동보육 관련 기반시설의 피해 정도를 측정한다.
- 임시 영유아교육기관을 설치한다.
- 대피소 내에 대피소 거주 아동을 위한 아동보육시설을 설치하도록 지원한다.
- 특별한 의료서비스가 필요한 아동이 있는 가족을 지원한다.
- 아동보육 및 아동 관련 기반시설 현황을 아동문제 책임자와 협조하여 비상운영센터(EOC)에 보고한다.
- 재난 발생 시 상호 협력하기 위해 아동보육시설을 지원한다.

소방

- 영유아교육기관 및 학교의 정기적인 재난안전점검 및 예방지침을 제공한다.
- 소아환자에게 적합한 구호장비가 비상차량에 구비되어 있는지 확인한다.

응급의료서비스(EMS)

- 부상당한 아동을 재난피해지역 밖의 병원으로 이송하기 위한 계획을 수립한다.
- 충분한 양의 아동용 항생제와 백신을 구비한 차량과 긴급구조인력을 준비한다.
- 아동 관련 대규모 사고에 대비해 소아용 비상물품, 장비, 약품을 충분히 구비한다.
- 모든 연령의 아동에게 적합한 오염물질 제거 샤워시설을 구비한다.
- 응급의료시스템 내에서 가족구성원이 함께 있도록 노력한다.
- 정기적으로 소아용 응급의약품의 유효기한을 확인하고 관리한다.
- 아동이 있는 가족에게 가족중심 응급의료서비스를 제공한다.
- 모든 의료서비스를 기록한다.

병원([더 알아보기 4.5]와 [그림 4.4] 참조)

- 병원 입원에서 퇴원까지 아동의 위치를 식별하고 이동경로를 추적하기 위해 응급의료담당자와 협력하여 기록관리 시스템을 개발한다.
- 소아과 의사와 소아병원에서는 지속적인 비상운영계획(COOPs)을 수립한다.
- 모든 병원은 소아환자의 급증에 대비해야 한다.
- 아동 관련 대규모 사고에 대비해 소아용 비상물품, 장비, 약품을 충분히 구비한다.
- 병원에서 가족들이 함께 지내도록 배려한다.
- 소아환자에게 익숙하지 않은 일반병원의 경우 소아환자의 급증에 대비한다.
- 정기적으로 소아용 응급의약품의 유효기한을 확인하고 관리한다.

[더 알아보기 4.5] 병원 및 의료시설

아동병원뿐만 아니라 모든 의료시설은 소아 중환자의 급증에 대비해야 한다. 응급의료서비스 담당자가 생존자의 요구에 맞추어 가장 적절한 인근 병원으로 이송을 시도하겠지만, 가장 최근의 재난 관련 문서에 의하면 환자 급증 시나리오(대량 사상자)에서는 생존자의 50% 이상이 다른 방법으로 이송될 것이라고 제시했다. 소아환자의 급증을 수용하기 위해 모든 병원은 소아용 비상용품을 충분히 구비해야 한다. "현재 미국에는 아동병원이 300곳 이하이며, 이는 전체 병원의 5%에 해당한다. 또한 응급실 가운데 40%만이 소아환자 수송 관련 절차를 보유하고 있다. 소아환자의 급증은 소아환자 지정 병원이 아닐 경우 상당한 인력 문제를 야기할 수 있다."

출처: National Commission on Children and Disasters. 2009. *Interim report*. October 14. http://www.childrenanddisasters.acf.hhs.gov/20091014_508IR_partII.pdf.

[그림 4.4] 응급상황 대응 및 치료 능력 중 재난 시 급증한 의료 요구에 대한 대비 능력은 의료 계획 및 대비의 가장 중요한 기능에 해당한다.

공중보건

- 지역사회 소아과 의사의 연락처와 전공이 기재된 목록을 마련한다.
- 웹 또는 지역사회 기반 자원 네트워크에 상세한 소아과 의료진을 포함한다.

- 의료서비스 제공이 가능한 모든 시설에 소아 응급처치 절차를 제공한다.
- 내과의사가 해결하기 어려운 소아 응급의료서비스에 대비하여 소아과 의사와 협약을 체결한다.
- 소아환자의 편의를 도모하기 위해 지역 간 상호 지원 협약을 체결한다.
- 특별한 요구가 있는 아동에게 적합한 소아 의료서비스를 제공한다.
- 긴급 대피소 현장에서 소아 응급처치 및 의료서비스를 제공한다.
- 정기적으로 소아용 응급의약품의 유효기한을 확인하고 관리한다.
- 긴급구조시설에 소아 응급의료서비스에 관한 정보 자원을 제공한다.
- 아동을 위해 지속적인 양육서비스를 제공한다.

정신건강

- 재난피해 아동의 급증한 요구를 처리하기 위해 사전에 아동 정신건강 기반시설을 확충한다.
- 소아과 의사가 심리증상을 진단하고, 중재프로그램을 제공할 수 있도록 훈련한다.
- 대피 중인 아동에게 심리상담 및 치료를 제공한다.
- 소아 정신질환의 진단 및 치료를 위해 소아정신과 전문의를 대피소에 파견한다.

- 대피소 및 학교에서 소아정신과적 외상을 최소화시키기 위한 중재를 실행한다.
- 연령에 적합한 심리사회적 중재를 지속적인 학교 내 회복 프로그램과 교육과정에 통합한다.
- 재난 발생 이후 아동의 이전 정신건강 상태를 고려하여 정신건강서비스 제공 여부를 결정한다.
- 스트레스 진단 및 장기 모니터링을 위해 현장지원팀을 지역사회에 파견한다.
- 아동을 위한 지역사회 장례 및 조문서비스를 실행한다.
- 위기 대처에 어려움이 있는 부모 및 보호자를 식별하여 적절한 지원네트워크에 의뢰한다.
- 재난피해 지역의 모든 아동에게 조기 중재, 특히 학교 기반 중재를 실행한다.
- 자녀가 재난으로 인해 힘들어하는지 부모가 인식하도록 재난이 아동에게 미치는 즉각적 · 장기적 영향에 관해 부모에게 알린다.
- 대피 중인 아동에게 심리상담 및 치료가 제공되고 있는지 확인한다.

사회복지서비스

- 대피소, 학교, 영유아교육기관에서 부모와 헤어진 아동에 대한 돌봄을 안내하는 프로토콜을 개발한다.
- 재난과 테러 발생으로 부상 또는 사망한 가족구성원이 있는 경우 아동의 배치를 계획한다.

- 재난 발생 이전에 아동보육시설과 아동구호단체 간 협약을 체결한다.
- 부모와 헤어진 아동을 지속적으로 돌보기 위한 정책과 계획을 수립한다.
- 대피소 내 시나리오를 계획하여 모든 아동보육시설을 지원한다.
- 특별한 요구가 있는 대피소 내 아동의 요구를 식별 · 추적 · 처리한다.
- 아동기 정상 발달을 위해 모든 대피소에 안전한 놀이영역을 확보한다.
- 영어를 구사하지 못하는 아동을 위해 통역서비스를 지원한다.
- 가족 및 친구와 헤어진 아동의 사회적 통합을 지원한다.
- 불법체류 외국인 아동을 식별 및 추적하고, 보육서비스의 제공 여부를 확인한다.

법률체계

- 미성년 아동의 보호 및 치료에 관한 모든 법적 사항을 마련한다.
- 부모를 잃은 아동의 보호자 역할을 담당할 변호사를 선임한다.
- 모든 가정법원과 협력하여 아동의 주요 관심사를 반영한 계획을 수립한다.

사법당국

- 범죄경력 조회를 통과한 모든 지역 재난관리 담당자의 목록을 마련한다.

- 아동 관련 업무를 담당하는 모든 긴급구조 인력의 경력을 신속하고 정확하게 조회하기 위한 계획을 수립한다.
- 재난대응 및 복구 단계에서 아동을 담당하는 긴급구조 인력과 자원봉사자에 대한 보안점검을 실행한다.
- 대피소에 있는 아동의 안전 및 보안을 확보한다.
- 가족의 재결합을 위해 전국실종학대아동센터와 협력한다.

공적 정보

- 부모나 보호자에게 아동의 안전 정보를 제공하는 시스템을 개발한다.
- 필요 시 모든 아동보육시설에 재난경보를 발령한다.
- 재난 발생 이전에 부모나 보호자에게 재난대응 및 복구 정보를 제공한다.
- 부모, 보호자, 양육자에게 재난 발생 이후 아동의 스트레스 대처방법을 알려준다.
- 사법당국이나 비상운영센터(EOC) 아동문제 책임자와 협력한다.
- 재난 발생 이전에 재난 관련 스트레스와 재난의 영향에 대한 아동의 대처방법에 관한 안내문을 작성한다.

지역사회 도시계획공무원

- 현행 아동거주시설의 안전을 확보하는 데 도시계획구역 코드가 적절하게 배정되어 있는지 확인한다.
- 안전성이 확보된 지역에 아동거주시설이 건축되도록 새로운

코드를 제공한다.

공공사업 및 공공시설

- 특별한 의료서비스가 필요한 아동이 있는 가족에게 긴급지원을 제공한다.
- 모든 대규모 아동보육시설의 자원 목록을 마련한다.

모든 구조 조직

- 모든 아동이 연령, 성별, 인종, 능력, 기타 요인으로 인해 차별받지 않도록 시스템과 정책을 개발한다.

학교 재난대비

의료관리품질조사국(AHRQ, 2009)에 따르면, 아동집합시설(학교, 영유아 교육기관, 캠프, 운동경기장) 중에서 학교가 가장 많은 수를 차지한다. 50만 명 이상의 아동이 매일 전국의 11만 5,000개 학교에 등교하고, 깨어 있는 시간의 70~80% 이상을 학교에서 보낸다. 결국 학교는 식사, 교육, 질병의 치료 및 보호를 포함하여 아동의 요구를 모두 제공하는 일차적인 책임을 가짐으로써 대리 부모 역할을 담당한다([더 알아보기 4.6] 참조).

[더 알아보기 4.6] FEMA 훈련 및 대비 기금

국가아동재난위원회는 소아환자 분류, 사전 치료, 환자 수용 능력, 아동 수송, 학교, 아동보육 제공자, 아동복지, 청소년 사법당국과의 협력 등 역량을 시험하는 목표를 포함시킬 것을 제안한다.

위원회는 국토안보부 기금 프로그램(HSGP)의 보조금 지급에서 아동을 우선순위로 함으로써 지역사회의 재난대비계획을 강화하기 위해 국토안보부(DHS) 보조금 이사회와 협력하고 있다. 또한 위원회는 주요 공급 목록을 제안하고 아동을 위한 프로그램 활동, 계획, 교육, 운동, 장비, 음식, 기본 의료 용품에 사용되는 비용 및 경비 허용기준을 제안한다. 위원회는 국토안보부(DHS)에서 기금을 제공받는 기관들이 아동 관련 계획을 특별한 도움이 필요한 하위집단으로 구성할 것이 아니라, 기본 계획에 통합적으로 구성할 것을 장려하도록 권고한다. 더 나아가 위원회는 국토안보부 기금 프로그램(HSGP)의 기금 지침을 참고할 경우 아동 관리체계, 제공자 및 시설, 특히 학교지구와 아동보육 제공자의 재난대비 능력이 강화되고 확장될 수 있을 것이라고 제안한다.

출처: National Commission on Children and Disasters. 2009. *Interim report*. October 14. http://www.childrenanddisasters.acf.hhs.gov/20091014_508IR_partII.pdf.

[사례연구] 학생 대상 재난계획수립 프로그램(STEP Program)

2008년, 연방재난관리청(FEMA)과 주정부의 재난대비기관은 뉴잉글랜드(New England) 학교와 협력하여 4학년 학생들의 기본적인 재난대비 능력을 교육하는 시범 프로그램을 실시했다. 학생 대상 재난계획수립 프로그램(Student Tools for Emergency Planning: STEP)은 교사에게 맞춤형 재난대비 수업을 제공하여 학생들이 가족과 재난키트를 만들고 의사소통 계획을 수립하도록 의욕을 불러일으킨다.

일부 학교에서는 수업 계획뿐만 아니라 물병, 스낵바, 비상용 호루라기, 담요 및 가방 등을 포함하여 학생들이 자신만의 재난대비키트를 만들 수 있도록 물품을 제공했다.

프로그램에 의해 가족재난계획의 필요성을 인식한 학생들은 가족과 집 밖의 다른 만남 장소 정하기, 재난 발생 시 전화할 사람 지정하기, 가족구성원이 직장과 학교가 포함된 주요 전화번호 목록 가지고 다니기 등을 실천하게 되었다.

재난대비키트와 의사소통 계획에 관한 추가 정보는 [그림 4.5]에 제시되어 있다.

1. www.fema.gov/plan/prepare/supplykit.shtm
2. www.fema.gov/plan/prepare/commplan.shtm

[그림 4.5] 2010년 4월 28일, 매사추세츠 주 보스턴(Boston, Massachusetts). 리처드 세리노(Richard Serino) 부대표는 수요일에 뉴잉글랜드 청소년을 대상으로 재난대비를 홍보하는 FEMA 지역 I의 STEP 프로그램 시범행사에 참여한 보스턴과 로드아일랜드 북부 지역 학생들과 이야기를 나눴다. 학생들은 부대표에게 자신들이 대비할 재난, 가족모임장소 및 재난키트의 내용물에 대해 알려주었다(David Bibo/FEMA).

"아동의 생명, 건강, 보호에서 학교가 갖는 핵심 특성에도 불구하고 학교는 비상사태에 대비하기 위한 노력을 별로 하지 않았다. 학교 기반 재난대응의 경우 특정 활동(예: 소방대피훈련)은 보편적으로 실시되었으나, 동일하게 중요한 재난대응의 다른 보편적 활동(즉, 대피 및 보호 프로토콜)은 전국적으로 볼 때, 대부분의 학교에서 실시되지 않았다. 이러한 검토 결과, 학교에 필요한 융통성 있는 국가적 종합지침서는 아직 제공되지 않았다"(Agency for Healthcare Research and Quality, 2009).

의료관리품질조사국(AHRQ) 보고서에 제시된 권고사항에 따르면, 지역 교육감, 지역 재난관리자 및 긴급구조대원, 학교 관리자, 교장, 상담사, 교사, 보건교사, 보안직원, 부모로 구성된 운영위원회에서는 학교 재난대응계획을 구축하기 위한 모임을 개최해야 한다(Agency for Healthcare Research and Quality, 2009)([더 알아보기 4.7] 참조).

[더 알아보기 4.7] 학교 재난대비계획 수립의 세부 절차

단계 1. 정기적인 모임을 계획한다. 계획을 수립하는 팀은 학교 지도자, 학교 운영위원회 지도자, 지역 안전관리자 및 보건 당국과 정기적인 모임을 계획해야 한다.

단계 2. 요구사항 평가를 수행한다. 학교는 학교 교직원의 지식, 의견 및 요구사항을 평가하기 위해 설문조사를 실시한다([부록 B] 요구사항 설문조사).

단계 3. 개별 학교의 교장과 구조화된 면접을 실시한다. 계획 팀은 모든 교장을 대상으로 설문조사를 실시해야 한다. 이때 간단한 면접과 함께 학교 건물 상태, 구조적인 취약점, 특수아동집단의 요구 등을 파악할 수 있는 도구를 사용한다([부록 C] 주요 면접질문).

단계 4. 지구 내 모든 학교의 현장조사를 실시한다. 계획 팀 내 전문가들은 개별 학교에 대해 세밀한 조사를 실시해야 한다. 학교의 구조적 차이를 파악하고, 종합계획을 방해하는 요인을 식별하고, 폐쇄 장소 또는 대피

장소를 평가(또는 확인)하며, 화학 공장 또는 원자력 발전소 같은 인근의 위험요소를 평가해야 한다.

단계 5. 학교 교직원 교육 및 훈련 과정을 수립하고 계획한다. 계획 팀은 재난대응 및 소아환자 발생과 관련된 특정 교육과정을 제공해야 한다. 여기에는 특정 기술과 교실 훈련이 포함되어야 한다. 교실 재난 훈련은 재난대응 시 중재자의 안내에 따라 시행하는 교실 내 훈련이다. 이 훈련을 통해 교직원은 일반적인 대응 절차에 친숙해지며, 발생 가능한 문제를 인식하고 해결할 수 있다. 이러한 훈련은 지방정부, 주정부 또는 연방정부의 재난대응 프로그램에서 제공받을 수 있다([부록 E] 교실 훈련자료).

단계 6. 모든 위험에 대비한 재난대응 매뉴얼 및 학교별 재난대응 핸드북을 만든다. 이러한 두 가지 문서를 모두 작성해야 하는데, 여기에 포함된 정보는 반드시 실용적이면서 접근성이 높아야 한다.

모든 위험에 대비한 재난대응 매뉴얼. 계획 팀은 요구사항을 평가하기 위한 설문조사와 기존 재난대응계획에서 수집한 정보(모든 학교지구 내외의 정보)를 이용하여 통합성, 접근성, 용이성을 고려한 매뉴얼을 구성한다. 특정한 재난 발생에 대해 적절하게 대응할 수 있는 구체화된 방안이 포함된 이 매뉴얼은 영구보관 문서다. 이 문서는 다음과 같은 정보를 포함해야 한다.

- 일반 재난관리 지침 관련 문서 및 재난대비를 위한 체크리스트
- 다양한 재난을 문서화하는 데 사용하는 양식
- 교실 훈련을 위한 다양한 시나리오
- 아동의 외상 및 슬픔과 관련된 문서

매뉴얼이 인터넷 상에 탑재되어 있다면, 웹사이트에 접근할 수 없는 경우에 대비하여 인쇄물을 준비한다.

학교별 재난대응 핸드북. 재난계획팀은 학교별 설문조사 및 현장조사에서 수집한 정보를 토대로 학교 재난관리팀과 협력하여 학교별 재난대응 핸드북을 제작해야 한다. 이 문서의 정보나 체크리스트는 매년 변경될 수 있다. 가능하면 필요한 페이지를 새로 삽입하거나 제거할 수 있도록 3공

링 바인더를 사용한다. 신속한 사용을 위해 매뉴얼에 색인을 포함하고, 재난에 신속하고 효과적으로 대응해야 할 다양한 담당자들의 역할을 명확하게 구분해야 한다. 탭을 이용하여 교사, 교장/재난관리자, 간호사 및 행정 담당자의 특정 역할과 재난 유형별 계획을 명시해야 한다. 이 문서는 다음과 같은 내용을 포함해야 한다.

- 다양한 측면에서 대비 방안을 기술한 종합적인 문서로, 학교 교장이 매년 이 문서를 검토함. 특정 임무와 비상 시 필요한 물품 목록을 담당하는 직원의 이름을 기입할 공간이 포함되어야 함([부록 F] 연간 학교 재난대비 요약 양식)
- 피난, 폐쇄 및 대피 프로토콜
- 개별 건물 내 시설 관련 세부사항이 포함된 문서
- 개별 학교 건물의 지도
- 지역 재난대응 인력 및 지역 지원서비스 연락처

단계 7. 위 과제를 달성하기 위한 일정표를 만든다. 재난대응계획 수립을 위한 일정표를 만드는 것은 다양한 변수가 발생할 수 있으나, 한 학년도 내에 완수하는 것이 비교적 합리적인 목표다. 변경사항, 가능한 예산, 모든 권고사항의 승인 정도에 따라 계획의 실천은 더 오래 걸릴 수 있다.

단계 8. 계획을 부모에게 공지한다. 각 학교는 계획을 부모에게 공지하여 부모에게 질문 및 문제제기의 기회를 제공하고, 정보를 명확히 하며, 피드백을 제공하기 위해 정기적으로 학부모-교사 회의를 개최해야 한다.

단계 9. 계획을 실행한다. 계획의 실행이 시작되면, 모든 교직원에게 계획의 세부사항을 전달하기 위한 교직원 회의를 개최한다. 모든 교직원은 특정 재난 발생 시 필요한 주요 정보를 찾는 장소, 개인의 책임, 재난대응관리팀 구성원의 이름과 역할, 폐쇄 및 대피 장소에 대해 분명히 알고 있어야 한다.

단계 10. 실제 훈련을 실시한다. 피난, 폐쇄 또는 대피 절차와 관련된 훈련을 실시한다. 먼저 교실 내 재난 훈련 실시에 대해 고려한다. 그런 다음 지역 재난대응관리팀과 협력하여 연습 훈련을 실시하고, 재난대응계획의 실용성과 효과를 평가한다.

단계 11. 연간 계획을 재평가하고 필요한 경우 수정한다. 매 학년도가 시작되는 시기에 각 학교의 재난관리팀은 인력, 학교 구조, 또는 학생과 관련된 중요한 변화가 있을 경우 재난계획을 검토하고 필요한 경우 수정해야 한다.

출처: Agency for Healthcare Research and Quality. 2009. *School-based emergency preparedness: A national analysis and recommended protocol.* Pub. 09-0013. Rockville, MD: AHRQ. http://www.ahrq.gov/prep/schoolprep/schoolprep.pdf.

[사례연구] 브룩클린 학교 준비 프로젝트: 종합적인 학교 재난대응계획 수립 방안

보스턴 아동병원(Children's Hospital Boston) 생물학센터에서는 매사추세츠 주 브룩클린(Brookline, MA) 지역의 학교를 위한 종합적인 재난대응계획을 개발했다. 이 센터에서는 먼저 브룩클린 학교의 특성(예: 학생 수, 시설, 운영시간 등)을 파악하여 전국에 있는 학교의 기존 재난계획에 대한 검토를 실시했다. 또한 학교지구 위기관리팀(교장 포함), 학교 간호사 및 교원을 대상으로 설문조사를 실시했으며, 인터뷰와 현장방문도 실시했다.

수집된 자료를 분석한 결과, 해결되지 않은 문제들이 방과 후 체육 프로그램에서 발견되었고, 지역 재난대응팀 및 특수집단 관리 담당자에게 연락을 취했다. 프로젝트팀은 대피/이전, 폐쇄 및 대피소와 관련된 다양한 권고사항을 제안했다. 교실 내 훈련이 개발되었고, 학교 간호사 대상의 교육과 훈련자료, 재난대응 매뉴얼과 핸드북이 개발되었다.

출처: Agency for Healthcare Research and Quality. 2009. *School-based emergency preparedness: A national analysis and recommended protocol.* Pub. 09-0013 Rockville, MD: AHRQ. http://www.ahrq.gov/prep/schoolprep/schoolprep.pdf.

[더 알아보기 4.8] 학교, 영유아교육기관 등 아동 관련 시설 내 등록 정보

선택적인 자기보고에 의해 구성되는 개인등록정보와 달리, 학교 및 아동보육시설에 대한 등록 정보는 좀 더 쉽고 체계적으로 안내된다. 등록 정보는 각 학교 또는 아동보육시설의 명칭, 주소, 전화번호 등 주요 정보를 나열한 데이터베이스나 스프레드시트로 구성된다. 중요한 정보는 연락처(적어도 2명 이상 경력직원의 업무시간 이외 연락 가능한 정보), 인가 정원 또는 인구통계자료, 직원 수와 일반 차량 또는 휠체어 보조 차량을 이용한 시설의 수송 능력 등이 중요한 정보다.

'인가 정원' 인구통계표는 '최악의 경우' 또는 지정된 시기에 지원을 필요로 하는 시설의 최대 수용인원을 의미한다. 아동보육시설의 경우 주정부에서 인가한 최대 수용인원이 정해져 있다. 아동보육시설의 경우 지정된 날짜에 인가 정원 이하의 아동이 다니고 있어야 하며, 그 인원 이상의 아동이 다닐 수는 없다. K-12학년 대상 학교는 특정한 날짜(일반적으로 가을학기)에 공식 인원을 보고하여 주정부 기금을 지원받게 되는데, 이때 보고된 인원이 재난계획 시 고려되는 인원이다. 교직원 수는 조리사, 공공근로자, 자원봉사자 또는 평소 학교에 상주할 것으로 예상되는 총 '성인' 수를 의미한다. 평소 학교 이용자 수, 학교 수업 장소가 학기 중일 때와 다르고, 매년 장소가 변경될 수 있으므로 여름방학 프로그램 관련 사항도 재난관리팀에 보고되어야 한다.

만약 특정 학교시설에 일반 학교와 다른 예외사항이 발견된다면, 이를 학교 등록 정보에 명시해야 한다. 예를 들어, 일반장애 또는 언어장애 아동의 비율이 높은 경우, 다수의 영아를 지원하는 일반 학교 내 아동보육시설이 있을 수 있다. 또한 청각장애나 시각장애 아동을 위한 특수학교일 경우 추가적인 자원이나 맞춤형 자원이 필요하므로 주목할 필요가 있다.

행동이나 발달문제를 가진 아동·청소년은 때때로 부모의 보호에서 벗어나 행동 교정을 위한 거주형 교정시설에 머물기도 한다. 이러한 아동은 일반적으로 야간에는 시설에 머물면서 주간에는 학교 또는 교육활동에 참여한다. 학교와 마찬가지로, 거주형 교정시설도 재난관리 명단에 등록하고, 학교와 동일한 정보를 제공해야 한다.

출처: Save the Children. 2007. *The unique needs of children in emergencies: A guide for the inclusion of children in emergency operations plans.* September. http://www.savethechildren.org/publications/emergencies/Children-in-Emergencies-PlanningGuide.pdf.

아동보육시설

재난관리자는 아동보육시설이 지역사회의 어디에 위치하고 있는지 파악하고, 아동보육시설이 재난계획을 구체적으로 수립하는 데 도움을 제공해야 한다. 영유아교육기관 담당자가 재난 발생 시 어떤 기능을 담당하는지 더 잘 이해하기 위해 재난관리자는 지역사회의 재난대비 훈련을 계획하고 실행하는 데 영유아교육기관 담당자를 포함시켜야 한다.

전국아동보육지원기관협회(NACCRRA)는 영유아교육기관 담당자를 대상으로 한 재난대비 지침서를 개발했다. 이 지침서에는 재난대비 계획 수립에 대한 설명서, 계획의 개요 및 체크리스트 샘플이 포함되어 있다.

NACCRRA(2006)는 「아동보육 준비되었는가? 재난계획수립 지침서」라는 제목의 보고서에서, 다양한 유형의 재난이 미치는 영향을 감소시키기 위해 모든 아동보육프로그램에서 준비해야 할 몇 가지 일반적인 단계를 제시하고 있다.

- 발생 가능한 위협 및 위험요인에 대해 정기적으로 모니터링한다.
- 가열, 냉각, 가스 및 전기시스템을 정기적으로 청소하고 확인한다.
- 연기감지기의 정기 검사 및 유지·보수와 함께 일산화탄소 탐지기를 설치한다.
- 소화기가 제대로 작동하는지, 화재 시 쉽게 사용할 수 있는지 확인한다.
- 담당직원은 소화기 사용법을 숙지하고, 다른 직원에게 적절한 사용법을 훈련시킨다.
- 가정이나 시설의 비상구 접근을 방해하는 장애물이 없는지 확인한다.
- 비상 전원을 위한 비상용 발전기 구입을 고려하고, 자격을 갖춘 전기기술자가 발전기를 설치한다.

[더 알아보기 4.9] NACCRRA 계획 및 대비 방안

재난계획의 첫걸음은 영유아교육기관 또는 가정 내 보육에서 재난 시 발생 가능한 잠재적 위험요소를 발견하는 데서 출발한다. 다음과 같은 유형의 위험요소들이 발견된다.

- 지진 또는 토네이도 발생 시 떨어질 수 있는 물건

- 강한 바람, 지진 또는 유사한 상황 발생 시 쓰러질 수 있는 커다란 물건
- 지진 또는 토네이도 발생 시 파손될 수 있는 수도관
- 산불이나 화재 발생 시 쉽게 발화할 수 있는 물질
- 폭우가 내리거나 홍수가 날 경우 침수 가능성이 있는 지역
- 화재 또는 다른 재난 발생 시 성인 및 아동이 대피할 수 없거나 방해물이 있는 창문 또는 문

재난에 대비하기 위해 모든 영유아교육기관에서 취할 수 있는 대비책은 다음과 같다.

- 교직원과 자원봉사자 관련 정보의 수집 및 보유
- 아동과 가족 관련 정보의 수집 및 보유
- 시설 내 잔류하거나 대피 상황에 대비하여 필요한 물품 보유
- 주요 전화번호 목록 파악
- 중요한 문서 보호를 위한 계획 수립
- 대피계획 수립
- 대피 및 훈련 계획에 따른 교직원 및 아동 훈련
- 교직원의 가족재난계획 수립 격려

출처: National Association of Child Care Resource and Referral Agencies (NACCRRA). 2006. *Is childcare ready? A disaster planning guide for childcare resource and referral agencies.* http://www.naccrra.org/disaster/.

[더 알아보기 4.10] 중요한 기록 및 자료 보호

영유아교육기관 운영을 위해서는 아동 정보, 교직원 정보, 아동 및 성인 급식 기록, 학비 수납 정보 등 다양한 유형의 기록이 필요하다. 요즘에는

이러한 정보를 주로 컴퓨터 파일로 보관한다. 이와 같은 기록물 외에 대부분의 기관은 보험증권, 임대계약서, 건물설계도, 은행업무 기록, 공급자 명단, 서비스계약서, 재고목록 등 기관 운영을 위한 다양한 주요 문서를 보유하고 있다. 만약 재난이 발생한다면 이러한 주요 기록이나 문서들이 파손될 수 있다. 컴퓨터가 파손되거나 전기 공급이 차단되면 접근이 불가능하다. 이러한 주요 기록이나 문서가 없다면 대부분의 기관은 운영에 차질이 생길 수 있다.

기관은 운영을 위해 필요한 정보가 무엇인지 판단하고, 다양한 상황이 발생했을 때 어떠한 방식으로 정보를 확보할 것인지 계획해야 한다. 예를 들어, 다음과 같은 내용을 고려할 필요가 있다.

- 대피 상황이 발생하면 어떤 정보를 가지고 나갈 것인가?
- 원거리에서 접속해야 할 경우 어떤 정보가 필요할 것인가?
- 재난의 결과로 기관의 자산, 도구, 물품 등이 분실되거나 파손되었을 경우 보험 청구를 위해 필요한 정보는 무엇인가?
- 만약 컴퓨터가 파손될 경우를 대비하여 컴퓨터 기록을 어떻게 백업할 것인가?
- 컴퓨터 기본 제어시스템과 핵심 소프트웨어를 어떻게 백업할 것인가?

기관은 기록, 문서, 컴퓨터 파일 보호를 위해 다음과 같은 조치를 취해야 한다.

- 중요한 기록과 문서 사본을 방수·방재 기능을 갖춘 이동용 보관함에 보관한다.
- 중요한 문서, 운영매뉴얼, 물품목록 등의 경우 반드시 복사본을 만든 후 기관에서 적어도 50마일 이상 떨어진 장소에 보관한다.
- 정기적으로 모든 컴퓨터 파일을 백업하고 기관에서 적어도 50마일 이상 떨어진 장소로 전송한다.
- 컴퓨터 기본 제어시스템, 부팅파일, 핵심 소프트웨어를 기관 이외의

장소에 백업해둔다.

- 기관에서 최근 사용한 물품과 비품 목록을 만들고 기관 이외 장소에 복사본과 전자 형태의 문서로 전송한다.
- 기관의 시설, 실내외 도구, 외부시설 등을 사진 또는 동영상으로 촬영하고 다른 장소에 저장한다.
- 컴퓨터와 인터넷 로그인 아이디 및 비밀번호를 다른 장소에 보관한다.
- 개별 아동의 사진을 다른 장소에 보관한다.

출처: National Association of Child Care Resource and Referral Agencies (NACCRRA). 2006. *Is childcare ready? A disaster planning guide for childcare resource and referral agencies.* http://www.naccrra.org/disaster/.

[더 알아보기 4.11] 영유아교육기관 대피 계획을 위한 양식

I. 대피 지시 담당자

- 지방정부 공무원
- 주정부 공무원
- 기관장

II. 학부모 통지 방법

III. 아동 안내 내용

IV. 시설 내 모든 교직원 및 아동에 대한 통지 방법

- 전기 공급 가능 상황
- 전기 공급 차단 상황
- 재난 유형별 신호

V. 전체 교직원, 아동, 자원봉사자 및 시설 내 이용자에 대한 설명 방법

VI. 아동 및 교직원 수송 방법

- 영아
- 걸음마기 아동
- 유아
- 특수아동 또는 교직원

VII. 의약품, 물품, 대피 시 필요한 문서

VIII. 지역 공공안전 또는 재난관리 공무원과 연계 방안

IX. 대피장소

- 인근 장소
- 지역 내 장소
- 지역 외 장소

X. 개별 행동의 책임자

XI. 수송 계획

- 프로그램 참여자 수송차량
- 교직원 수송차량
- 자원봉사자 및 이웃주민 수송차량
- 수송차량 연료
- 수송차량 시동
- 수송차량 내 응급의료키트

XII. 부가정보

- 전기 차단 위치
- 전기 차단 방법
- 가스 차단 위치

- 가스 차단 방법
- 수도 차단 위치
- 수도 차단 방법
- 공기정화기 차단 위치
- 공기순환 시스템 차단 방법
- 재난대피키트 위치
- 비상 물품 위치
- 핸드폰 위치

출처: National Association of Child Care Resource and Referral Agencies (NACCRRA). 2006. *Is childcare ready? A disaster planning guide for childcare resource and referral agencies.* http://www.naccrra.org/disaster/.

[더 알아보기 4.12] 영유아교육기관 재난키트 목록

72시간 기준 필요 물품

- 아동용 여벌옷
- 기저귀
- 물티슈
- 물(아동 한 명당 1갤런, 성인 한 명당 2갤런, 위생 및 화장실용 물 추가). 날짜를 표기하고 적어도 1년에 한 번 교체한다. 유통기한이 있다면 좀 더 자주 교체해야 한다.
- 분말 또는 캔 분유
- 분말 또는 캔 우유
- 이유식
- 장기 보존 음식
- 수동 병따개

- 아동 및 교직원을 위한 주요 의약품(인슐린, 에피펜 등)
- 일회용 컵, 그릇, 접시 및 식기
- 종이타월, 화장지, 세면도구
- 손소독제 및 세제
- 보온 담요
- 배터리로 작동하는 라디오 및 여분의 배터리
- 교실용 손전등 및 여분의 배터리와 전구
- 비상약품 상자
- 아동용 게임, 책, 그리기 재료 등
- 핸드폰
- 전기 없이 작동 가능한 시설 전화
- 도움 요청용 호루라기
- 먼지 필터 마스크
- 물수건
- 공구
- 공기 차단을 위한 비닐 또는 테이프
- 일회용 기저귀 처리를 위한 비닐 끈과 쓰레기 봉투

출처: National Association of Child Care Resource and Referral Agencies (NACCRRA). 2006. *Is childcare ready? A disaster planning guide for childcare resource and referral agencies.* http://www.naccrra.org/disaster/.

[더 알아보기 4.13] 주요 기록 및 문서 체크리스트

다음 기록의 사본을 한 부 이상 보관하고, 한 부는 인근 지역에, 다른 한 부는 원거리 지역에 보관해야 한다.

기록 및 문서	인근 지역	원거리 지역
아동 기록		
직원 기록		
아동 및 성인 급식 기록		
은행계좌(학비, 보조금 등)		
보험증서		
임대계약서		
건물/층별 평면도		
금융 거래 기록		
신용카드 정보		
물품계약서		
서비스계약서		
비품목록		
세금기록		
기타		

출처: National Association of Child Care Resource and Referral Agencies (NACCRRA). 2006. *Is childcare ready? A disaster planning guide for childcare resource and referral agencies.* http://www.naccrra.org/disaster/.

전통적으로 긴급대피소의 관리자는 대피소의 설치 및 관리에서 아동의 요구를 고려하지 않았다. 아동은 대피소에 머물러야 하므로 재난관리자는 대피소 내 모든 아동을 보호하고, 보안을 유지하며, 아동의 요구를 충족시키는 데 필요한 자원 및 물품을 대피소 관리자에게 제공해야 한다(그림 4.6).

세이브더칠드런(2007)에서는 대피소 관리자를 위해 다음과 같은 일련의 요구사항을 제안했다.

- 지역사회 대피소 내 아동의 위치를 식별하고 이동경로를 추적하기 위한 문서기록시스템을 개발한다.
- 대피소와 다른 시설에서 감독되지 않는 청소년의 안전이 유지되는지 확인하는 시스템을 개발한다.
- 대피소 내 아동에게 충분한 비상식량, 식수가 비축되어 있는지 확인한다.

[그림 4.6] 2006년 5월 21일, 루이지애나 주 뉴올리언스(New Orleans, Louisiana). FEMA 홍보담당자인 왈리 암스테드(Wali Armstead)는 뉴올리언스에서 개최된 FEMA 가족 재난대비 모임(FEMA Family Preparedness Day)에서 참가자들이 재난대비키트 샘플을 추첨하도록 했다. FEMA는 재난대비 정보를 제공하고, 부모와 자녀가 비상용품을 제공받고, 폭풍우 동안 자신과 애완동물을 위한 안전한 대피소를 결정하도록 많은 단체를 소집했다. 재난키트에 포함된 품목 중 다수는 추첨, 활동 및 게임 같은 이벤트를 통해 무료로 제공되었다(Marvin Nauman/FEMA).

- 아동용 식품공급업체 및 자원 목록을 마련하고, 적절하고 충분한 양의 식품이 시설에 배달되도록 시스템을 개발한다.
- 비상 시 아동을 어느 대피소로 수송할지에 관해 재난 발생 이전에 아동보육시설과 아동구호시설 간 협약을 체결한다.
- 대피소 내에서 부모 및 보호자의 책임에 대한 정책을 마련한다.
- 대피소 내에 청소 및 소독장비를 보관하기 위한 장소를 확보한다.
- 위생적인 손 씻기 순서를 마련하고, 비누, 세면도구, 종이타월을 충분히 비축한다.
- 대피소 내 기저귀갈이를 위한 프로토콜을 개발한다.
- 장난감을 세척하기 위한 프로토콜을 개발한다.
- 대피소와 의료서비스 및 자원시스템 내에서 아동을 안전하게 수송한다.
- 지역사회 대피소에서 개별 아동의 모든 정보를 추적하고, 필요에 따라 비상운영센터(EOC)에 보고한다.
- 대피소 내에서 아동이 일상생활을 영위하도록 안전하고 정상적인 환경을 조성한다.
- 아동이 다른 아동과 놀이하고 또래관계를 형성할 기회를 제공한다.

적응 유연성 기르기

아동이 다음 재난에 더 잘 대처하도록 아동의 적응 유연성을 길러주어야 한다. 재난이 아동의 삶에 어떠한 영향을 미치는지, 가족이 다음 재난에 대처하는 데 아동이 어떤 역할을 할 수 있는지 인식하는 것은 아동에 대한 신뢰를 키우고, 아동이 다음 재난에 더 잘 대비하도록 만든다. 연방재난관리청, 적십자사, 세이브더칠드런에서는 아동이 다음 재난에 대비할 수 있도록 다양한 프로그램과 활동을 개발했다.

연방재난관리청 아동용 사이트(FEMA for Kids; http://www.fema.gov/kids/index.htm)에서 관련 정보를 이용할 수 있다. 학교나 가정에서 활용 가능한 활동, 교육과정, 안전 관련 정보는 부모 및 교사용 사이트(http://www.fema.gov/kids/teacher.htm)에서 이용할 수 있다.

[사례연구] 아동을 위한 FEMA

2007년 FEMA에서는 허리케인 카트리나로 인해 피해를 입은 올리언스, 제퍼슨, 세인트 마틴 교구의 공립 및 사립학교 학생들에게 활동 도서를 배포했다. 웨스트위고 초등학교(Westwego Elementary)의 경우 특히 큰 피해를 입었다. 이 학교는 또 다른 재난이 닥칠 경우 아동이 대비하도록 이 프로그램을 활용했다.

이 책은 주로 초등학생을 대상으로 하며, 가족재난계획의 수립 방법, 재난키트의 구성 방법, 화재 시 대피 방법 등에 관한 내용을 담고 있다(그림 4.7).

[그림 4.7] 2009년 6월 11일, 미시시피 주 빌록시(Biloxi, Mississippi). 특별홍보담당자인 닐 채프먼(Neily Chapman)이 마거릿 쉐리 기념도서관(Margaret S. Sherry Memorial Library)에서 진행된 FEMA 홍보시간에 아이들에게 재난키트에 포함된 일부 품목을 보여주고 있다. FEMA 학교홍보팀은 아이들이 허리케인 시즌에 대비하는 방법을 학습하도록 돕기 위해 해리슨 카운티(Harrison County)의 여러 도서관에서 홍보를 실시했다(Jennifer Smits/FEMA).

연방재난관리청 아동용 웹사이트(FEMA for Kids)에서 관련 자료를 확인할 수 있다. 무료배포용 도서, 포스터, 비디오, 기타 교육 자료는 1(800) 480-2520으로 연락하거나 웹사이트를 방문하면 이용할 수 있다.

연락 정보

웹사이트: www.fema.gov/kids

전화: (800) 480-2529

적십자사: 아동과 재난*

재난은 예고 없이 신속하게 닥친다. 재난은 성인에게 위협으로 작용하는 반면, 아무런 대처능력이 없는 아동에게는 트라우마로 작용한다.

재난이 발생하면 가족은 집과 일상에서 떠나 있어야 한다. 아동은 불안, 혼란 또는 두려움을 경험한다. 아동의 두려움을 감소시키기 위해 아동에게 지침을 안내하는 것이 중요하다.

아동과 재난대응

아침에 일어나서 식사를 하고, 학교에 가서 친구들과 놀이에 참여하는 등 아동은 일과에 따라 움직인다. 위기상황이나 재난이 이러한 일상생활을 중단시킬 경우 아동은 불안해진다.

재난이 발생하면 아동은 부모와 다른 성인에게 도움을 요청한다. 위기상황에 대한 부모의 대응 방법은 아동의 대처행동에 단서를 제공한다. 부모가 놀란 반응을 보이면 아동은 더 두려워한다. 아동은 부모의 두려움을 위험의 증거로 간주한다. 부모가 상실감으로 힘들어하면 아동은 더욱 강한 상실감을 경험하게 된다.

아동의 두려움은 자신의 상상력에서 시작되는데, 부모는 이러한 아동의 감정을 심각하게 받아들여야 한다. 두려움을 느끼는 아동은 점점 더 두려워진다. 부모의 말과 행동은 아동에게 확신을 줄 수 있다. 부

---

* 출처: 연방재난관리청과 미국 적십자사가 공동 개발한 "아동의 재난 대처 돕기(Helping Children Cope with Disaster)": http://www.redcross.org/portal/site/en/menuitem.d8aaecf214c576bf971e4cfe43181aa0/?vgnextoid=e4a20c45f663b110VgnVCM10000089f0870aRCRD&vgnextfmt=def.

모가 자녀와 이야기를 나눌 때 솔직하게 실제 상황을 알려줄 필요가 있다.

두려움이라는 감정은 성인과 아동에게 당연하고 자연스러운 감정이다. 그러나 성인은 상황을 통제할 필요가 있다. 부모가 위험요인이 사라졌다고 확인한 경우, 아동의 내면상태에 대해 질문함으로써 아동의 정서적 요구에 집중해야 한다.

아동이 가족의 재난복구활동에 함께 참여함으로써 자신의 삶이 정상으로 돌아왔음을 스스로 느끼도록 돕는다. 부모의 반응은 이 시기 동안 아동에게 지속적인 영향을 미친다.

재난 발생 이후 아동이 다음과 같은 사항에 대해 두려워한다는 사실을 알고 있어야 한다.

- 재난이 다시 발생할 것이다.
- 누군가 부상당하거나 사망할 것이다.
- 자신은 가족과 헤어질 것이다.
- 자신은 혼자 남겨질 것이다.

부모에 대한 권고사항: 재난대비

부모는 재난 발생 시 해야 할 일을 모든 가족구성원이 기억하도록 가족재난계획을 수립하고 실행한다.

지역 재난관리자, 민방위 담당자, 또는 적십자사 담당자에게 가족의 재난계획 수립 방법에 대한 자료를 요청한다(그림 4.8).

[그림 4.8] 2006년 5월 21일, 루이지애나 주 뉴올리언스(New Orleans, Louisiana). FEMA는 FEMA 가족 재난대비 모임(FEMA Family Preparedness Day)을 뉴올리언스에서 처음으로 개최했는데, 여기에서 FEMA는 재난대비 정보를 제공하고, 부모와 자녀가 비상용품을 제공받고, 폭풍우 동안 자신과 애완동물을 위한 안전한 대피소를 결정하도록 많은 단체를 소집했다. 재난키트에 포함된 품목 중 다수는 추첨, 활동 및 게임 같은 이벤트를 통해 무료로 제공되었다(Marvin Nauman /FEMA).

아동을 포함한 모든 가족구성원은 가족 차원의 재난대응 및 복구 노력에서 각자의 역할을 수행해야 한다.

자녀에게 위험 신호를 인식하는 방법을 가르치고, 연기감지기, 화재경보기 및 지역사회의 경고시스템을 알려준다.

도움을 요청하는 방법에 대해 설명해준다. 언제, 어떻게 도움을 요청하는지 자녀에게 알려준다. 전화번호부에서 해당 지역의 긴급 전화번호를 확인하고, 이를 전화기에 부착한다. 911 서비스지역에 거주하는 경우, 자녀가 911에 전화하도록 알려준다. 심지어 매우 나이 어린 아동에게도 긴급구조를 요청하는 방법과 시기를 가르쳐준다.

자녀가 중요한 가족 정보를 암기하도록 돕는다. 아동은 가족의 이름, 주소, 전화번호를 기억해야 한다. 또한 긴급상황 시 어디서 만날 것인지 미리 알려준다. 정보를 기억하기에는 아직 나이가 어린 아동도 있는데, 이들에게는 긴급 정보가 기입된 작은 카드를 소지하도록 한다.

재난 발생 이후: 복구 시기

재난이 발생한 직후에는 자녀의 두려움과 불안감을 감소시키도록 노력한다.

가능한 한 가족과 함께 지내도록 하며, 거주공간을 찾거나 도움을 요청하는 동안에는 친척이나 친구에게 자녀를 맡길 수도 있다. 그 대신, 가능한 한 가족과 함께 지내고, 부모가 돌아와서 가족이 다시 모일 때 아동이 동참하도록 한다. 아동은 불안해지면, 자신의 부모가 돌아오지 않을 것이라고 걱정하게 된다.

침착하고 명확하게 상황을 설명해준다. 부모가 재난에 대해 알고 있는 가능한 한 모든 것을 자녀에게 알려준다. 다음에 무슨 일이 일어날지 설명해준다. 예를 들어, 자녀의 눈높이에 맞춰 무릎을 꿇고 "오늘 밤에 우리 가족은 모두 대피소에서 함께 지낼 거야."라고 말해준다.

또한 자녀가 이야기하도록 격려한다. 아동이 재난에 대해 이야기하고, 그들이 원하는 만큼 질문하도록 한다. 아동이 느끼는 감정을 기술하도록 아동을 격려한다. 아동이 하는 말에 귀를 기울인다. 가능하면 가족회의에 모든 가족구성원을 참여시킨다.

재난 복구활동에 아동을 참여시킨다. 자녀가 참여할 집안일을 제공한다. 이러한 활동을 통해 아동은 자신이 복구활동에 참여하고 있음을 인식한다. 복구활동에 참여함으로써 아동은 모든 것이 괜찮을 것이라고 이해하게 된다.

부모는 자녀의 불안과 두려움의 원인이 무엇인지 이해시킴으로써 자녀가 이에 대처하도록 돕는다. 자녀에게 부모의 애정을 확인시켜준다. 결국에는 정상적인 일상생활로 돌아갈 것임을 자녀가 깨닫도록 한다.

이상에서 살펴본 권고사항에 대해 자녀의 상태가 호전되지 않는다면, 정신과 전문의에게 도움을 요청한다.

[사례연구] 생명 응급의료서비스 앰뷸런스

2008년 여름, 미시간 주 칼라마주(Kalamazoo)에 있는 생명 응급의료서비스 앰뷸런스(Life EMS Ambulance)에서는 일일 여름캠프 911을 4회 개최했다. 이 캠프는 응급상황에서 즉시 도움을 얻기 위해 어떤 행동을 해야 하는지 가르치고, 자신의 안전을 스스로 지키기 위한 방안을 교육한다.

참가자들에게 심폐소생술 수료증이 발급되지는 않았지만, 이들은 심폐소생술 및 응급처치의 기본 지침을 배웠고, 재난 상황에서 구조대원 및 긴급 구조대원이 어떠한 일을 하는지에 대해 배웠다. 또한 이 프로그램에는 자전거 안전교육, 약물 및 알코올 예방교육도 포함되어 있다.

학생들은 소방관과 구급대원이 사용하는 장비를 체험해보고, 인체 모형을 활용하여 심폐소생술을 연습했다. 911에 전화하는 방법, 불이 난 트레일러에서 몸을 낮게 숙이고 대피하는 방법 등을 배웠다. 학생들은 미국심장협회(American Heart Association)에서 제공하는 간식, 안내책자, 그리고 지문 및 머리카락 샘플 키트를 포함한 DNA 키트를 받았다.

자녀에게 재난에 대해 알려주기**

재난에 대해 이야기하는 것이 아동을 두렵게 만들까 봐 걱정할 필요는 없다. 반대로, 아동은 사실에 근거한 설명보다 오히려 별일 아니라고 하거나, 제대로 알려주지 않는 것에 대해 더 두려워한다. 예를 들어, "우리가 대피해야 하면 제 강아지는 어떻게 되나요?", "내가 학교에 있을 때 홍수가 나면, 엄마와 만날 수 없을 것 같아요."와 같이 무엇이 두려운지에 대해 아동이 자유롭게 이야기해보도록 한다. 질문에 대답해주고, 자녀가 구체적이고 쉬운 정보에 관심을 가지도록 노력한다.

재난에 대비하고, 재난 발생 시 안전하게 대응하며, 재난 발생 이후 복구하는 방법에 대해 아동에게 알려주고자 한다면, 아동의 기술과 능력에 맞게 토론, 교수방법, 실제 훈련을 변형하는 것이 중요하다. 나이 어린 아동은 "엎드리고, 숨고, 기다려라(drop, cover and hold on)"(지진 발생 시 대응), "멈추고, 엎드리고, 굴러라(stop, drop and roll)"(화재 발생 시 옷에 불이 붙은 경우 대응) 같은 메시지에 쉽게 당황할 수 있다.

재난이 사람을 다치게 하고, 피해를 가져오고, 수도, 전화, 전기 같은 시설을 파괴한다는 사실을 아동에게 알려준다. 자연은 때때로 불, 비, 바람, 눈 등을 너무 과하게 내리기도 한다고 아동에게 설명한다. 전기, 수도, 전화 서비스의 중단과 관련된 재난의 전형적인 영향에 대해 아동에게 알려준다.

지역사회에서 발생 가능한 재난의 사례를 제공하여 아동이 재난의 위험 신호를 인식하도록 돕는다. 재난이 발생하기 전에 재난에 대해

** 출처: 미국 적십자사. 2007. 자녀에게 재난에 대해 알려주기(*Talking to children about disasters*). March. March. http://www.redcross.org/images/pdfs/code/Talking_to_Children_About_Disasters.pdf.

토론하여 공포심과 불안감을 감소시키고, 가족구성원 모두가 대응방법을 이해하도록 한다.

테러 공격과 같이 TV에서 본 무서운 사건에 대해 아동이 궁금해하는 질문에 대답할 준비를 한다. 아동 스스로 자신을 보호하기 위해 어떻게 준비해야 하는지에 대한 정보를 제공한다.

아동에게 도움을 요청하는 방법과 시기에 대해 가르친다. 911 또는 지역 긴급 전화번호로 전화하도록 가르친다. 가정에서는 모든 전화에 긴급 전화번호를 부착하고, 언제 이 번호로 전화해야 하는지 설명해준다. 가족구성원의 직장 전화번호와 핸드폰 번호도 부착한다. 매우 나이 어린 아동에게도 긴급한 도움을 요청하는 방법과 시기에 대해 가르친다. 아동이 글을 읽지 못한다면, 그림이나 기호를 사용하여 긴급 전화번호 차트를 만들어준다.

재난이 발생하면 많은 사람이 아동을 도와준다는 사실을 아동에게 알려준다. 재난이 발생하면 재난관리자, 적십자사 자원봉사자, 경찰관, 소방관, 교사, 이웃, 의사 등이 어떻게 도움을 제공하는지에 대해 아동과 이야기를 나눈다.

아동에게 위기상황에 가족구성원과 연락이 되지 않는 경우 시외전화를 걸도록 가르친다. "전화 통화에 아무도 응답하지 않으면 음성메시지를 남기고, 다른 전화번호로 전화를 시도하라."고 알려준다. 아동이 전화번호를 기억하도록 도와주고, 카드에 전화번호를 적어 아동이 소지하도록 한다.

6개월 간격으로 아동에게 만날 장소, 긴급 연락처, 안전규칙에 관한 퀴즈를 내고 아동이 기억하도록 한다.

사전에 무엇을 해야 할지 알고 실천한다면 위기상황에서 자신을 보호할 수 있다는 사실을 설명해준다.

연령에 관계없이 모든 가족구성원을 재난대비 회의에 참여하도록 하여 안전 팀의 구성원으로서 각자의 중요성을 강조한다.

[사례연구] 허리케인 대비 워크숍

2006년 초, 뉴올리언스와 멕시코 만 연안 지역은 허리케인 카트리나의 참사에서 회복하고 재건하기 위한 첫걸음을 내디뎠다. 가족과 지역사회가 신체적 · 정서적으로 자신의 삶을 회복하기 위해 노력하고 있을 때, 그들은 무섭고도 긴 허리케인 시즌이 또다시 시작된다는 현실에 직면했다. 아동, 가족 및 양육자를 대상으로 업무를 진행하던 세이브더칠드런의 카트리나 대응 팀은 이 사실이 이들이 취약해져 있는 시점에 얼마나 큰 스트레스가 되고 불안감을 조성하는지를 인식했고, 복구 단계에서도 아동에게 여전히 부정적인 영향이 가해지고 있음을 알게 되었다.

이러한 요구를 반영하여 직원들이 학교, 캠프, 영유아교육기관을 대상으로 허리케인 대비 워크숍을 개최했다. 세이브더칠드런은 아동 중심, 흥미 위주의 활동을 구성하여 아동이 또 다른 허리케인 발생에 대비하도록 돕고자 노력했다. 세이브더칠드런의 사명은 아동이 가족계획의 가치를 이해하도록 돕는 것뿐만 아니라 부모와 보호자가 그러한 계획을 수립하여 실제 재난 발생 시 대처 역량을 발달시키도록 돕는 것이다.

이를 위해 1시간용 워크숍에는 손전등, 위생 키트, 호루라기, 비상정보카드 같은 비상용품이 포함된 '생존배낭(preparedness backpack)'을 이용한 게임뿐만 아니라 아동이 정서적으로 편안한 상태에서 기술 및 신념을 개발하도록 돕는 활동과 자료를 포함하고 있다.

각 워크숍이 시작될 때 낙하산 주변에 둘러앉아 재미있는 신체 활동을 하고, 각자의 안전을 지켜주는 것에 대한 토론을 시작한다. 이러한 활동을 통해 아동은 이 험난한 시대에 자신의 생명을 지켜줄 수 있는 사람, 장소, 사물에 대해 생각해본다. 각 워크숍에는 아동의 연령과 지리적 위치에 맞게 구성된 이야기를 읽어보는 시간도 포함되어 있다. 각 이야기에는 파괴적인 허리케인의 위협에 직면한 모든 주인공이 계획과 임기응변을 통해 승리한다는 주제가 담겨 있다.

생존배낭에는 곰인형, 일기장과 크레용, 펜도 포함되어 있다. 이 물건을 이용하여 아동이 스스로를 진정시키고 자신의 감정을 기록하도록 한다. 세이브더칠드런은 이 워크숍이 시작에 불과하며, 여러 교육기관 및 지역단체와 협력하여 더욱 심화되고 확장된 프로그램으로 발전하기를 희망하고 있다.

2006년 10월 27일, 269회의 허리케인 대비 워크숍이 개최되어 5,374명의 아동이 참여했으며, 총 5,374개의 생존배낭이 배포되었다.

출처: Save the Children. www.savethechildren.com.

학습목표: 카트리나로 촉발된 소아과적 재난대비

행동 권고사항

1. 소아과적 재난대비에 필요한 평가를 수행하기 위해 지도자 회의가 소집되어야 한다. 이 회의에 소아의료 전문가와 아동보건 관계자 및 전문가(AAP, ACEP, 미국가족의료협회, 응급간호사협회 등)가 참석한다. 또한 HRSA/MCHB EMSC 프로그램, EMS 및 공공안전기관 대표, 주정부

및 연방정부 관련 대표가 참석한다. 지도자 회의는 허리케인 카트리나로 인해 드러난 소아과적 재난대응 및 복구 관련 문제를 검토하고, 부족으로 인해 드러난 부정적 결과를 파악하고, 향후 소아과적 준비 촉진을 위한 의제를 설정해야 한다.

2. 소아과 전문, 응급의학 및 기타 아동과 관련된 보건 관련 전문단체, EMSC 이해관계자 협의회, 연방정부의 정책입안자, 다른 재난 구호단체의 대표들이 전원 참여하여 지원하는 소아과적 재난대비사무국(Office for Pediatric Disaster Preparedness)을 설립해야 한다.
3. 가장 최근에 발생한 재난을 기준으로 기존 자원을 검토하고, 필요에 따라 재난대응 및 복구 결과 드러난 문제점을 보완해야 한다.
4. 재난대비사무국은 연방정부 정책입안자와 협력하여 주정부 소아과 관계자, 지역 공중보건 전문단체, 일차 및 전문 소아과서비스 제공자를 재난대비에 참여시키는 방안을 모색해야 한다.
5. 아동 대상 의료전문기관은 지속적인 교육 자격에 소아과적 재난대비 교육과정을 추가할 것을 고려한다.
6. 아동 대상 의료전문기관은 훈련생이 환자와 가족을 위한 소아과적 재난대비에서 지지자 역할을 담당할 준비가 되어 있음을 확신하도록 수련의, 전문의와 함께 의논하여 훈련프로그램의 교육과정에 소아과적 재난대비를 포함시키는 것에 대해 검토할 필요가 있다.
7. 전문 의료기관은 연방정부(예: 보건복지부, HRSA, CDC) 정책입안자와 함께 효과적으로 협력해야 한다. HSRA와 CDC 재난대비 지침은 소아의료 전문가의 제안을 즉시 반영해야 한다.
8. 연방 및 주정부의 정책입안자는 영유아, 아동, 부모 및 보호자의 재결합을 보장하기 위한 충분한 전략을 개발하도록 연구비를 지원해야 한다.

출처: Dolan, M. A. and Krug, S. E. 2006. Pediatric disaster preparedness in the wake of Katrina: Lessons to be learned. Clinical Pediatric Emergency Medicine, 7:59–66. © 2006 Elsevier. With permission. http://www.aap.org/disasters/pdf/PDP-in-the-Wake-of-Katrina.pdf.

결론

아동을 지원하기 위해 아동, 양육자, 기관, 시설에서 재난에 대비하기 위해서는 해야 할 일이 많다. 현행 비상운영계획(EOP)에 아동의 고유한 요구를 포함하여 변형시키는 데 모든 이해관계자가 함께 참여하는 것이 중요하다. 학교 관계자 및 아동보육 제공자는 재난 발생 이전에 재난대응계획을 수립해야 하고, 대피소 운영자는 아동의 요구를 인식하여 이러한 요구를 충족시키는 데 필요한 자원을 제공해야 한다. 학교, 여름캠프, 아동보육시설의 프로그램은 다음 재난에 대비하기 위해 아동의 자신감과 적응 유연성을 키우는 데 도움을 줄 수 있다.

제5장
재난대응

서론

허리케인 카트리나 이후 최근의 재난은 비상운영계획(EOP) 담당자, 의료관리 담당자, 사회복지기관, 재난대응 및 복구에 관련된 자원봉사단체의 관심을 재난피해 아동의 고유한 요구로 집중시켰다. 이처럼 최근 재난에서 얻은 지식과 교훈은 미래의 재난 발생 시 아동의 요구에 대비 및 대응하기 위해 재난관리자가 수행해야 할 과제가 무엇인지 알려준다.

학습목표

이 장에서는 다음과 같은 목표를 달성한다.

- 실제 재난으로부터 사례연구 정보를 평가할 수 있다.
- 이러한 정보를 현행 대응 계획과 운영에 적용할 수 있다.

지역사회 비상운영계획(EOP)에 아동을 위한 기능적인 부속 문서 개발하기

재난관리자는 기존의 지역사회 비상운영계획(EOP)에 기능적인 부속 문서를 첨부하는 것에 대해 고려해야 한다. 기능적인 부속 문서(functional annex)는 광범위한 과제, 이슈, 관심사를 실행하기 위해 조직된 하나의 계획이다. 개별 EOP의 기능적인 부속 문서는 중요한 긴급지원기능(ESF) 중 하나에 초점을 두며, 이러한 기능은 위기상황에 대응하고 복구하는 시점에서 그 권한이 실행된다. 구체적인 부속 문서에는 아동의 요구에 관한 재난관리의 대비 및 예방에 관한 내용이 포함되어야 한다.

EOP에 포함된 기능적인 부속 문서의 개수와 유형은 지방정부마다 요구, 역량, 조직에 따라 다양하다. 일반적인 기능적인 부속 문서의 주제에는 지시 및 통제, 통신, 경보, 긴급 보도, 대중구호, 대피 등이 포함되고, 재난 발생 시 애완동물 보호, 자원봉사자 관리, 취약집단에 대한 주제도 포함된다. 지역사회의 기본 EOP에 포함된 일반적인 정보를 부속 문서에 반복하여 제시할 필요는 없다.

일부 지방정부는 아동에게 특별한 정보를 하나의 부속 문서로 제시하지 않고, 긴급지원기능(ESF)으로 EOP에 삽입한다. ESF는 생명을 구하고, 재산과 공중보건을 지키고, 대중의 안전을 유지하기 위해 재난 발생 이전과 이후에 필요한 지원을 제공하는 대응 · 복구 · 예방 · 대비 활동의 기능적 측면에 해당한다. ESF는 기본 EOP에 포함되어 있어 긴급상황에서 ESF를 바로 실행할 수 있다. ESF와 기능적인 부속 문서는 거의 유사한 방식으로 실행되므로 어떤 방식을 선택하느냐는 재난관리기관의 선호에 달려 있다.

재난대응 및 복구를 위해 지역사회의 EOP에 아동을 위한 부속 문서를 추가로 개발하는 경우, 비상운영계획 담당자는 다음과 같은 요구사항을 고려해야 한다.

영역 1: 아동 안전 및 보안 – 대응 및 복구

- 아동 담당 재난복구인력의 자격심사를 위해 신원확인 시스템을 실행한다.
- 추적 팔찌를 이용하여 대피 중이거나 대피소에 있거나 병원에 입원한 아동을 포함하여 모든 재난피해 아동을 추적한다.
- 필요하다면 모든 아동보육시설에 긴급 경보를 발령한다.
- 대피소 내 아동을 위한 보안조치를 마련한다.
- 대피소와 병원 내에 아동을 위한 안전지역을 지정한다.
- 대피소 내 아동의 안전 및 보안 확인을 지속적으로 시행한다.
- 대피소 내에 자녀가 있는 가족과 임신부를 위한 공간을 마련한다.
- 대피소 내 아동이 위험한 약물에 접근하지 못하도록 아동의 거주공간이 안전지역인지 확인한다.
- 응급의료 시스템이나 대피소 내에서 가족구성원이 함께 지내도록 도와준다.

영역 2: 영양섭취 – 대응 및 복구

- 긴급 대피소 내 아동의 영양섭취 상태를 모니터링한다.
- 특별한 식이요법이 필요한 아동과 임신부를 식별 · 추적 · 수용한다.
- 보호자가 없는 아동의 영양섭취에 문제가 없도록 지원한다.
- 필요에 따라 대피소마다 식량과 영양보충제를 분배한다.
- 아동에게 적절한 영양공급이 지속적으로 이뤄지는지 확인한다.

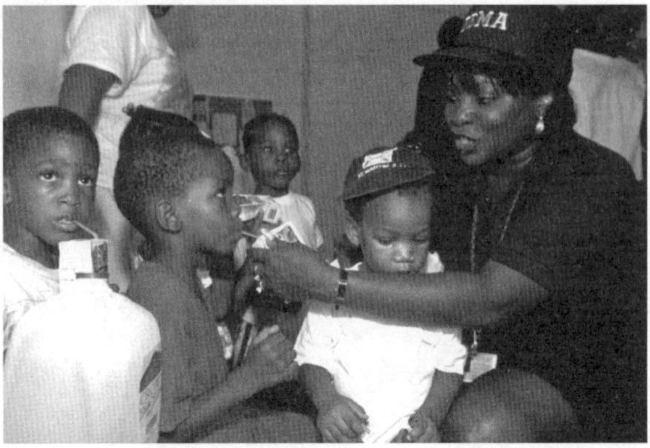

[그림 5.1] 1995년 9월 16일, 버진아일랜드 세인트 토머스(St. Thomas, Virgin Islands). FEMA 직원이 허리케인 발생 이후 버진아일랜드의 아이들을 돌보고 있다(FEMA News Photo).

- 이유식 준비에 필요한 설비와 재료, 장소를 제공한다.

영역 3: 의류 및 대피소 - 대응 및 복구

- 가정 같은 분위기를 제공하기 위해 대피소 내에 별도로 자녀가 있는 가족을 위한 영역을 지정한다.
- 아동이 낮 시간에 수면이나 휴식을 취하도록 조용하고 안전한 장소를 제공한다.
- 수유를 위한 사적 공간을 제공한다.
- 아동을 위해 대피소에서의 일과를 계획한다.
- 나이 어린 아동과 신생아를 위한 침구류를 구비한다.
- 대피소 내 아동의 거주공간을 건전한 환경으로 관리한다.
- 특별한 의료서비스가 필요한 아동을 위한 준비를 갖춘다.
- 대피소 내에서 특별한 요구사항이 있는 아동을 식별 · 추적 · 관리한다.

- 대피소 내 모든 아동을 추적하고, 아동의 요구사항을 돕는 시설을 지원한다.
- 중대한 위기상황이 끝나면 아동이 가능한 한 빨리 정상으로 회복하도록 돕는다.

영역 4: 위생 – 대응 및 복구

- 긴급 대피소 내 아동의 건강과 위생을 모니터링하고, 부모에게 아동의 위생관리에 대한 정보와 지원을 제공한다.
- 기저귀갈이 영역을 설치하여 관련 용품을 비치하고, 기저귀 처리설비를 설치한다.
- 가족에게 영아와 아동의 청결을 위해 필요한 물품을 제공한다.
- 아동에게 수면매트와 침대시트를 지정해주고, 침구류를 정기적으로 세탁한다.

영역 5: 대피 및 수송 – 대응 및 복구

- 대피소 및 의료서비스 시스템 내에 아동을 안전하게 수송한다.
- 소아병원으로 수송하는 교통수단을 아동에게 제공한다.
- 가족과 함께 대피하고 있는지 확인한다.
- 대피하는 모든 아동을 추적하고, 부모와 가족구성원에게 관련 정보를 제공한다.
- 대피하는 동안 아동의 특별한 요구에 적절하게 조치한다.
- 대피하는 동안 아동에게 심리 상담서비스를 제공한다(그림 5.2).

[그림 5.2] 2005년 9월 루이지애나 주 뉴올리언스(New Orleans, Louisiana). 뉴올리언스 지역 피난민은 헬리콥터를 타고 국제공항으로 이송되어 식량과 식수를 제공받고, 다시 비행기를 타고 전국의 대피소로 수송되었다. 허리케인 카트리나로 인한 홍수로 뉴올리언스 주민은 계속 대피 중이었다(Liz Roll/FEMA).

영역 6: 보건 및 의료서비스 - 대응 및 복구

- 아동의 건강에 관련된 재난피해 상황 및 요구사항을 평가한다.
- 아동 건강 선별검사를 지속적으로 실시하여 건강문제를 신속히 발견한다.
- 부모에게 유용한 의료정보를 제공하여 적절한 의료서비스를 이용하도록 돕는다.
- 대피소 내 아동을 위해 표준화된 의료서비스 자료를 제공한다.
- 아동의 특별한 의료서비스 요구사항을 해결한다.
- 긴급 대피소 현장에서 소아 응급처치 및 일차 의료서비스를 제공한다.
- 대피소의 전형적인 질병을 식별·추적하여 질병의 확산을 차

단한다.

- 지속적인 건강문제로 약물치료가 필요한 아동에게 처방전을 재발급한다.
- 아동기 질병의 확산을 방지하기 위해 대피소 내에서 아픈 아동을 격리한다.
- 특별한 조치가 필요한 아동을 위해 임시 소아과 진료실을 설치한다.
- 일반병원에 있는 소아환자의 치료를 감독한다.

영역 7: 응급의료 및 응급상황 대응 - 대응 및 복구

- 위기상황에서 아동에게 필요한 요구사항을 모니터링한다.
- 자녀가 있는 가족에게 가족중심 응급의료서비스를 제공한다.
- 긴급 구조대원 및 병원 관계자가 사용하는 소아용 환자진단 시스템을 통합한다.
- 아동관련 재난피해 현황 및 요구사항 평가를 실시한다.
- 모든 긴급 수송차량에 아동을 위한 설비 및 기구가 갖춰져 있는지 확인한다.

영역 8: 감독, 보육 및 교육시설 - 대응 및 복구

- 지역사회의 모든 대피소에 영유아교육기관을 설치한다.
- 모든 대피소에 안전한 놀이영역을 마련하여 아동의 정상발달을 돕는다.
- 대피소에 장소를 따로 마련하여 지역사회단체에서 기부한 장

난감을 제공한다.

- 아동의 일상생활이 가능하도록 대피소 내에 안전하고 조용한 환경을 조성한다.
- 아동이 다른 아동과 놀이하고 또래관계를 형성할 기회를 제공한다.
- 대피소 내 아동의 특별한 요구사항을 해결한다.
- 아동에게 지속적으로 보육서비스를 제공한다.
- 영어가 모국어가 아닌 아동에게 통역지원서비스를 제공한다.
- 가족 및 친구와 헤어진 아동의 재결합을 지원한다.
- 부모와 아동의 분리를 최소화시킨다.
- 아동의 건강상태에 대해 부모와 긴밀한 연락을 유지한다.
- 모든 재난 관련 서비스를 문서로 기록한다.
- 지역사회 내외에서 공석인 영유아교육기관 직원을 채용한다.

영역 9: 교육 – 대응 및 복구

- 대피소 내에 아동이 창의성을 발휘할 안전한 공간을 마련한다.
- 대피소 내에 아동을 교육하기 위한 공간을 마련한다.
- 재난피해 교사를 위해 대체교사를 제공한다.
- 업무에 복귀한 교사를 지원하고, 공석인 교직원을 대체한다.

영역 10: 심리적 의료서비스 – 대응 및 복구

- 가족정보 지원센터를 파견한다.
- 소아 정신질환의 치료를 위해 소아정신과 전문의를 파견한다.

- 소아정신과적 외상을 최소화시키기 위해 중재를 실행한다.
- 아동기 심리사회적 회복 프로그램을 학교 내 복구 프로그램 및 교육과정에 통합시킨다.
- 재난 발생 이후 정신건강관리 대상에서 기존의 아동 정신건강 문제가 제외되지 않도록 확인한다.
- 지역사회 현장에 스트레스 진단 및 장기 모니터링 서비스를 제공하기 위해 구호활동 지원팀을 파견한다.
- 지역사회 아동을 위한 추모행사를 진행한다.
- 재난에 대처하기 어려운 부모를 식별하여 적절한 지원 네트워크에 의뢰한다.
- 모든 재난피해 아동에게 학교 중심 조기중재프로그램을 실행한다.

영역 11: 아동, 부모, 양육자를 위한 재난관리교육 – 대응 및 복구

- 재난 발생 이후 자녀가 필요로 하는 요구사항에 대한 대응 및 복구 정보를 부모에게 제공한다.
- 재난 발생 이후 아동의 스트레스 대처를 돕는 방법을 부모 및 양육자에게 알려준다.
- 재난 발생 이후 아동의 심리평가, 조기중재 및 치료에 있어 가족중심 접근을 적용한다.

영역 12: 기타 필요조치 – 대응 및 복구

- 임시체류 아동의 식별 · 추적 · 보호 여부 확인

- 통역서비스
- 가족 및 부모 지원서비스
- 임신부 지원서비스
- 임시체류 아동
- 불법체류 외국인 부모의 자녀 또는 불법체류 아동

알림

재난관리자는 잠재적 재난을 경고하기 위해 지역사회의 학교 및 영유아교육기관 목록을 수집하고 관리해야 한다.

의료관리품질조사국(Agency for Healthcare Research and Quality; AHRQ)에서는 2009년 연구과제인 '학교 기반 재난대비: 전국 실태분석 및 권고사항 프로토콜(School-Based Emergency Preparedness: A National Analysis and Recommended Protocol)'을 통해 대피, 이동, 대피소 입소 시나리오에 관한 알림 정보의 사용방법 지침서를 학교 관계자에게 제공했다.

[더 알아보기 5.1] 알림 행동강령

대피/이전 권고사항

교장의 역할

- 재난대응팀 구성원이 보직 교직원에게 지시사항을 전달하는 동안 방송설비를 이용하여 상황에 대해 고지한다.

재난관리팀의 역할

- 재난대응을 주도한다.
- 건물을 점검하고 모든 학생이 탈출하여 집합 장소에 모이도록 지시한다.
- 무전기와 핸드폰을 소지한다.
- 지역 재난대응팀과 연락한다.
- 재난 상황과 관련하여 교직원과 주기적으로 연락한다.

행정직원의 역할

- 학생 출석부 및 교직원 근무상황부와 생존키트를 안전한 장소로 옮긴다.

교사 및 기타 교직원의 역할

- 이동이 불편한 아동을 돕는다.
- 학급 생존키트를 챙긴다.
- 학생들이 지정된 대피 경로를 통해 대피하도록 안내한다.
- 화장실과 건물의 다른 공간을 점검하여 모든 학생이 대피했는지 확인한다.
- 출석을 점검하여 실종된 학생이 있을 경우 재난대응팀에 보고한다.
- 다른 곳으로 이동해야 할 경우 지정된 대피 경로로 학급 학생을 이동시킨다.
- 다른 지시사항이 주어질 때까지 학생들과 함께 지낸다.

보건교사의 역할

- 응급의료상자와 구급상자를 챙긴다.
- 학생 응급 카드와 의료 정보를 챙긴다.
- 특수의료 요구가 있는 학생을 모니터링하고, 긴급의료 요구를 행정실에 알린다.

관리인의 역할

- 구체적인 업무를 배정받기 위해 행정실과 지속적으로 연락한다.
- 대피 이후 건물을 점검한다.
- 건물 안전을 책임지고 있으므로 수도 · 전기 · 가스 제어 위치가 표시된 학교의 층별 평면도를 챙긴다.

학부모회(PTO)의 역할

학교 기반 계획에서 학부모회(Parent-teacher organization)의 역할은 제대로 명시되어 있지 않다. 사실 학부모회는 소식을 효과적으로 알리고, 계획의 수립과 적용의 모든 측면에서 도움을 제공하는 등 매우 가치 있는 역할을 담당할 수 있다. 그러나 많은 가족들은 매우 상세한 재난대비계획을 선호하지 않는다. 왜냐하면 그것이 불안감을 조성한다고 생각하기 때문이다. 학부모회 회의 시 교장이 재난대비계획의 개요를 설명하는 것도 효과적인 방법 중 하나다. 이 경우 학부모회는 계획의 모든 측면에 참여할 기회를 갖게 된다(예: 요오드화칼륨의 비축, 대피소 입소 계획 등에 관한 의논). 적극적인 참여를 희망하는 학부모회가 있다면 재난대비계획을 알리고 이에 대한 피드백을 계획에 통합시킬 수 있다.

출처: Agency for Healthcare Research and Quality. 2009. *School-based emergency preparedness: A national analysis and recommended protocol*. Pub. 09-0013. Rockville, MD: AHRQ. http://www.ahrq.gov/prep/schoolprep/schoolprep.pdf.

대피

지진 같은 갑작스런 재난이 발생하면 지역사회의 학교와 영유아교육기관에서는 학생과 영유아를 대피시키고 새로운 장소로 이동시켜야 한다. 재난관리자는 아동이 대피할 장소, 부모에게 대피 상황을 알리는 방법을 학교 및 영유아교육기관 관계자와 함께 계획해야 한다.

학습목표: 아동이 부모, 가족 또는 보호자와 함께 대피할 경우 주의사항

허리케인 카트리나 발생 이후 헤어진 가족을 찾아 혼자 방황하는 수많은 아동이 발견되었다. 어떤 아동은 퉁퉁 불은 시체 또는 동물 사체 옆을 지나 헤엄쳤다고 말했고, 다른 아동은 부모를 찾기 위해 물속을 더듬다가 날카로운 물체에 다리가 찢겼다고 말했다. 대피 과정에서 어떤 부모는 먼저 온 버스에 자녀만 태워 보냈다고 말했다. 다음에 온 버스를 타게 되면 모든 가족구성원이 같은 곳에서 내려 만날 수 있을 것이라고 잘못 생각했기 때문이다. 어떤 경우에는 너무 어려서 자기 이름을 말하지 못하거나 원래 말을 할 수 있는 연령이지만 트라우마로 인해 말을 할 수 없는 아동도 있었다. 또한 아동의 모든 사진이 홍수에 떠내려가서 조사원들이 아동의 사진을 배포할 수 없게 되기도 했다. 아동과 부모의 재회를 돕기 위해 자원봉사자가 근무하는 센터를 휴스턴 시 아스트로돔(Astrodome, 반투명의 둥근 지붕이 있는 경기장)에 설치했다. 수집된 사진 또는 관련 자료들은 전국실종학대아동센터 데이터베이스에 보관되었다. 자원봉사자들은 부모가 실종 신고한 아동 명단을 가지고 다녔다(그림 5.3).

출처: Dolan, M. A., and Krug, S. E. 2006. Pediatric disaster preparedness in the wake of Katrina: Lessons to be learned. *Clinical Pediatric Emergency Medicine,* 7:59–66. © 2006 Elsevier. With permission. http://www.aap.org/disasters/pdf/PDP-in-the-Wakeof-Katrina.pdf.

[그림 5.3] 2005년 9월 5일, 루이지애나 주 뉴올리언스(New Orleans, Louisiana). 뉴올리언스 주민은 대피 중이었고, 피난민은 컨벤션센터에 모여 있었다. 컨벤션센터에서 헬리콥터를 이용해 공항으로 수송되어 식량, 식수, 응급치료를 받았다. 그들은 미국 전역에 있는 수많은 대피소 중 하나로 수송되었다(Liz Roll/FEMA).

전국아동보육지원기관협회는 영유아교육기관 대피계획 개요와 영유아교육기관 대피 키트를 개발했다([더 알아보기 5.2와 5.3] 참조).

[더 알아보기 5.2] 영유아교육기관 대피 계획 개요

I. 대피 지시 담당자

- 지방정부 공무원
- 주정부 공무원
- 기관장

II. 학부모 통지 방법

III. 아동 안내 내용

IV. 시설 내 모든 교직원 및 아동에 대한 통지 방법

- 전기 공급 가능 상황
- 전기 공급 차단 상황
- 재난 유형별 신호

V. 전체 교직원, 아동, 자원봉사자 등 시설 내 이용자에 대한 설명 방법

VI. 아동 및 교직원 수송 방법

- 영아
- 걸음마기 아동
- 유아
- 특수아동 또는 교직원

VII. 대피 시 필요한 의약품, 물품, 문서

VIII. 지역 공공안전 또는 비상관리 공무원과 연계 방안

IX. 대피장소

- 인근 장소
- 지역 내 장소
- 지역 외 장소

X. 개별 행동의 책임자

XI. 수송 계획

- 기관 차량
- 교직원 차량
- 자원봉사자 및 이웃 주민 등 기타 차량
- 차량 연료
- 차량 상태 점검
- 차량 내 응급의료키트

XII. 기타 정보

- 전기 차단 위치
- 전기 차단 방법
- 가스 차단 위치
- 가스 차단 방법
- 수도 차단 위치
- 수도 차단 방법
- 공기정화기 차단 위치
- 공기순환시스템 차단 방법
- 재난대피키트 위치
- 비상물품 위치
- 핸드폰 위치

출처: National Association of Child Care Resource and Referral Agencies (NACCRRA). 2006. *Is childcare ready? A disaster planning guide for childcare resource and referral agencies.* http://www.naccrra.org/disaster/.

[더 알아보기 5.3] 영유아교육기관 대피 키트

(가능하면 소집단 또는 교실별로 준비하고, 들기 힘들거나 등이 아플 만큼 너무 무겁지 않도록 주의하여 준비함)

- 비상약품 키트
- 교직원 및 아동용 주요 의약품
- 아동 비상 연락처
  - 부모 직장 전화번호
  - 부모 핸드폰번호

- 집 전화번호
- 부모 개인 및 직장 이메일 주소
- 인근 지역 비상 연락처 2개(가능하면 동거인이나 직장동료가 아닌 경우)
- 인근 지역 이외 비상 연락처 2개
- 부모 직장상사의 전화번호 및 이메일 주소
- 주요 의료 정보
- 수송 및 의료 처치 관련 동의서

• 교직원 비상 연락처
  - 배우자 또는 가족의 직장 전화번호
  - 교직원 핸드폰번호
  - 배우자 또는 가족의 핸드폰번호
  - 집 전화번호
  - 교직원 개인 이메일 주소
  - 배우자 또는 가족의 직장 이메일 주소
  - 인근 지역 비상 연락처 2개
  - 인근 지역 이외 비상 연락처 2개
  - 주요 의료 정보
• 분유
• 물
• 일회용 컵
• 이유식 및 플라스틱 숟가락
• 개별 포장된 스낵바
• 게임, 책, 기타 아동을 위한 활동자료

출처: National Association of Child Care Resource and Referral Agencies (NACCRRA). 2006. *Is childcare ready? A disaster planning guide for childcare resource and referral agencies.* http://www.naccrra.org/disaster/.

대피소

역사적으로 미국 적십자사는 재난 발생 직후 긴급 대피소를 설치하고 관리하는 역할을 담당해왔다. 적십자사는 대피소에 거주하는 가족들에게 아동보육서비스를 제공하기 위해 다른 자원봉사단체와 협력해왔다. 허리케인 카트리나 발생 이후, 적십자사가 관리하는 대피소 내에 아동보육서비스를 위해 안전한 공간을 마련하고자 세이브더칠드런과 협약을 체결했다.

학습목표: 재난피해 아동을 위한 문화적·발달적으로 적합한 정신건강 중재서비스의 실패 사례

카트리나와 뒤이은 대홍수를 피해 뉴올리언스 슈퍼돔과 뉴올리언스 컨벤션센터로 몰려든 2만 5,000명 중에는 수천 명의 아동이 포함되어 있었다. 센터 내의 피난민은 무덥고, 혼잡하고, 폭력이 난무하고, 비위생적이며, 물과 식량이 부족하고, 환자와 사망자가 그대로 노출되어 있는 실상에 대해 보고했다. 관련기관 간 소통의 지연과 혼란스러움 등 여러 가지 이유로 인해 구조대원들은 정신건강서비스 등 피난민의 기본적인 요구를 충족시켜줄 수 없었다. 허리케인이 지나간 뒤 이틀 후에도 이들 센터에서 피난민을 다른 곳으로 대피시키는 활동은 시작되지 않았다. 아동을 위한 놀이치료와 미술치료를 포함한 정신건강서비스는 대피가 끝난 이후에도 제대로 시작되지 않았고, 모든 대피소에서는 어려움을 호소하는 모든 아동에게 서비스가 제공되지 않았다. 어떤 경우에는 대피소 인근에 거주하는 여성이 피난민 아동에게 크레용과 종이를 제공하여 아동이 경험한 일을 표현하도록 했다.

비영어 사용 아동 지원 실패 사례

허리케인 이후 많은 가족이 다른 대피소나 다른 도시로 이동하느라 혼란에 빠졌다. 전국실종학대아동센터는 허리케인 발생 6주 뒤에도 여전히 가족과 헤어진 아동의 수가 2,500명 이상이라고 보고했다. 이 아동들은 대부분 가족 상황이 불안정하거나 가족이 불법체류자여서 국가기관으로부터 위협받고 있었다. 하지만 이들 역시 도움이 필요한 상태였다. 센터 보고에 의하면 대부분의 실종 아동은 21세 미만이며, 스페인어를 사용하는 청소년들이었다. 대피소에는 스페인어를 사용하는 피해자들을 위한 통역서비스가 충분히 지원되지 않았다.

출처: Dolan, M. A. and Krug, S. E. 2006. Pediatric disaster preparedness in the wake of Katrina: Lessons to be learned. *Clinical Pediatric Emergency Medicine,* 7:59–66. © 2006 Elsevier. With permission. http://www.aap.org/disasters/pdf/PDP-in-the-Wake-of-Katrina.pdf.

재난피해 아동을 위한 자원봉사단체

피드더칠드런(Feed the Children), 형제단 아동재난서비스(Brethren Children's Disaster Services), 남침례교 재난구호단체(Southern Baptist Disaster Relief), 세이브더칠드런(Save the Children) 같은 자원봉사단체는 오랫동안 재난피해 아동을 위해 구호활동을 펼쳐왔다([더 알아보기 5.4] 참조).

[더 알아보기 5.4] 자원봉사단체 목록

다음은 재난피해 아동의 요구를 충족시키는 기관 목록이다. 전국자원봉사단체협의회(National Voluntary Organizations Active in Disaster)에 포함된 단체의 전체 목록은 http://www.nvoad.org/에 제시되어 있다.

아래 목록은 전체 명단이 아니므로 해당 지역의 지역자원봉사단체는 별도로 확인해야 한다.

- 미국 적십자사(American Red Cross)
  http://www.redcross.org
- 형제단 아동재난서비스(Brethren Children's Disaster Service)
  http://www.brethren.org/site/PageServer?pagename=serve_childrens_disaster_services
- 기독교 재난대응 프로그램(Church World Service Emergency Response Program)
  http://www.disasterrecoveryhelp.org
- 카붐(KaBOOM!)
  http://kaboom.org/
- 해비타트 운동(Habitat for Humanity)
  http://www.habitat.org
- 자선봉사단(Mercy Corps)
  http://www.mercycorps.org
- 전국실종학대아동센터(National Center for Missing and Exploited Children)
  http://www.missingkids.com
- 남침례교 재난구호단체(North American Mission Board: Southern Baptist Disaster Relief)
  http://www.namb.net/site/c.9qKILUOzEpH/b.224451/k.A400/Disaster_Relief.htm
- 구세군(The Salvation Army)
  http://www.salvationarmyusa.org
- 세이브더칠드런(Save the Children)
  www.savethechildren.org

출처: NVOAD. http://www.nvoad.org/.

피드더칠드런(Feed the Children)의 재난 관련 웹사이트에는 "피드더칠드런은 세미-트랙터 트레일러를 이끌고 재난피해 지역사회에 가장 먼저 도착하는 구호단체 중 하나다. 2008년 9월 허리케인 아이크(Ike)로 인한 피해에 대응하기 위해 텍사스 주의 이재민에게 수십 트럭 분량의 구호물품을 급파했다. 주요 물품에는 담요, 생수 및 간식이 포함되었다."(Feed the Children, http://www.feedthechildren.org/site/PageServer?pagename=org_disaster_relief)

형제단(Church of the Brethren) 웹사이트에는 다음과 같은 내용이 게시되어 있다([더 알아보기 5.5] 참조).

[더 알아보기 5.5] 형제단 아동재난서비스

1980년 이후 아동재난서비스(Children's Disaster Services: CDS)는 전국 곳곳에 재난구호센터를, 그리고 대피소 내에 영유아교육기관을 설립하여 아동의 요구를 충족시켜왔다. 토네이도, 홍수, 허리케인, 산불 등 자연재난 또는 인적재난으로 인한 혼란 중에도 외상후증후군 아동을 지원하도록 훈련받은 자원봉사자들은 침착하고 안전하게 이들을 안심시켜주는 존재였다.

전국에서 지원한 자원봉사자들은 전문 체험 훈련에 참여한다. 이들은 엄격한 심사절차를 거친 후 재난피해 아동을 지원하는 방법을 배우는데, 지역뿐만 아니라 전국적으로도 신속하게 대응하여 활동할 수 있다. 자원봉사자들은 재난이 발생하면 상상놀이를 촉진하는, 세심하게 선정된 장난감이 포함된 '안심키트(Kit of Comfort)'를 가지고 도착한다. 자원봉사자들은 개별 아동에게 주의를 기울이고 아동이 자신을 표현하도록 격려하는데, 이로부터 치유 과정이 시작된다. 대부분의 자원봉사자들이 종교적 신념을 가지고 참여하지만, CDS 워크숍은 18세 이상이면 누구나 참여 가능하다.

또한 CDS는 휴식, 교육, 부모 대상의 개별화된 컨설팅을 제공하는데, 컨설팅에서는 재난 이후 자녀가 보이는 고유한 정서적 요구에 관한 상담을 제공한다. 특히 CDS는 개별 상황 맞춤형 상담이나 워크숍을 통해 부모집단, 지역사회단체, 학교 등 여러 기관과 협력하여 재난에 대한 아동의 고유한 요구에 대응하고, 이해하도록 돕는다.

아동보육 위기대응팀(Critical Response Childcare Team)

아동보육 위기대응팀(CRC)은 항공사고나 기타 대참사가 발생했을 때 아동을 돕기 위한 보수교육을 받은 아동재난서비스 자원봉사자 집단이다. 따뜻한 마음으로 돌보고 엄선된 놀이 활동을 제공하는 것은 상실의 트라우마를 경험한 아동의 회복에 중요한 영향을 미친다.

여섯 명으로 구성된 대응팀은 매월 대기 상태에 있으며, 미국 적십자사의 배치 요청이 있을 경우 4시간 이내에 출동할 준비가 되어 있다. 자원봉사자들은 가족지원센터(Family Assistance Center)에서 업무를 시작한다. 재난피해자들은 센터에서 상황 설명을 듣고, 미국 적십자사의 지원을 받는다. 미국 적십자사와 아동재난서비스 간의 협력으로 아동의 요구를 적절하게 충족시킨다.

1997년 이후 CRC팀은 9·11테러와 8개의 항공사고 대응에 참여했다.

CDS 자원봉사자 워크숍

27시간의 워크숍에 참가한 자원봉사자들은 충격적인 상황을 경험한 아동에게 필요한 치료를 제공함으로써 아동을 격려하여 편안하게 만드는 방법을 배운다. 그들은 아동에게 안전하고 친근한 환경을 조성하여 스트레스를 예방시키고 두려움을 경감시키는 놀이치료 활동을 한다.

워크숍에는 모의 대피소 체험(숙박)이 포함되고, 재난 발생 시 아동 지원에 관심이 있는 15명 이상의 성인 집단을 대상으로 워크숍이 제공된다. 과정을 수료한 참가자는 아동재난서비스 자원봉사자로 인증 받을 수 있다.

아동은 개인적인 재난(친구의 이사 또는 애완동물의 죽음 등)을 경험할 수 있기 때문에 심리적 고통을 겪는 아동을 지원하는 사람은 누구나 이 워크숍을 이용할 수 있다. 자원봉사자 워크숍에서 다루는 대부분의 개념들은 재난 발생 이후뿐만 아니라 개인적인 재난 시에도 사용될 수 있다.

가족 및 지역사회 지원

가족 지원

아동재난서비스에서는 휴식, 교육, 부모 대상의 개별화된 컨설팅을 제공하는데, 개별화된 컨설팅에서는 재난 이후 자녀가 보이는 고유한 정서적 요구에 관한 상담을 제공한다.

자녀를 데리러 온 부모들은 종종 CDS 자원봉사자와 이야기를 나눈다. 부모는 몇 시간 동안 자녀를 돌봐준 자원봉사자와 자신의 근심과 걱정에 대해 공유한다. 재난 발생 이후 전형적으로 나타나는 아동의 행동이 무엇인지에 대해 교육받은 자원봉사자는 아동이 잘 적응할 것이라고 말하며 부모를 안심시키거나, 외상을 입은 아동의 지원에 관한 자료를 제공하거나, 부모에게 적절한 지역사회단체를 안내한다.

지역사회 지원

아동재난서비스에서는 지역사회(기관, 학교 등)에 재난, 외상, 아동의 고유한 요구와 관련된 워크숍 및 컨설팅을 제공한다.

CDS는 재난 발생 이후 아동보육에 관심이 있는 학교, 병원 및 기타 지역사회단체에 컨설팅을 제공한다. 아동과 재난에 대해 자세한 내용을 알고자 하는 자원봉사자나 지역사회 구성원을 대상으로 한 컨설팅 전화 및 회의를 비롯하여 워크숍 또는 화상회의를 개최한다.

CDS는 더 많은 사람들에게 재난피해 아동의 요구에 대해 알리고, 이들을 지원하는 원칙을 안내할 수 있도록 학술대회 발표에 참여한다.

출처: Church of the Brethren. http://www.brethren.org/site/Page Server?pagename =serve_childrens_disaster_services.

[더 알아보기 5.6] 남침례교 재난구호단체

화재, 토네이도, 홍수 및 지진

부활절 시즌에 예수 부활을 기념하는 것처럼 남침례교 재난구호단체(SBDR) 자원봉사자는 동남아시아에서, 이탈리아의 라퀼라(L'Aquila)에서 재난으로 인해 자신의 삶을 잃어버린 이웃을 위해 봉사하고 있다.

2008년 재난구호활동(단위: 명)	
일일 자원봉사	118,951
식사 제공	7,914,391
목공 작업	9,289
복음 전도	3,487
신앙 고백	448

2008년 활동 최종 보고	
소속	남침례교 재난구호단체는 해당 주의 침례교 교단, 북미교단, 남침례교 교단과 협력한다.
자원	약 2,000대의 이동식 설비 차량(식사 제공, 목공 작업, 진흙 제거, 지휘, 통신, 보육서비스, 목욕, 세탁, 정수, 수리, 발전기 등)
	8만 8,000명 이상의 훈련받은 자원봉사자
협력	미국 적십자사
	구세군
	연방재난관리청(FEMA), 국토안보부(DHS)
	희망재단(Convoy of Hope)
	전국자원봉사단체협의회(NVOAD)
	머시의료수송단(Mercy Medical Airlift)
	침례교 글로벌 대응팀

조직	재난구호팀은 남침례교회, 지역 침례교회, 주 침례교단에 소속되어 있다. 자원봉사팀은 해당 주에서 재난에 대응하며, 대규모 재난 시에는 다른 주와 협력한다. 침례교 글로벌 대응팀에서 요청하면 해외봉사활동에도 참여한다.
역사	1967년 처음으로 남침례교 재난구호단체가 활동에 참여했는데, 허리케인 벨라의 피해자를 돕기 위해 텍사스 주 자원봉사자 집단이 '버디 버너(buddy burners)'에 따뜻한 음식을 제공했다.
	그로부터 40년이 지난 2008년, 재난구호단체는 800만 회 이상의 식사를 제공했다. 모든 후원은 개인과 지역사회에 무료로 제공된다.

2008년 활동 보고(단위: 명)	
일일 자원봉사	118,951
식사 제공	7,914,391
진흙 제거	2,647
목공 작업	9,289
수리	243
지붕 공사	295
보육서비스	1,176
목욕	90,497
세탁	33,775
물(갤런)	247,113

출처: Southern Baptist Disaster Relief. http://www.namb.net/site/c.9qKILUOzEpH/b.224451/k.A400/Disaster_Relief.htm.

[사례연구] 세이브더칠드런 안전 공간

미국 적십자사 및 뉴욕 시 재난관리부서와의 협력

세이브더칠드런은 재난이 발생하면 적십자사 대피소에 안전 공간(Safe Spaces)을 조성하도록 미국 적십자사와 전국적인 협력관계를 맺고 있다. 2007년 가을, 남부 캘리포니아에서 대형 산불이 발생하여 집 밖으로 대피해야 했던 수천 명의 사람들을 위해 이들이 협력하여 안전 공간을 만들었다. 또한 2008년 허리케인 구스타프와 아이크, 중서부에서 발생한 홍수, 2007년 이보다 작은 규모의 재난에 대응하기 위해서도 서로 협력했다. 또한 이 단체는 미국 재난관리 시스템을 개선하기 위해 연방정부, 주정부, 지방정부의 재난대응 담당자 및 지지자와 협력한다.

예를 들어, 세이브더칠드런과 뉴욕 시 재난관리부서(OEM)는 뉴욕 시 대피계획에 세이브더칠드런의 안전 공간 프로그램을 통합시키는 협약을 체결했다. 이에 따라 세이브더칠드런은 뉴욕 시 긴급 대피소에 1,075개의 안전 공간 키트를 제공할 예정이다. 이 계획의 일환으로 1,000명 이상의 자원봉사자를 훈련시켜 대피소 내 아동을 위한 활동을 제공한다. 다른 구호품과 함께 OEM 대피소에 키트를 적재해두었다가 최대한 빠른 시일 내에 509개의 대피소에 보급할 예정이다.

출처: Save the Children. http://www.savethechildren.org/programs/us-literacy-and-nutrition/safe-spaces-us.html. Safe Space slide show. http://www.savethechildren.org/programs/us-literacy-and-nutrition/safespaces.html. Safe Space video. http://multimedia.savethechildren.org/video/california-wildfires/video-box-california-wildfires.html.

[사례연구] 세이브더칠드런의 남부 캘리포니아 산불 대응

캘리포니아 남부지역의 산불로 인해 수많은 사람이 집을 떠나게 되었다. 세이브더칠드런은 1만 2,000명의 재난피해 아동과 보호자의 복구를 도왔다.

캘리포니아 남부지역에 화재가 확산되기 시작한 지 며칠 지나지 않은 2007년 10월 23일, 세이브더칠드런은 샌디에이고 카운티에 재난대응팀을 파견했다. 비영리단체에서 파견된 대응팀 중 가장 먼저 도착한 세이브더칠드런 재난대응팀은 안전 공간, 즉 대피소와 지역지원센터 내에 안전한 놀이 공간을 구축하기 위해 우선적으로 노력했다.

안전 공간은 아동에게 지정된 영역을 제공하는데, 여기서 아동은 미술, 음악, 게임, 극놀이, 운동 같은 구조화된 활동을 통해 일상으로 돌아가 놀이에 참여하고, 또래관계를 형성할 수 있다. 구조화된 활동은 정상 상태를 느끼게 해주고, 원래 경험하던 것으로 돌아가 활동할 수 있는 능력을 강화시켜주기 때문에 아동에게 위안이 된다. 세이브더칠드런은 일주일 만에 1,500명의 아동이 사용할 수 있는 13개의 안전 공간을 설치했다. 이 단체는 재난피해 아동에게 안전 공간을 제공하기 위한 노력의 일환으로 미국 적십자사 및 아동재난서비스, 세이브더칠드런 전국 파트너들과 협력했다.

화재가 발생하자, 세이브더칠드런은 샌디에이고 카운티에서 가장 피해가 큰 지역에 집중했다. 이 단체는 아동의 대처 능력을 향상시키고 향후 재난에 대비하도록 돕는 프로그램을 제공하여 가족과 지역사회에 다가가기 위해 지역단체와 협력했다. 세이브더칠드런은 의복, 교과서, 카시트와 아기침대 등 필수 물품을 제공하는 등 지역단체를 지원했다. 여러 학교, 영유아교육기관 및 기타 아동 관련 기관의 파손된 활동자료를 교체하거나 서비스를 확대했다. 또한 세이브더칠드런은 네 곳의 놀이터를 복구했다.

또한 세이브더칠드런은 적응 및 준비(Resilient&Ready: R&R) 프로그램을 제공했다. 이 프로그램은 화재가 발생하기 쉬운 지역에 거주하는 아동이 대처 능력을 기르고 안전과 통제력을 느끼도록 돕는 프로그램이다. R&R 워크숍이 끝나면 참여한 모든 아동에게 나중에 사용 가능한 대피용품으로 채워진 배낭을 제공한다. R&R은 희망여행(Journey of Hope)의 양육자 돌봄 프로그램(care-for-the-caregiver program)과 함께 진행된다.

출처: Save the Children. http://www.savethechildren.org/programs/usliteracy-and- nutrition/southern-california-wildfires.html.

가족과의 헤어짐

허리케인 카트리나 발생 이후 정신없이 대피하느라 수많은 아동이 가족과 헤어졌다. 연방정부는 아동이 가족과 재회하도록 돕기 위해 전국실종학대아동센터(NCMEC)와 협력했다. 미국변호사협회 아동지부(The Children's Bureau of the American Bar Association)([더 알아보기 5.8] 참조)와 미국소아과학회(American Academy of Pediatrics)는 재난 발생 시 아동이 가족과 헤어질 가능성을 감소시키는 방법에 대한 지침서를 발간했다([더 알아보기 5.9] 참조).

학습목표: 아동, 특히 영아 및 걸음마기 아동과 부모/양육자 재회 전략의 실패 사례

아동과 관련된 재난 문제는 해결하는 데 오랜 시간이 걸린다. 학령기 아동은 부모를 식별할 수 있기 때문에 신뢰하는 부모와의 재회가 가능하다. 하지만 영아 또는 말을 하지 못하는 걸음마기 아동의 경우는 그렇지 않다. 2004년 쓰나미가 발생한 이후 스리랑카에서 9쌍의 서로 다른 부모가 한 남자 영아를 자신의 자녀라고 호소한 사례가 있었다. 결국 이 영아의 정체와 혈통은 DNA 검사에 의해 확인되었고, 자신의 친부모와 재회했다. 난자 기증 및 인공 수정으로 출생했거나 입양된 경우라면 이러한 결과를 얻을 수 없었을 것이다. 2006년 1월, 카트리나 이후 가족과 헤어진 수백 명의 아동이 아직 부모를 만나지 못했다.

허리케인 카트리나 이후 전국실종학대아동센터에서는 대피소로부터 실종 아동의 사진과 이름을 제공받아 이를 웹사이트에 게시했다. 이러한 출발은 좋았다. 하지만 두 명 이상의 성인이 한 아동을 자기 자녀라고 주장할 경우 또는 원래 부모가 유전적 부모가 아닌 경우, 영아 및 말을 하지 못하는 걸음마기 아동이 자신의 부모와 정확히 재회하기에는 여전히 문제가 발생할 수 있다.

부모와 가족은 아동의 안전을 위해 유일하고도 가장 중요한 자원이다. 이미 자연재난의 외상을 이겨낸 아동이 만일 가족 및 보호자의 도움을 장기간 받지 못한다면 추가적인 외상을 입게 될 것이다.

출처: Dolan, M. A. and Krug, S. E. 2006. Pediatric disaster preparedness in the wake of Katrina: Lessons to be learned. *Clinical Pediatric Emergency Medicine,* 7:59–66. © 2006 Elsevier. With permission. http://www.aap.org/disasters/pdf/PDP-in-the-Wakeof-Katrina.pdf.

[사례연구] 전국실종학대아동센터(NCEMC)

전국실종학대아동센터: 허리케인 카트리나와 리타의 마지막 실종 아동 재회

6개월 후 모든 실종 아동이 가족의 품으로 돌아가다

2006년 3월 17일, 버지니아 주 알렉산드리아(Alexandria, VA). 허리케인 카트리나와 리타 발생 이후 전국실종학대아동센터에 신고된 실종아동 5,192명의 부모를 찾기 위해 6개월 동안 노력한 결과, 전국실종학대아동센터는 허리케인 카트리나로 인해 부모와 헤어진 마지막 아동이 부모와 재회할 수 있게 되었다는 사실에 기쁨을 표시했다. 2006년 3월 16일 목요일, 4세 여아 코르테즈 스튜어트(Cortez Stewart)는 미국 역사상 최악의 자연재난 이후 NCMEC가 아동과 가족의 재회를 위해 전례 없이 노력한 끝에 텍사스 주 휴스턴에 있는 부모형제와 재회했다.

"우리 팀은 코르테즈 같은 수많은 아동이 집으로 돌아갈 수 있도록 부모, 가족구성원, 전국사법기관, 사회복지기관, 기타 비영리단체에 대해 지속적으로 조사했다."

폭풍이 발생했을 때 코르테즈는 대모인 펠리시아 윌리엄스(Felicia Williams)와 함께 있었는데, 이들은 코르테즈의 어머니 리사 스튜어트(Lisa Stewart)와 다섯 명의 다른 아이들과 헤어지게 되었다. 가족들이 뉴올리언스에서 다른 지역으로 대피하는 동안 코르테즈와 펠리시아는 애틀랜타에 도착했고, 그사이 가족들은 휴스턴에 도착했다. 몇 달 동안 리사와 펠리시아는 서로를 찾기 위해 노력했지만 아무 소용이 없었다. 이는 전국실종학대아동센터가 개입하기 전까지의 일이었다. NCMEC는 이전 고용주를 통해 펠리시아에 대한 정보를 추적했고, 컴퓨터 데이터베이스를 이용해 조지아 주에 있는 펠리시아의 가족을 찾았다. 미국 우편국의 적극적인 지원으로 NCMEC는 애틀랜타에 있는 펠리시아의 정확한 주소와 전화번호를 확보하고 성공적으로 사건을 해결했다.

"아주 놀라운 재회이며, 행복한 결말로 끝나서 너무 기쁩니다." 라고 앨런이 덧붙였다. "우리는 전국센터가 엄청난 재난의 여파에서 가족을 다시 만나게 하는 일과 같은 중요한 역할을 한다는 것에 대해 매우 기쁘게 생각합니다."

코르테즈를 찾아낸 사례는 40개 이상의 주에 흩어진 가족들을 찾기 위해 NCMEC에서 사용한 조사 기법과 숙련되고 헌신적인 직원, 퇴임한 사법관계자 및 사례관리자들의 협력을 보여주는 한 예다. 복잡한 NCMEC 데이터베이스를 확인하고 사법당국과 협력함으로써 매일 실종 아동을 추적하여 이들이 가족과 재회하고 있다.

2005년 9월 5일 이후 NCMEC는 미국 법무부의 요청에 따라 카트리나 실종자 핫라인[Katrina Missing Persons Hotline(1-888-544-5475)]을 개통했다. 그 결과, 이산가족 및 실종자 관련 3만 4,112건의 신고전화가 접수되었다. NCMEC 보고서에 의하면, 허리케인 카트리나와 리타로 인해 가족과 헤어진 아동의 수는 총 5,192명이다.

카트리나 이후 한 달 동안 루이지애나 주에서 4,710명, 미시시피 주에서 339명, 앨라배마 주에서 39명의 실종 아동이 보고되었다. 허리케인 카트리나와 리타로 인해 총 5,192명의 실종 아동이 보고되었다. 허리케인 리타 발생 이후에는 루이지애나 주에서 추가로 28명, 텍사스 주에서 76명의 실종 아동이 보고되었다.

NCMEC에 보고된 사례 중 가장 심각한 사례는 부모나 보호자와 헤어져 대피소에서 성인의 보호 없이 지내는 아동이었다. 총 45명의 아동이 이 경우에 해당했는데, 2005년 10월 7일자로 45명 모두 문제가 해결되었다.

실종된 아동에 대한 보고뿐만 아니라 약 1만 2,342명의 성인도 카트리나/리타 실종자 핫라인에 보고되었다. 이들은 전국성인실종센터(NCMA)에 보고되었다. NCMEC 프로젝트 자원봉사자 15명이 NCMA로 파견되어 4,000명 이상의 성인 실종 사건을 해결했다.

핫라인은 아침 8시에서 밤 12시까지 공휴일을 포함하여 매일 운영되며, NCMEC의 대응팀(NCMEC's Team Adam and Project ALERT) 출신의 퇴직 사법공무원 40명이 참여했다.

20명의 대응팀 컨설턴트들이 루이지애나, 미시시피, 앨라배마, 텍사스 주에 파견되었다. 그들은 대피소를 방문하여 아동의 사진을 촬영하고 실종 아동 보고서를 작성했다. 대응팀 컨설턴트들은 가족과 아동의 재결합을 위해 지역 사법기관, 사회복지서비스, 아동보호서비스와 협력했다.

미디어, 협력기관 및 전 세계에서 관심 있는 수많은 사람이 접속이 어려울 정도로 웹사이트 www.missingkids.com을 방문했다. 일일 방문자 최다 기록은 220개국에서 1,000~2,000만 명이 접속한 것이다. 이 사이트는 일반적으로 일일 평균 100만 명이 방문한다.

NCMEC의 구호 활동은 전국 여러 단체와의 협력에 의해 강화되었는데, 미국 법무부의 정보센터, 연방수사국(FBI), 기타 지역 사법당국, 아동보호서비스 사무국, 미국 적십자사, 미디어 등 여러 기관과 협력하고 있다.

NCMEC 협력기관은 오랜 기간 동안 귀중한 장비와 서비스를 제공해왔다. 디지털카메라와 스캐너는 캐논사(Canon)에서 제공했다. 실종 아동의 사진을 구할 수 없는 경우, 부모나 보호자의 요청에 의해 전국학교사진촬영스튜디오(Lifetouch National School Studios)에서 아동의 사진을 제공받았다. 스프린트 넥스텔 공사(Sprint Nextel Corporation)는 대응팀에 통신장비를 제공했다. 아메리칸항공사(American Airlines)는 항공편을 제공해 가족의 재회를 도왔다. 전국방송국협회(National Association of Broadcasters)는 루이지애나, 앨라배마,

텍사스, 미시시피 주에 파견된 대응팀 컨설턴트에게 휴대용 배터리로 작동하는 텔레비전/라디오를 기증했다.

"민간 부문 파트너의 지원과 핫라인 자원봉사자들에게 깊은 감사를 드립니다."라고 앨런은 덧붙였다. "많은 사람들의 헌신으로 조화롭게 해결된 사례입니다."

전국실종학대아동센터(NCMEC)에 관하여

NCMEC는 미국 법무부 비행청소년보호국(U. S. Department of Justice's Office of Juvenile Justice and Delinquency Prevention)과 협력하여 일하는 비영리단체다. NCMEC는 1984년 설립된 이후 11만 6,000명 이상의 실종 아동 가운데 9만 4,000명을 찾았다. NCMEC에 대한 자세한 내용은 24시간 무료로 통화 가능한 핫라인 전화 1-800-THE-LOST를 이용하거나 www.missingkids.com을 방문하면 된다.

출처: Missing Kids. http://www.missingkids.com/missingkids/servlet/NewsEventServlet? LanguageCountry=en_US&PageId=2317.

[더 알아보기 5.7] 미아를 신속하게 확인하고 보호하기 위한 프로토콜

- 병원, 대피소에 있는 모든 아동을 조사하여 성인 보호자와 함께 있지 않은 아동을 파악한다. 이러한 아동은 실종 아동 명단에 포함되어 있을 확률이 높다. 아동이 대피소 내의 어디서 자고 머무르는지 파악한다. 가능하다면 그 아동을 감독하는 성인의 이름과 연령을 확인한다.
- 병원에서 사용하는 식별 팔찌(또는 사진 신분증)를 아동과 그 아동을 감독하는 성인에게 제공한다. 대피소에서 아동과 함께 있는 성인의 식별 팔찌가 해당 아동의 것과 일치하는지 여부를 수시로 확인한다. 보호

하는 성인이 없을 경우 해당 아동은 병원에서 지정한 소아안전영역(Pediatric Safe Area)으로 옮겨져 부모와 재결합하기 전까지 적절한 보호를 받을 수 있다.

- 조사를 통해 법적 보호자와 함께 있지 않다고 판별된 모든 아동의 이름은 고위험군에 해당하는 것으로 간주하여 병원응급의료센터에 즉시 보고되어야 한다. 부가적으로 1-888-544-5475, 전국실종학대아동센터(NCMEC)에도 보고되어야 한다. NCMEC에서는 실종 신고된 아동의 이름과 보고된 아동의 이름을 비교하여 대조할 수 있다.
- '고위험군' 아동이 발생하면 병원, 의료기관 또는 대피소에 있는 아동 이름 전체 목록을 재난관리기관 또는 다른 기관에 전송하여 추적해야 한다.
- 혼자 있는 아동 또는 법적 보호자와 함께 있지 않은 아동에 대해 사회심리검사를 실시하고, 동반 성인과의 관계에 대해 점검해야 한다. 이러한 평가는 소아과 경험이 있는 의사가 실시하는 것이 적절하다.

출처: Save the Children. 2007. *The unique needs of children in emergencies: A guide for the inclusion of children in emergency operations plans*. September. http://www.savethechildren.org/publications/emergencies/Children-in-Emergencies-PlanningGuide.pdf. Adapted from CDC Health Advisory. 2005. *Instructions for identifying and protecting displaced children*. September 28.

[사례연구] 카트리나 이후 위탁 아동의 행방

카트리나로 인해 약 2,000명의 위탁 아동이 실종되었다. 허리케인 카트리나가 상륙한 지 한 달이 지난 뒤에도 루이지애나 주의 지역 사회서비스국은 실종된 위탁 아동 51명의 행방을 찾고 있었다. 당국은 전국실종학대아동센터에 실종된 위탁 아동 행방을 문의했다. 600명의 사례관리자들이 대피 중이었고, 주정부의 비밀유지법에 의해 실종된 아동의 사진을 게시할 수 없어서 위탁 아동의 행방을 찾기가 어려웠다. 2005년 10월 10일 마케타 가너 고트로(Marketa Garner Gautrau) 지역사회 서비스국 차관보는 "다른 지역으로 이사하여 직업을 구하고 자녀의 학교를 정했다는 위탁 가정의 소식이 매일 들어오고 있습니다."라고 전했다(로이터통신, 2005).

[더 알아보기 5.8] 아동국 소속의 전국아동복지자원센터

재난피해 아동과 가족을 위한 아동복지법률 및 사법제도

아동복지법률 ABA센터는 전국소년법원및가정법원판사협의회(National Council of Juvenile and Family Court Judges), 전국주정부법원협의회(National Center for State Courts)와 협력하여 향후 재난피해 아동과 가족의 요구에 대한 법적 지원을 지속적으로 제공한다.

재난피해 아동과 가족을 위한 아동복지 측면의 법적 중재에 대한 부가적인 정보는 계속 업데이트될 예정이다.

2005년과 2006년에는 다음과 같은 3가지 영역을 중점적으로 지원했다.

1. 허리케인 재난 지역의 법원 및 아동복지법률 사무국의 우선적인 요구가 해결되도록 결정하여 돕는다.
2. 무료 아동복지법률 전문가를 제공하여 카트리나 재난피해 아동 및 가족의 법적 요구를 지원하도록 돕는다.
3. 카트리나와 유사한 재난에서 아동과 가족에게 미치는 아동복지의 법적 문제에 관해 연구한다.

출처: Excerpted from *Help in child welfare legal and judicial system responses to children and families affected by disasters*, published by the American Bar Association with The National Child Welfare Resource Center on Legal andJudicial Issues, a service of the Children's Bureau. Copyright 2010 © by the American Bar Association. Re-printed with permission. This information or any portion thereof may not becopied or disseminated in any form or by any means or stored in an electronic database or retrieval system without the express written consent of the American Bar Association.

학습목표: 재난 발생 시 특수한 의료 요구가 있는 아동의 질병 및 사망 위험 증가

의료기기에 의존하는 아동과 같이 특수한 의료 요구가 있는 아동(Children with special healthcare needs: CSHCN)의 경우 흡입기, 호흡기, 분무기와 같은 생명유지 장치를 작동하기 위한 백업 전력이 부족하여 사망위험이 증가했다. 지역 응급의료서비스(EMS) 기관은 의료기기에 의존하는 아동을 전기 공급이 가능하고 의료진이 대기하고 있는 대피소로 즉시 대피시켜야 한다는 인식이 부족하여 이들을 적절히 지원할 수 없었다. 언론에서는 CSHCN이 호흡기 등의 필수 장비를 장착한 개인 차량으로 대피하다가 배터리가 방전되는 장면을 보도했다. 미국소아과학회(AAP) 및 미국응급의학과학회(ACEP)에서 CSHCN의 단기 보호를 위해 제작한 응급정보양식(EIF)이 주양육자, 준전문가, 응급의료부서(EDs)에 안내되고 있지만, 지역 EMS 기관에 폭넓게 배포되지는 않았다.

출처: Dolan, M. A. and Krug, S. E. 2006. Pediatric disaster preparedness in the wake of Katrina: Lessons to be learned. *Clinical Pediatric Emergency Medicine*, 7:59–66. © 2006 Elsevier. With permission. http://www.aap.org/disasters/pdf/PDP-in-the-Wakeof-Katrina.pdf.

[더 알아보기 5.9] 법적 고려사항

재난피해 아동 지원 시 법적 고려사항

다음 내용은 재난 시 발생 가능한 법적 문제와 쟁점이다. 재난 발생 이전에 정책과 절차의 수립에 대해 고려할 필요가 있다.

- 재난 발생 시 부모를 동반하지 않은 아동의 경우 생명이나 신체를 위협당하는 상황에서 치료를 받아야 하면 부모의 동의를 필요로 하지 않는다. 사소한 부상을 당한 경우 아동을 치료하기 위해 부모의 동의가 필요한가? 심리적 손상의 경우는 어떠한가?
- 부모를 동반하지 않은 아동의 경우 오염물질을 제거하기 위해 부모의 동의가 필요한가? 만약 증상이 없는 경우는 어떠한가? 아동이 거부하는 경우는 어떠한가?
- 공개될 수 있는 의료 또는 사회적 정보에는 어떠한 것이 있으며, 누구에게 공개할 것인가?
- 신원미상 아동의 사진을 게시하는 것과 같이 신원미상 환자의 위치 파악을 위해서는 HIPAA 규정과 법률전문가에게 확인해야 한다.
- 아동을 누구에게 인계할 것이며, 부모 또는 양육자가 아니라면 어떠한 허가서 또는 정보가 필요한가? 만일 법적 보호자 또는 부모를 찾을 수 없거나 허가서가 없다면 아동을 인계하기 위해 어떠한 절차가 필요한가?

출처: New York City Department of Health and Mental Hygiene (NYC Health). 2006. *Hospital guidelines for pediatrics in disasters*. Centers for Bioterrorism Preparedness Program Pediatric Task Force.

결론

재난피해 아동의 고유한 요구에 적절하게 대응하는 일은 매우 복잡하기도 하고, 동시에 여러 사람과 단체가 관련되는 일이기도 하다. 미국소아과학회(AAP), 전국아동보육지원기관협회(NACCRRA) 등의 단체에서 규정한 교훈과 행동지침에는 재난대응의 모든 단계에서 아동의 고유한 요구를 해결하기 위해 재난관리자가 수행해야 할 조치가 제시되어 있다.

제6장
재난복구

서론

지역사회가 주요 재난사건을 효과적으로 복구하는 능력은 그 지역사회 아동의 장기적 건강과 발달에 직접적인 영향을 미친다. 재난복구에서 아동보육을 담당하는 여러 단체가 아동의 고유한 요구를 고려해야 한다고 오랫동안 주장해왔으나, 아동이 특별한 조치가 필요한 집단임에도 불구하고 허리케인 카트리나가 발생하여 이들의 요구에 적절하게 대응하는 데 실패할 때까지 복구 책임이 있는 연방정부, 주정부, 지방정부에서는 아동의 고유한 요구에 관심을 가지지 않았다.

1990년대 초반, 심리학자들은 주요 재난이 아동과 가족에게 미친 영향과 외상을 해결하는 데 위기상담의 역할이 중요하다는 사실을 인

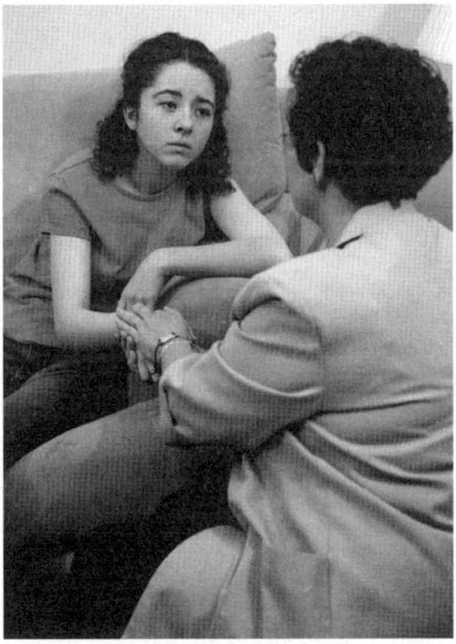

[그림 6.1] 위기상담의 역할은 중요함과 동시에 재난에 의한 외상 경험에서 아동이 회복하도록 돕는 데 있어 고려할 여러 가지 사항 중 하나다.

식하기 시작했다. 그러나 상담은 정기적으로 진행되므로 장기간 지속되는 광범위한 아동의 신체적 · 정서적 영향을 상담만으로 해결하기에는 충분하지 않다(그림 6.1).

노인과 마찬가지로 발달 중인 아동은 재난으로 인해 발생한 전염병과 질병에 취약하다. 주택이 부서지고, 가족과 헤어지고, 양육자의 트라우마를 목격하고, 아동보육의 일과가 방해받음으로써 생긴 심리적 불안과 함께 신체적 취약성은 재난 발생과 안정성 회복 사이의 기간 동안 아동을 특별한 위기상황에 처하게 만든다. 이 기간 동안의 스트레스, 혼란, 불안은 학업성취, 신체발달, 자존감, 또래관계 등에 영향을 미친다.

아동의 고유한 요구를 고려한 복구

지역사회 기반시설을 복구하고 재건하기 위한 연방정부, 주정부, 지방정부, 민간단체의 노력은 아동에게 간접적으로 도움이 되지만, 아동의 고유한 요구를 이해하지 못한다면 이러한 노력의 효과성은 제한적일 수밖에 없다. 허리케인 카트리나 같은 재난 발생 이후에 확인된 실패와 성과로 인해 복구 상황에서 아동의 고유한 요구를 고려해야 한다는 변화가 나타나기 시작했다. 멕시코 만 연안 지역으로의 대규모 이동, 부모와 양육자의 사망, 주택의 파괴, 보육서비스의 중단은 아동의 고유한 요구에 관심을 집중시켰다.

재난 발생 이후 아동에게 필요한 복구 조치를 명백히 인식하게 됨에 따라 2006「포스트 카트리나 재난관리개혁법(PKEMRA)」이 통과되었고, 국가아동재난위원회(NCCD)가 설치되었다. 법 제정과 위원회 설치는 재난 발생 이후 복구 기간 동안 아동의 고유한 요구에 대한 인식을 가속화시켰다. [더 알아보기 6.1]에는 위원회의 규정에 대한 입법부의 답변이 제시되어 있다.

[더 알아보기 6.1] 복구 관련 중간보고서 내용

2006「포스트 카트리나 재난관리개혁법(PKEMRA)」에 의하면 주요 재난 발생 이후 장기적인 복구 자원을 조정하기 위해 국가재난복구전략(National Disaster Recovery Strategy) 개발이 필요하다. 하지만 이러한 전략의 개발은 너무도 더디게 진행되고 있다.

위원회에서는 아동에게 보건, 교육, 사회복지서비스를 제공하는 정부 및 민간단체의 이해관계자들과 함께 2009년까지 전략을 개발하도록 FEMA 측에 강력하게 요구하고 있다.

국가재난복구전략은 아동에게 다음과 같은 혜택을 제공한다.

- 유용하고 연속적인 가족 대상 재난관리서비스의 즉각적인 제공
- 의료시설의 지속적인 이용
- 병의원, 치과병원, 정신건강 클리닉 등 재난으로 손상 또는 파괴된 모든 의료시설에 기금 형태의 정부 재난 지원서비스 제공
- 위기, 사별, 정신건강 관련 적절한 서비스 이용
- 「매키니-벤토 홈리스교육지원증진법(McKinney-Vento Homeless Education Assistance Improvements Act)」에 따라 재난피해 아동이 교육 또는 관련 서비스에 접근할 수 있도록 지속적이고 즉각적인 교육 제공
- 주거 지원과 영구적 거주지를 제공하기 위해 학령기 자녀가 있는 가족, 특히 장애아동, 정신건강 및 교육 요구와 관련하여 특별한 조치가 필요한 아동이 있는 경우에 우선순위 부여
- 발달적 또는 연령에 적합한 놀이와 활동 제공. 특히 양질의 아동보육과 방과 후 서비스 제공

재난을 극복하는 데 있어서 무엇보다 중요한 것은 자립할 수 있는 가족과 모든 아동이 "새롭고 더 나은 정상 상태"가 되는 것이다. 특히 사회적·경제적으로 혜택받지 못한 아동은 더욱 그렇다. 국가재난복구전략 개발은 재난피해 아동에게 반드시 제공해야 할 서비스 원칙을 명시한다. 그것은 안전하고 안정된 주거 환경, 보건의료, 정신건강 및 구강건강, 지속적인 학업과 방과 후 보육, 아동보육, 재난사례관리 등이다. 이 원칙에는 국가재난 및 복구 관련 수요와 공급의 내용도 포함하여 지역사회 전체의 경제회복을 보장한다. 연방정부, 주정부, 지방정부의 재난계획에 복구를 위한 전략, 역할 그리고 책임이 반드시 명시되고 강조되어야 한다. 또한 아동을 위한 교육, 보호, 복지에 책임이 있는 조직의 역할과 기여도 포함해야 한다.

출처: National Commission on Children and Disasters. 2009. Interim report. October 14. http://www.childrenanddisasters.acf.hhs.gov/20091014_508IR_partII.pdf.

국가아동재난위원회의 2009년 중간보고서에 의하면, 재난복구계획과 노력에서 재난 발생 이후 복구 조치에 아동의 고유한 요구를 우선적으로 포함시켜야 한다. 장기적 복구 단계에서 아동을 위해 우선적으로 요구되는 조치는 다음과 같다.

- 주택, 학교, 영유아교육기관의 일시적 제공과 복원을 포함해 아동을 위한 지역사회 기반시설 복원
- 정신건강 지원서비스 제공

아동을 위한 지역사회 기반시설의 복원과 정신건강 지원서비스 제공은 재난피해 아동을 위해 채택된 창의적 프로그램에 포함되어 있다. [더 알아보기 6.2]에 제시된 뉴멕시코 주 아동청소년가족과(CYFD)의

복구계획은 주요 재난의 복구단계에서 주정부가 제공하는 아동 중심 활동의 대표적 사례다.

[더 알아보기 6.2] 주정부 차원의 재난대응계획에 포함된 복구 기능

위기상황이 종료되면 뉴멕시코 주 아동청소년가족과(CYFD) 공무원들은 지방정부 및 주정부의 재난관리 인력과 협력하여 복구 활동을 지원한다. 복구 활동은 다음과 같은 내용으로 구성된다.

- 정상업무로의 복귀
- 가족과 아동의 재회
- 부모와 양육자에게 CYFD 보호시설에 있는 아동의 위치와 상태에 대해 알림
- 생존자, 희생자, 피해자에게 심리사회적 지원 제공
- 위탁가정 보호자에게 주거, 식량, 의류, 의료서비스 등의 지원서비스 제공
- FEMA 또는 다른 기관에 상환하기 위해 재난상황에서 발생한 비용 기록
- 재난대응계획 변경을 위해 재난 상황에서의 부서 활동 보고

출처: New Mexico Children, Youth, and Families, Department of Protective Services. *All-hazard emergency response plan.*

임시주택, 학교, 영유아교육기관의 지원을 위한 지역사회 기반시설 제공 및 재건

전통적인 재난복구계획에서는 지역사회의 물리적 사회기반시설을 재건하는 데 우선순위를 두고 있다. 공중보건, 안전, 긴급 복구 차량의 접근에 필수적인 도로와 교량의 재건이 가장 우선적으로 시행된다. 정부 차원의 서비스, 경제적 측면의 복구를 지원하는 사회기반시설의 재건이 그다음 순위로 시행된다. 예컨대, 학교, 상담소, 영유아교육기관, 기타 지역사회서비스 제공기관의 재건과 같이 아동에게 중요한 사회기반시설은 우선순위에서 밀려났다.

1990년대 들어 "부모가 직장에 복귀하면 경제 회복이 진행된다"는 밀접한 관계를 지역사회가 인식함에 따라 우선순위가 낮았던 아동의 고유한 요구가 높은 우선순위로 부상했다. 예를 들어, 부모의 직장 출근을 위한 교통시스템이 신속히 복구되어야 했다. 부모는 학교가 휴교하여 자녀가 등교하지 못하면 직장으로 복귀할 수 없었다. 영유아 자녀를 둔 부모는 자녀를 돌볼 사람을 구하지 못할 경우 가정에 머무를 수밖에 없었다.

그러나 재난을 직접 경험하고 피해를 입은 다음에야 이러한 일들이 실제로 진행되기 때문에 그러한 활동은 국가 차원이나 주정부 차원의 지침에서 표준화되어 있지 않았다. 따라서 미국 전역의 지역사회에서 나타나는 임시방편적인 과정이었고, 더 많은 재난이 발생하여 표준화된 지침의 필요성이 강조될 때까지 임시방편적인 과정은 앞으로도 지속될 것이다. 9.11 테러 발생 이후 재난관리계획의 기준에 나타난 변화와 같이 재난관리자와 지방정부의 복구계획 담당자 교육에서 국가

[그림 6.2] 2009년 5월 12일, 플로리다 주 마리아나(Marianna, Florida). FEMA 휴먼 서비스그룹 관리자(FEMA Human Services Group Supervisor)인 주디스 토머스(Judith Thomas)가 FEMA가 제공하는 서비스에 대한 정보지를 잭슨 카운티 교육위원회(Jackson County School Board)에서 배부하고 있다. 이러한 FEMA 홍보 활동의 목적은 최근 발생한 폭풍우/홍수에 의한 피해자를 돕기 위해 학생을 통해 가족에게 정보를 제공하는 것이다(George Armstrong/FEMA).

차원의 노력이 명백히 필요하다(그림 6.2).

아동을 지원하는 사회기반시설의 중요도를 고려해볼 때, 경험이 부재한 상태에서 전체 지역사회가 이러한 시설에 대해 재난관리계획을 수립하는 일은 쉬운 일이 아니다. 따라서 다음과 같은 사회기반시설을 재난관리계획에 포함해야 한다.

- 학교
- 영유아교육기관 및 시설
- 사회복지서비스 단체
- 방과 후 프로그램 지원시설
- 소아 의료서비스

「스태포드법(Robert T. Stafford Act)」에서는 재난복구프로그램 지원의 법적 권한과 기금 지원을 명시하고 있다. 정부 차원이 아닌 민간 차원에서 비영리단체의 시설 지원이 포함되어 있고, 여기에 전기, 수도, 하수, 통신, 응급의료도 포함된다. 현재는 아동보육이 주요 서비스 개념에 포함되어 있지 않다. 이는 재난 발생 이후 대다수 영유아교육기관의 재건에 연방정부 차원에서의 기금이 지원되지 않음을 의미한다.

따라서 영유아교육기관의 재건을 위해서는 기관장이 중소기업청(SBA)이나 민간부문의 대출을 받아야 한다. 대출을 받기 위해서는 오랜 시간이 걸리는데, 영유아교육기관의 기관장은 그 기간 동안 기관을 운영할 재정 자원이 없다. 이로 인해 많은 영유아교육기관이 문을 닫게 되고, 이는 지역사회 영유아교육기관의 부족으로 이어진다. 허리케인 카트리나 발생 이후에 루이지애나 주에서만 인가받은 영유아교육기관 중 356개 기관이 보육서비스 제공을 중단했다. 이로 인해 정부 및 민간단체 관계자, 주요 사회기반시설, 교통수단, 아동의 부모를 포함하여 지역사회의 모든 분야로 그 효과가 파급될 수 있다.

영유아교육기관이 재난 발생 이후 지역사회의 경제 회복과 활성화에 결정적인 역할을 담당한다는 사실이 여러 연구에 의해 입증되었다. 장기적으로 볼 때 아동보육의 질, 초기 학습 및 교육은 미래 노동력 확충의 핵심이다. 따라서 재난 발생 이후 연방정부의 재정을 지역사회 영유아교육기관 재건에 사용하는 것은 국가경제에 도움이 된다. 국가아동재난위원회, 세이브더칠드런 등과 같은 단체는 법률 개정 시 주요 시설의 개념에 영유아교육기관을 추가하도록 「스태포드법」의 개정을 지속적으로 주장할 것이다([더 알아보기 6.3] 참조).

[더 알아보기 6.3] 재난 발생 시 아동보호: 재난 발생 시 학교 및 영유아교육기관은 얼마나 안전한가?

미국 내 유치원, 학교, 영유아교육기관에 다니는 아동은 약 6,700만 명이다. 대부분의 부모는 이러한 영유아교육기관에 아동을 위한 안전설비가 완벽하게 갖춰졌다고 생각한다. 그러나 수많은 부모의 이러한 신뢰감은 잘못된 생각일 수도 있다.

세이브더칠드런에서 수행한 최근 보고서에 의하면, 토네이도, 지진, 산업재해 등 교육기관에 영향을 주는 재난 발생 시 영유아교육기관이 아동의 요구에 적절히 대처할 수 있도록 감독하는 필수 절차들을 수행하지 않았다는 사실이 밝혀졌다. 이 보고서(2008년 4월 미시시피 주립대학교 유아교육연구소에서 수행한 영유아교육기관 인가 원칙 및 인증 기준)에 의하면, 주정부 기준 검토 결과 18개의 주에서 K-12학년 학교에 재난계획 수립을 위한 절차를 문서로 요구하지 않는다는 사실이 밝혀졌다.

과거와 달리 요즘은 많은 아이들이 가정 밖에서 보육서비스를 제공받고 있다. 미국의 5세 이하 아동 1,100만 명 이상이 부모가 직장에 있는 동안 다양한 종류의 영유아보육서비스를 이용한다. 한편 18세 이하 아동의 90%, 저소득층 아동의 88% 이상이 허리케인, 지진 또는 토네이도로 인한 고위험 지역에 거주하고 있다.

50개 주 및 워싱턴 D. C.에서 인가받은 영유아교육기관과 K-12학년의 재난대비 규정 및 요건을 평가한 결과, 많은 주정부의 요건이 재난 발생 시 아동을 보호하기에는 역부족인 것으로 드러났다.

- 영유아교육기관을 인가할 때 단지 9곳의 주정부에서만 재난 발생 시 영유아교육기관이 지정된 대피 장소와 대피 방법을 갖추도록 요구했다. 만약 영유아교육기관에서 대피 장소나 대피 방법을 정하지 않았을 경우, 건물에서 대피하고자 하는 교직원이나 아동이 어디로 가야 할지, 어떤 경로가 가장 안전한지 알 수 없다. 대피 계획과 훈련이 준비되지 않은 경우 재난 발생 시 혼란이 야기되고 충격 상태에 빠질

것이다. 토네이도, 화재 또는 화학물질 유출과 같이 예상치 못한 재난이 발생했을 때 공포와 혼란으로 인해 시간이 지체된다면 아동과 교직원의 안전에 매우 심각한 영향을 초래할 것이다.

- 영유아교육기관을 인가할 때 단지 15곳의 주정부에서만 긴급한 상황에서 헤어진 아동과 가족을 위한 재회 계획을 영유아교육기관이 수립하도록 요구했다. 아동은 영유아교육기관에서 상당히 오랜 시간을 보낸다. 부모는 자녀를 만나러 갈 때 어디로 가야 할지 정확히 알고 있다. 만약 긴급상황에서 부모 또는 양육자가 영유아교육기관에 접근하지 못할 경우, 재회 계획이 수립되어 있어야 부모가 자녀와 안전하게 다시 만날 수 있다고 안심하게 된다.
- 영유아교육기관을 인가할 때 단지 14곳의 주정부에서만 재난 발생 시 영유아교육기관이 장애아동을 위한 대비를 갖추도록 요구했다. 모든 아동은 긴급상황에 취약하며, 장애아동의 경우에는 더욱 취약하다. 아동이 휠체어를 이용하거나 시각 또는 청각장애가 있는 경우, 재난이 발생하더라도 피해를 입지 않고 보호받을 수 있는 장소로 이동하도록 대비해야 한다.
- 18곳의 주정부에서는 K-12학년 학교의 재난대비계획을 문서로 요구하지 않는다는 사실이 드러났다. 재난대비를 위한 문서화된 계획이 수립되어 있지 않으면, 교직원의 이직, 교직원 역할 및 책임 관련 소통의 실패 또는 오해 등의 변수로 인해 긴급대피가 지체될 수 있다. 아동의 안전을 위해 학교는 문서화된 재난계획을 수립하여 쉽게 이해할 수 있도록 자주 훈련하며 지속적으로 개선해나가야 한다.

출처: Save the Children. 2008. http://www.savethechildren.org/publications/reports/Disaster-Preps-Issue-Brief-Final-1.pdf.

카트리나 발생 이후 아동보육서비스에 대한 복구는 국가의 핵심 에너지산업 분야에서 멕시코 만 연안 지역 경제가 담당하는 역량을 방해하는 장애물이 되었다. 이러한 산업 분야에 종사하는 근로자들은 자녀를 위해 안전하고 안락하며 양질의 아동보육서비스를 제공해주기를 요청했다. 그러한 요청이 없었다면, 지방정부와 주정부의 과세표준을 제공하는 이러한 산업 분야는 더 이상 기능할 수 없었을 것이다. 일례로, 궁극적으로 필요한 아동보육서비스에 대한 정부 차원의 노력이 기대에 미치지 못하자, 아동보육서비스의 복구를 위해 대학과 산학협력을 진행한 산업 분야도 있다.

[사례연구] 미시시피 주의 영유아교육기관 재건축

2005년에 미시시피 주 소재의 쉐브론 패스커굴라 정유소(Pascagoula Refinery)는 정유소 직원과 지역주민이 허리케인 카트리나로 인한 피해를 복구하도록 지원했다. 복구 과정을 지켜보던 임원진은 지역주민과 쉐브론 직원들이 이용하던 영유아교육기관이 폭풍으로 대부분 파괴되어 향후 안전하고 안정된 영유아교육기관이 확충될 때까지 직원들이 복귀할 수 없다는 사실을 발견했다.

"허리케인이 발생한 이후 많은 일들이 서로 연관되어 있다는 것이 분명해 보였어요."라고 쉐브론 임원진의 한 명인 스티브 렌푸뢰(Steve Renfroe)가 말했다. "카트리나 같은 재난의 위력은 경제를 마비시킬 만큼 큽니다. 하지만 어떻게 경제를 되살릴 건가요? 정유소의 재가동을 위해 초기 에너지를 제공한 휴대용 발전기를 떠올려보세요. 영유아교육기관은 그 발전기 같은 역할을 합니다. 영유아교육기관은 부모가 직장으로 돌아갈 수 있도록 도와줍니다. 하지만 연방정부의 중대 사안에는 영유아교육기관이 제외되어 있어 연방정부 기금을 즉시 사용할 수 없었습니다."

쉐브론은 미시시피 주립대학교의 유아교육연구소(ECI)와 협력하여 미시시피 해안가에 소재한 세 곳의 카운티인 잭슨(Jackson), 해리슨(Harrison), 행콕(Hancock)에서 영유아교육기관의 시설 피해 수준을 파악했다. 2005년 10월 6일 발표에 의하면, 해안가에 소재한 인가받은 영유아교육기관의 면적 가운데 62~94% 정도가 피해를 입었거나 잠정적으로 피해 대상이었다(미시시피 주립대학교 유아교육연구소, 2006).

쉐브론은 50만 달러를 기부하고 잭슨 카운티의 40개 영유아교육기관을 정비하거나 재건하기 위한 인력을 제공했다. 해리슨 카운티에서 쉐브론은 세이브더칠드런과 협력하여 79만 5,000달러의 기부금을 마련하고, 도움과 희망 재단(Help and Hope Foundation), 미시시피 저소득층 영유아교육기관협회, 유니세프(UNICEF)의 미국 기금으로 42개의 영유아교육기관을 정비하거나 재건했다. 2006년 11월 쉐브론은 세이브더칠드런에 200만 달러의 기부금을 제공하여 세인트루이스 베이(Bay St. Louis)와 웨이브랜드 베이(Bay Waveland)에 영유아교육기관 두 곳을 신축했다. 게다가 영유아교육기관 소유주들은 보험비용으로 160만 달러 이상을 투자했고, 많은 비용과 노력을 들여 영유아교육기관을 정비하고 재건했다.

허리케인 카트리나가 강타한 직후 ECI는 미시시피 아동구호단체(Embrace Mississippi's Children) 설립에 참여하여 전국에서 구호물품과 현금 12만 8,000달러를 모금하고, 영유아교육기관에 도서, 장난감, 가구 등을 공급했다. ECI는 켈로그 재단(W. K. Kellogg Foundation), 북서부 미시시피 지역사회 재단(Community Foundation of Northwest Mississippi)과 개인으로부터 총 155만 달러의 기금 또는 약정을 받았다(미시시피 주립대학교 유아교육연구소, 2006). 동시에, ECI는 영유아교육기관 교직원의 역량 강화를 위해 교육 및 기술적 지원을 제공했다.

요약컨대, ECI의 추정에 의하면 잭슨 카운티에서는 3,412개의 아동보육면적(childcare slot: 영유아교육기관 또는 가정에서 한 명의 아동에게 제공되는 공간)에 교육 및 활동자료를 제공하고, 2,805개의 아동보육면적에 비품과 재건을 지원했다. 해리슨 카운티에서는 2,678개의 아동보육면적에 활동자료를 지급했고, 1,036개의 아동보육면적에 비품을, 2,235개의 아동보육면적에 재건을 지원했다.

"우리는 사회기반시설의 중요성을 인식했기 때문에 개선하기 시작했습니다. 다른 이들도 돕기 시작했고 마지막에는 대학교, 자선사업가, 주정부, 민간단체가 함께 협력했습니다."라고 렌푸뢰가 말했다.

출처: Save the Children. 2007. *Child care: An essential service of disaster recovery.* Issue brief. June. http://www.savethechildren.org/publications/issue-briefs/issuebrief3_07.pdf.

주택이 파괴된 경우, 가족에게 필요한 안전한 대피소를 찾는 것만큼이나 자녀에게 적합한 보육서비스를 찾는 일은 부모에게 중요한 일이다. 다시 주택을 마련하기까지의 기간 동안 임시주택을 마련하는 일은 가족의 현 상황을 안정화시키는 데 중요하며, 아동의 신체적 안전과 심리적 안정에도 도움이 된다. 현행 연방정부의 정책은 결과론적인 접근이 지원 대상아동의 발달과 삶에 어떠한 영향을 미치는지 전혀 고려하지 않은 채 만들어졌다. 여행용 트레일러, 임대용 거처, 집단캠프 같은 임시숙소는 일반 성인들에게는 적절할 수 있으나, 아동이 거주할 경우 이러한 임시숙소가 아동에게 심각한 영향을 가져오는 요인들을 고려해야 한다. 예를 들어, 대부분의 임시숙소는 건강한 성인에게 적합한 요건을 갖추고 있다. 이 숙소들은 수면, 식사, 수도와 전기 공급

등이 가능하지만, 아동의 경우에는 성인에게 기본적으로 필요한 이러한 사항들 외에 발달적으로 필요한 사항들이 더 있다. 아동은 사회성 발달을 위한 놀이 활동이 필요하고, 폭력의 희생양이 되지 않도록 보호받아야 한다. 아동은 임시숙소에 거주할 경우 화학물질이나 다른 환경요인의 영향을 받기 쉬운 존재다. 아동에게 필요한 조치가 연방정부 정책에 반영되지 않는다면, 관련 프로그램은 아동에게 충분한 도움을 제공하지 못할 것이다. 허리케인 카트리나는 아동의 요구사항을 고려하지 못한 복구정책의 결과가 미치는 영향을 가시적으로 보여주었다. 거주지 이전으로 인해 가족, 친구와 헤어진 아동은 헤어짐에 대처할 수 있는 성인에 비해 심리적 · 발달적 중요성이 더 크다. 아동은 발진, 피부감염, 기타 건강문제를 일으키는 화학물질에 노출된다. 아동은 트레일러 공원이나 집단캠프 등에서 임시로 거주할 경우 학대나 폭력의 피해자가 될 수 있다. 그리고 아동은 관리감독이 부재한 상황에 노출되고, 적절한 교육을 받을 수 없어 학업성취도 떨어지게 된다.

[사례연구] 임시숙소에서의 고난

아동의 보호자에게 가족에게 가장 필요한 것이 무엇인지 질문한다면 이렇게 대답할 것이다. 숙소, 숙소, 숙소. 뉴올리언스의 70% 이상이 침수되었다. 이제는 고통스럽고 힘들게 청소하고 망가져버린 물품을 버리는 일이 끝났을 것이다. 하지만 여전히 다수의 주거지역이 텅 비어 있고, 도로에 임시 트레일러만 남아 있다. 카트리나 발생 이전 뉴올리언스의 인구는 48만 4,000명이었으나, 현재는 20만 명만 거주하고 있다. 하지만 동일한 위치에 거주하고 있는 것은 아니다. 아동보호기금 자유학교(Children's Defense Fund's

Freedom Schools®) 프로그램에 참여한 41명의 뉴올리언스 아동을 대상으로 비공식적인 설문조사를 실시한 결과, 16명만 원래 거주하던 집에 살고 있었다. 많은 아동과 가족이 뉴올리언스로 돌아가기를 간절히 원하지만 그럴 수 없었다. 2007년 1월 중순, 루이지애나주의 10만 1,657명의 신청자 중 258명의 주택소유주만이 연방정부의 지원을 받아 주택을 수리하거나 재건축할 수 있었다. 카트리나 이전에 주택을 임대하여 살던 사람들은 이 기금을 신청할 수 없었고, 대부분의 세입자들은 월세 때문에 다시 돌아올 수 없게 되었다. 왜냐하면 거주 가능한 주택의 희소성으로 인해 투 베드룸의 월세가 676달러에서 978달러로, 쓰리 베드룸의 월세가 868달러에서 1,256달러로 상승했기 때문이다.

일부 가족은 좀 슬프긴 해도 다른 도시의 편안한 주거지에 다시 정착했지만, 다른 많은 가족은 임시숙소에서 힘들게 생활하고 있었다. 일부 사회복지사들은 이를 '장기적 임시숙소'라고도 말한다. 작년 4월 보고된 '카트리나 아동' CDF에 의하면 주택이 파괴된 9명의 아동 가운데 2006년 11월 단 한 명만이 뉴올리언스로 돌아왔다. 다른 두 가정은 루이지애나 주 휴스턴(Houston)과 심스포트(Simmesport)에 직장, 집, 학교를 구하여 정착했다. 다섯 가정은 여전히 트레일러, 이동식 숙소, 친척 집에 거주하며 집으로 돌아가기만을 계속 기다리거나 좀 더 영구적으로 거주할 수 있는 거처를 구해 자신들의 삶이 안정되길 바라고 있었다. 마지막 가정이 어디에 거주하고 있는지는 파악할 수 없었다.

놀랍게도 아직도 많은 피난민이 FEMA에서 제공한 이동식 트레일러에 살고 있었다. 이 트레일러는 8×80피트 크기의 컨테이너로 강풍에 견디기 힘들고, 장기간 거주하거나 대가족이 거주하기에는 부적절하다. 2006년 7월 루이지애나, 미시시피, 앨라배마 주에는 최대 10만 7,623개의 트레일러가 있었고, 2007년 1월 9만 2,409개가 여전히 남아 있었다.

FEMA는 트레일러에 거주하고 있는 아동의 수를 파악하고 있지는 않다. 하지만 트레일러를 방문해보면, 많은 경우 한 트레일러에 적어도 한 명 이상의 아동이 거주하고 있다는 것을 알 수 있다. 최근까지 배턴루지(Baton Rouge) 근처 FEMA 트레일러 파크에 거주했던 발레리(Valerie)라는 여성은 성인 3명과 아동 4명, 총 7명이 함께 트레일러에서 살았다고 말했다.

그녀는 "우리는 교대로 잤어요."라고 말했다. 폭풍이 지나간 후 어머니와 헤어진 발레리의 일곱 살짜리 손주 하킴(Hakeem)은 계속 "저는 위탁가정에 가야 하나 봐요."라고 말했다.

[그림 6.3] 2005년 12월 15일, 미시시피 주 컬럼비아(Columbia, Mississippi). 토니 '채피' 호지(Tony 'Chappy' Hodge)가 FEMA 임시주택의 계단에 서 있다. 호지는 미시시피 주 방위군의 일원으로 허리케인 카트리나가 상륙하기 전에 멕시코 만 연안 지역에 배치되었고 허리케인 피해자를 지원했다. 허리케인 카트리나에 의해 유발된 토네이도 때문에 아내와 아이들도 동시에 집을 잃었다(Patsy Lynch/FEMA).

뉴올리언스에서 무너진 자신의 집 앞에 주차된 FEMA 트레일러에 사는 가족들은 곰팡이, 먼지, 심지어 강풍 이후에 방치된 집에 살고 있는 쥐들이 아동에게 어떤 영향을 미칠지 걱정하고 있다. 또한 부모들은 아이들이 버려진 동네에 살고 있다는 점에 대해 걱정한다(그림 6.3).

뉴올리언스로 돌아온 쉐릴(Cheryl)과 그녀의 열네 살짜리 딸 몬트릴(Montrelle), 네 살짜리 딸 말리야(Maliyah)는 전주인이 수리하여 적당한 가격에 임대한 집에 살고 있다. 그들의 집은 전체 블록에서 사람이 살고 있는 단지 세 집 중 한 집에 해당하고, 몬트릴이 가톨릭 고등학교에 가기 위해 이용해야 하는 공공버스는 배차 간격이 불규칙하다. 2007년 1월 뉴올리언스에는 카트리나 이전에 다니던 버스의 17%만이 운행했다. "저는 밖에 누가 있는지 신경이 쓰여요. 정부 소속이 아닌 작업자들이나 집이 없어 떠돌아다니는 사람들이 있거든요."라고 쉐릴이 말했다.

쉐릴의 딸 몬트릴은 작년에 휴스턴에서 다녔던 큰 규모의 공립 고등학교보다 여자 고등학교인 세인트 마리에 다시 다닐 수 있게 되어 기뻐한다. 하지만 "일단 집에 오면 밖에 안 나가요."라고 말했다.

출처: Children's Defense Fund. 2007. *Katrina's children: Still waiting*. http://www.childrensdefense.org/child-research-data-publications/data/katrinas-children-still-waiting-hurricane-2007.pdf.

다음 사례연구는 아동의 특수한 요구사항이 충족되지 않는 임시숙소에서의 생활이 아동과 주양육자에게 미치는 심각한 영향을 보여준다(그림 6.4).

[그림 6.4] 2007년 10월 24일, 캘리포니아 주 샌디에이고(San Diego, California). 바시 유수프(Bashi Yusuf)의 아이들은 아버지와 함께 퀄컴 스타디움(Qualcomm Stadium)에서 영화를 보고 있는데, 여기에는 산불로 인해 집에서 대피한 수천 명의 다른 사람들이 거주하고 있다(Michael Raphael/FEMA).

[사례연구] 여성미디어센터의 카트리나 캠페인: 재난피해 여성에 관한 연구

허리케인 카트리나로 집을 잃은 여성들 중 일부는 대피소를 찾는 일과 자신의 안전을 지키는 일 중 하나를 선택해야 했다.

뉴올리언스에서 폭풍으로 파괴된 아파트 또는 주택 약 14만 2,000채 가운데 5분의 4 정도가 저소득층 가정이 거주하는 곳이었다. 집을 잃고 다시 짓지 못한 사람들은 친척이나 친구의 집으로 대피했다. 여성정책연구회(Institute for Women's Policy Research: IWPR)의 보고에 의하면, 그들에게 집이 생기긴 했지만 여성과 아동의 경우 성폭력 또는 가정폭력에 노출되었다.

IWPR의 관계자인 에이비스 존스-디위버(Avis A. Jones-DeWeever)

는 "카트리나로 인한 인구과밀현상이 구성원 간 폭력으로 이어지고 있다."고 말했다.

카트리나, 약 2년 전 발생한 영국 영토만 한 지역을 휩쓸었던 재난은 인종과 계층 문제를 불러일으켰다. IWPR은 7월 22일 의회 보고서 요약문에서 여성에 대한 차별문제를 발견했다. 인구과밀현상과 함께 가정폭력 위험이 증가하여 여성은 건강, 아동보육, 직업 등 여러 가지 문제에 직면하게 되었다.

카트리나로 곤경에 처한 여성들은 쓰나미 같은 국제적인 대참사가 발생한 이후 피해자들이 겪게 되는 것과 유사한 문제에 직면했다. 여성은 직장인이면서 아동, 노인, 장애인을 돌보는 사람이라는 이중 역할 때문에 이동성에 제약을 받는다. 그리고 폭풍 이전부터 있었던 경제적 문제가 그들을 더 고통스럽게 만들었다.

"재난이 발생하면 남성에 비해 여성과 아동이 사망할 확률은 14배 높습니다." 카트리나 이후 IWPR의 여성 관련 연구를 후원한 여성실업가협회 상임이사인 레이 윈츠(Leigh Wintz)가 말했다. "예를 들어, 국제자선단체인 옥스팜(Oxfam)에 의하면 아시아 지역에서 쓰나미가 발생한 이후 사상자의 70% 이상이 여성이었다."

존스-디위버의 연구에 의하면, 카트리나 이후 멕시코 만 연안 지역에서 여성의 일자리는 감소했다. 모순되게도 일자리에 대한 경쟁률이 증가하여 월급은 올랐다. 그러나 대피소, 음식, 보건 관련 비용도 치솟았다. 이전에 601달러로 임대했던 투 베드룸은 현재 978달러다. 건축업계에서 고소득 직업을 얻기 위해 경쟁하는 여성들은 일자리 차별에 직면해 있다고 여성권익위원회(Wider Opportunities for Women)의 조안 큐리안스키(Joan Kuriansky)가 말했다. 조안이 발견한 것은 멕시코 만 연안 지역을 재건하기 위해서는 "건장하고 힘이 센 남성"이 필요하다는 것이다.

영유아교육기관의 부족은 여성들이 겪는 또 하나의 만만찮은난관이다. 멕시코 만 연안 지역 영유아교육기관 중 3,000곳 이상이 피해를 입거나 파괴되어 이제 운영할 수 없다. 루이지애나 주에는 10곳, 미시시피 주에는 한 곳만이 연방정부의 지원을 받아 운영을 재개했다. 카트리나의 타격을 크게 받은 미시시피 주 델타지역의 베니 톰슨(Bennie Thompson) 의원은 대피소, 음식, 의료 관련 기금과 함께 연방정부의 재난구호기금에 '주요 서비스'로 긴급 아동보육 서비스를 채택하는 법안을 추진하고 있다.

연방정부의 지원 없이도 기업, 비영리단체, 재단과 미시시피 주립대학교 간의 협력으로 다시 문을 연 영유아교육기관이 있다. 미시시피 저소득가정 아동보호기관(Mississippi Low Income Child Care Initiative)과 여러 재단에서 미시시피 주 해리슨 카운티와 행콕 카운티에 새 영유아교육기관을 재건하기 위해 60만 달러 이상을 모금했다. 패스커굴라(Pascagoula) 지역에 정유소를 운영하고 있는 쉐브론(Chevron)은 대학과 협력하여 아동보육 사회기반시설의 파괴 정도를 파악하고, 기금과 인력을 제공하여 40곳의 영유아교육기관을 재건하고, 다른 영유아교육기관도 재건하기 위해 세이브더칠드런과 협력하고 있다.

출처: Ms. Foundation for Women. http://www.ms.foundation.org/wms-page.cfm?parm1=475.

재난 발생으로 인한 임시숙소를 지원하는 현행 연방정부 차원의 프로그램들이 아동에게 필요한 조치를 지원하는 데 부적절함에도 불구하고 주정부와 지방정부 차원에서 이를 변형하여 제공하는 것은 가능하다. 주정부와 지방정부 차원에서 적절한 계획을 수립하고 개입함

으로써 임시숙소를 제공하고 관리하는 책임이 있는 재난관리 담당공무원이 아동에게 특별히 필요한 조치를 융통성 있게 제공할 수 있다. 허리케인 카트리나 발생 이후 미시시피 주 패스 크리스천(Pass Christian) 시의 사례는 아동에게 필요한 조치를 융통성 있게 적용한 예다(그림 6.5).

[그림 6.5] 2006년 10월 27일, 루이지애나 주 베이커(Baker, Louisiana). 영화배우이자 코미디언인 로지 오도넬(Rosie O'Donnell)은 FEMA의 르네상스 빌리지(Renaissance Village) 트레일러 공원에 있는 아이들을 위한 광장(Children's Plaza)의 개장식에 모습을 드러냈다. 오도넬의 자선재단은 허리케인 카트리나의 피해자인 공원 거주자들을 위한 센터 설립에 주도적인 역할을 담당했다. 이 광장에는 조기 헤드스타트(Early Head Start) 프로그램, 초등 방과 후 프로그램, 성인교육, 사회복지서비스를 위한 시설이 있다(Keith Riggs/FEMA).

[사례연구] 주택 복구 지원을 위해 세워진 긴급 영유아교육기관

허리케인 카트리나가 미시시피 주의 패스 크리스천을 강타했을 때 사실상 대부분의 주택, 건물, 공장이 손상되거나 파괴되었다. 5개월이 지난 후에도 여전히 패스 크리스천 지역의 주민 7,000명은 남은 재산인 임시 이동식 트레일러에 살고 있었다. 그 외 200명의 주민은 '마을(The Village)'이라고 불리는 FEMA 텐트 캠프에 거주하고 있었다.

지역사회의 복구를 시작하기 위해서는 우선 사람들이 직장에 복귀할 수 있어야 한다. 이 말은 양질의 영유아교육기관이 필수적이라는 의미다. 안타깝게도 영유아교육기관은 모두 파괴되었다.

부모가 직장에 복귀하도록 돕기 위해 FEMA 캠프 내에 텐트를 쳐서 영유아교육기관을 만들었는데, 이는 미국에서 긴급 조치로 설립된 최초의 영유아교육기관이라고 볼 수 있다. 이 영유아교육기관은 세이브더칠드런과 패스 크리스천 시, 미시시피 보건국의 영유아교육기관 인가 부서, 패스 크리스천 아동발달센터의 진저 홈스(Ginger Holmes) 간의 협력에 의한 결과물이다. 이와 함께 브라이트 호라이즌스 재단(Bright Horizons Foundation)과 브리징 더 걸프(Bridging the Gulf)에서 교육활동 자료, 실외놀이시설, 아동 구호물품을 제공했다. 캠프 중앙에 4개의 텐트로 이뤄진 영유아교육기관에서는 40명 이상의 영유아를 보육할 수 있었다.

패스 크리스천의 긴급 영유아교육기관 사례는 미국 전역에서 발생하는 다른 재난 상황에서도 재현할 수 있는 모델이자 혁신적인 해결방법으로 꼽을 수 있다.

출처: Save the Children. Emergency Childcare in Mississippi Gets Parents Back to Work. http://www.savethechildren.org/emergencies/us/usgulf-coast-hurricanes/emergency-child-care-in-mississippi-getsparents-back-to-work.html.

[사례연구] 플라커민즈 재건 프로젝트

플라커민즈 재건 프로젝트(Project Rebuild Plaquemines)는 허리케인 카트리나가 발생한 직후인 2005년 9월 지역사회 복구를 지원하기 위한 목적으로 세워진 비영리단체다. 운영진은 플라커민즈 교구의 주요 후원자들과 주민으로 구성되어 있다.

이 단체는 먼저 '웰컴 홈(Welcome Home)' 축제를 무료로 개최하여 모든 교구 주민이 집에 돌아온 것을 환영했다. 또한 유나이티드 웨이(United Way), 핸즈 오브 호프(Hands of Hope), 그리고 많은 지방정부, 주정부, 연방정부 단체들과 협력하여 대형 FEMA 집단캠프 내에 보건 축제를 후원했다.

플라커민즈 재건 프로젝트에서는 복구 우선순위를 선정했는데, 아동이 최우선순위였다. 이들은 카붐(KaBOOM!), 세이브더칠드런, 플라커민즈 교구청과 협력하여 다이아몬드(Diamond) 지역에 첫 번째 놀이터를 만들었다. 많은 봉사자들과 적십자사, 아메리코(AmeriCorps), 벨샤세 해군항공기지(Belle Chasse Naval Air Station), 코노코필립스(ConocoPhillips), 남부 플라커민즈 고등학교 학생, 2007 플라커민즈 교구 오렌지 퀸 애슐리 존슨(Ashley Johnson), 레온 듀플레시스(Leon Duplessis) 등의 도움이 있었다.

사실 그들의 가장 큰 업적은 놀이와 활동, 즉 아동의 장기적인 회복에 대한 관심을 이끌어냈다는 점이다. 플라커민즈 재건 프로젝트에서는 교구청과 협력하여 공원 다섯 곳을 새로 만들거나 개선하여 휴양에 대한 접근성을 높였다. 모든 공원은 가족 친화적으로 설계되었기 때문에 아동뿐만 아니라 보호자들도 장기적인 복구 과정으로 인한 스트레스로부터 잠시 휴식을 취할 수 있었다.

출처: Project Rebuild Plaquemines. http://www.projectrebuildplaquemines.org/.

정신건강서비스 제공

아동과 양육자는 전형적으로 일반 성인이 필요로 하는 지원보다 더 실질적인 심리사회적 지원을 필요로 한다. 아동과 양육자는 훨씬 복잡한 문제에 직면하게 된다. 양육자는 자신의 생존을 위해서도 어려움을 겪게 되고, 자신에게 필요한 조치 외에 자신에게 의지하고 있는 아동에게 필요한 조치도 함께 고려해야 하므로 혼란을 겪는다. 아동의 경우, 외상에 대한 노출, 일상과 안전의 붕괴로 인해 고통을 겪게 되고, 이러한 문제들로 인한 내적 자원의 결핍을 경험하게 된다. 그 결과, 아동과

[그림 6.6] 2006년 5월 8일, 루이지애나 주 뉴올리언스(New Orleans, Louisiana). 아동보호기금(Children's Defense Fund)이 후원하는 부모를 위한 라운드테이블 프로그램인 카트리나 아동보호(Katrina Child Watch) 프로그램이 아이들의 건강과 교육 문제를 해결하기 위해 뉴올리언스의 세인트 로흐(St. Roch) FEMA 트레일러 공원에서 개최되었다. 아동보호기금 대표단은 허리케인 카트리나로 인해 외상을 입은 아이들의 정신건강, 건강 및 교육 문제를 해결하기 위해 이 지역과 세인트 로흐 FEMA 트레일러 공원을 방문하는 유명 인사들로 구성되어 있다(Marvin Nauman/FEMA).

양육자는 더 많은 지원이 필요할 뿐만 아니라, 재난 발생 이후 해결해야 할 정서적 · 심리적 · 사회적 요구를 위해 전문적인 지원이 추가로 필요하다. 아동과 양육자 모두 전체 복구 과정에서, 그리고 지역사회의 다른 부문에서 복구가 끝나고 나서도 오랜 기간 동안 양질의 정신건강서비스가 제공되어야 한다(그림 6.6).

심리사회적 서비스는 전문적인 서비스여야 하는데, 특히 재난으로 인한 외상후스트레스를 해결할 수 있는 전문가가 필요하다. 지역사회 외부의 단체와 기관에서 도움을 제공해준다면, 지역사회가 이들의 자원을 활용할 수 있다. 학교 심리상담사, 교사, 소아과 의사, 영유아 교사, 부모, 기타 성인은 개인의 경험 및 배경과 일치하는 훈련을 제공하여 아동과 양육자의 요구를 충족시킬 준비가 되어있다. 지역사회가 재난피해 아동의 심리사회적 요구에 반응하거나 이를 위해 준비할 수 있는 여러 가지 방법은 다음과 같다.

- 아동보육에 초점을 맞추고 있는 지역사회 프로그램 및 서비스의 경우 해당 서비스 제공에 필요한 기술을 갖추고 있는 현행 심리사회적 프로그램 및 훈련 담당자를 파악해둘 필요가 있다.
- 지방정부의 정신건강 프로그램의 경우 아동의 요구를 충족시키기 위해 놀이치료에 활용되는 도구 목록을 미리 작성해둠으로써 몇몇 중요한 일시적 스트레스 대처법을 알아둘 필요가 있다.
- 학교의 경우 모든 상담사 및 교사가 모든 아동의 요구를 해결할 수 있어야 하고, 재난 발생 이전에 외부 자원을 확인하고 이와 연계하여 내적 역량을 강화시킬 필요가 있다.
- 사회복지서비스 담당자의 경우 재난으로 인한 스트레스를 가족 스스로 적절하게 대처하지 못해 발생하는 갑작스러운 업무

증가에 대처할 수 있도록 계획을 수립해야 한다.

- 민간 및 종교단체의 경우 아동뿐만 아니라 부모도 해당 단체에 대해 깊은 신뢰감을 형성하고 있고, 이들 부모가 자녀가 낯선 이에 의해 보호받는 것을 원치 않는다는 점을 인식함으로써 나이 어린 아동의 심리사회적 요구를 충족시키는 역량을 구축해야 한다.

세이브더칠드런의 경우, 2005년 허리케인 카트리나 발생 이후 심리적 충격을 받은 멕시코 만 연안 지역 거주 아동을 돕기 위해 '희망여행(Journey of Hope)'이라는 심리사회적 프로그램을 개발했다. 이 프로그램은 세이브더칠드런에서 훈련받은 학교관계자에 의해 실행되었다. 학교관계자, 상담사, 교사가 허리케인의 충격에 제대로 대처하지 못했다는 것은 명백한 사실이다. 이러한 예상치 못한 요구를 충족시키기 위해 세이브더칠드런에서는 '희망여행'이라는 특별 프로그램을 개발했는데, 이는 양육자들의 요구를 충족시키는 데 초점을 둔 프로그램이다([더 알아보기 6.6] 및 [그림 6.7] 참조).

[더 알아보기 6.4] 가족이 아동의 두려움 및 불안 극복을 돕는 방법

절망적인 사건이 가족에게 직접적으로 발생하거나, 신문이나 TV를 통해 간접적으로 경험하게 될 때, 폭력, 죽음, 재난으로 인한 불안을 아동이 극복하도록 도와야 한다.

아동이 걱정하는 것에 대해 들어주고 이야기를 나눔으로써 아동이 안전감을 느끼도록 도와줄 수 있다. 주변에서 일어난 일들이 아동에게 어떠한 영향을 주었는지 이야기하도록 격려한다. 심지어 나이 어린 아동도 재난에 대해 자세한 질문을 하곤 한다. 아동은 스트레스에 대해 자신의 발달

수준에 맞는 반응을 보인다.

모든 아동의 정신건강 보호를 위한 캠페인(Caring for Every Child's Mental Health Campaign)에서는 부모와 양육자에게 다음의 내용을 알려준다.

- **아동이 질문하도록 격려한다.**
  아동이 하는 말에 귀를 기울인다. 아동의 구체적인 두려움에 대해 위로하고 안심시킨다. 아동의 모든 질문에 대답할 수 없음을 인정한다.
- **아동의 수준에 맞추어 대화한다.**
  아동이 이해할 수 있는 방식으로 의사소통한다. 지나치게 전문적이거나 복잡하게 말하지 않는다.
- **아동이 무엇을 무섭게 여기는지 확인한다.**
  아동이 느끼고 있는 두려움에 대해 말하도록 격려한다. 아동은 학교에서 누군가 자신에게 해를 입히거나 자신을 해칠지도 모른다고 걱정할 수 있다.
- **긍정적인 측면에 초점을 둔다.**
  대부분의 사람들이 친절하고 상냥하다는 점을 강조한다. 재난으로 피해를 입은 사람들을 돕기 위해 일반인도 영웅처럼 행동한다는 사실을 상기시킨다.
- **주의를 기울인다.**
  아동의 놀이나 그림을 통해 궁금해하거나 걱정하는 것이 무엇인지 알아차릴 수 있다. 게임 또는 그림이 무엇을 의미하는지 물어본다. 잘못된 생각을 명확히 알려주고, 질문에 답해주고, 안심시켜줄 수 있는 기회다.
- **계획을 세운다.**
  미래를 위해 가족재난계획을 세운다. 예를 들어, 가족이나 이웃에게 예기치 못한 상황이 발생하면 가족들이 어디에서 만나야 할지 등을 미리 계획한다. 이로써 아동과 가족은 안심하게 된다.

아동의 스트레스나 외상에 대한 반응이 걱정된다면 의사나 지역정신건강센터에 연락한다.

모든 아동의 정신건강 보호를 위한 캠페인(Caring for Every Child's Mental Health Campaign)은 연방정부 정신건강서비스센터(Federal Center for Mental Health Services) 내 아동가족정신건강통합서비스(Comprehensive Community Mental Health Services Program for Children and Their Families)의 일부분이다. 아동의 정신건강에 대해 더 알고 싶은 부모와 양육자들은 1-800-789-2647로 전화하거나 mentalhealth.samhsa.gov/child/ 사이트를 방문하면 된다. 연방정부 정신건강서비스센터는 미국 보건복지부(U. S. Department of Health and Human Services) 약물남용정신건강서비스국(Substance Abuse and Mental Health Services Administration)의 산하기관이다.

출처: U. S. Department of Health and Human Services, Substance Abuse and Mental Health Services Association (SAMHSA), National Mental Health Information Center. *How Families Can Help Children Cope with Fear and Anxiety.* http://mentalhealth.samhsa.gov/publications/allpubs/Ca-0022/.

[그림 6.7] 2005년 9월 3일, 텍사스 주 휴스턴(Houston, Texas). 상담사와 자원봉사자는 스트레스를 받고 슬픔에 잠긴 피난민이 아스트로돔에서 허리케인 카트리나로 인한 외상을 치료하도록 돕고 있다. 많은 자원봉사자들은 낮에 어머니들이 휴식을 취하도록 돕기 위해 보육서비스를 제공했다(Andrea Booher/FEMA).

[더 알아보기 6.5] 세이브더칠드런: 허리케인 카트리나 복구 보고서 2007

학교와 지역사회 기반 중재(Classroom and Community Based Intervention)

학교 및 지역사회 기반의 정서적 지원 프로그램을 통해 아동의 안전을 확보하고 신뢰감을 형성하는 것이 우리의 주요 관심사다. 우리는 아동이 미술, 연극, 음악, 동작 활동으로 구성된 일련의 구조화된 회기에 참여하여 재난에 대한 아동의 생각과 감정을 정리하도록 돕기 위해 교사, 상담사, 양육자를 훈련시킨다. 이 프로그램은 참여자의 소속감을 증진시키고, 자아존중감을 향상시키며, 내재된 대처 전략을 찾아내도록 돕는 데 초점을 둔다. 2005년 가을에 시작하여 2006년 12월까지 진행된 프로그램에서 성인 1,100명이 훈련받았고, 1만 1,600명 이상의 아동이 참여했다.

희망여행(Journey of Hope)

세이브더칠드런은 참담한 사건을 겪은 교사와 양육자의 요구로 보호자를 위한 워크숍인 '희망여행'을 개최했다. 2006년 12월까지 성인 700명이 스트레스를 극복할 수 있도록 지원했고, 이들이 돌보는 아동의 요구와 반응을 이해하도록 도움을 제공했다. 또한 희망여행을 통해 80명의 청소년에게 성공적으로 도움을 제공할 수 있었다.

보호 활동(Protection Activities)

집을 잃은 가족을 위해 제공된 임시 거주지는 아동에게 위험하고 비위생적인 환경이 될 수 있다. 세이브더칠드런에서는 수십 년 동안 수행해온 국제적 구호작업과 멕시코 만 연안 지역 임시 거주지에 대한 평가를 통해 이러한 문제를 제기했다. 열악한 시설은 언제나 사회적 상황을 악화시키기 때문에 이미 취약한 아동을 더 큰 위험에 처하게 한다.

안전하고 편안한 지역사회 프로젝트(Safe and Protective Communities Project)

2006년 여름, 세이브더칠드런과 미국 국토안보부(U. S. Department of

Homeland Security) 산하 연방재난관리청(FEMA)은 멕시코 만 연안 지역의 집단캠프에 일시적으로 거주하는 아동과 가족을 위한 서비스를 개선하기 위해 새로운 프로그램을 발표했다. '안전하고 편안한 지역사회 프로젝트'는 아동을 보호하는 환경을 조성하기 위해 주민이 지역사회에 대한 소속감을 형성하도록 돕는다. 세이브더칠드런에서는 공간을 확보하고, 주민과 함께 지역의 문제를 발견하고, 주민의 활동을 지원한다. 프로젝트의 일환으로 지역의 공공기관 및 공무원을 집단캠프에 거주하는 지역주민과 연계하도록 돕는다. 2007년 1월, 루이지애나 주 플라커민즈 시에 위치한 다이아몬드(Diamond) 지역 집단캠프의 트레일러 400개, 데이반트(Davant) 지역 집단캠프의 트레일러 100개를 연계하여 운영하고 있다. 2007년 말까지 10개 지역으로 확대했다.

영유아교육기관 복구(Child Care Recovery)

세이브더칠드런은 7개의 미시시피 카운티 내 39개 영유아교육기관을 수리 및 재건하는 영유아교육기관 복구연합 업무에서 주도적인 역할을 맡고 있다. 이 일은 매우 중요하다. 부모들이 직장에 복귀하고 지역경제 회복에 기여하도록 돕기 위해서는 양질의 보육서비스가 필요하다. 이 프로젝트는 2006년 12월까지 2,300개의 아동보육면적(child care slots)을 창출했고, 2007년 복구연합은 미시시피 주 해리슨 카운티(Harrison County)의 초등학교 인근 지역에 새로운 영유아교육기관 두 곳을 지었다. 세이브더칠드런은 더 많은 아동에게 보육서비스를 확대하여 제공할 수 있도록 루이지애나 주와 미시시피 주의 영유아교육기관에 기술적, 물질적 그리고 재정적 지원을 제공했다. 최근에는 아동용 가구회사와 협력하여 뉴올리언스 소재 영유아교육기관 세 곳에 가구를 지원했다.

놀이터

이 프로그램의 중요한 측면 중 하나는 아동이 놀면서 회복할 수 있는 공간을 지역사회에 제공하는 것이다. 세이브더칠드런은 지역사회의 사업가,

후원자와 함께 미시시피 주에 주정부 차원의 예술적 놀이터 세 곳을 만들었다. 모든 사람이 이용할 수 있는 놀이터를 만듦으로써 모든 아동이 함께 놀 수 있는 공간을 창조하고, 이것이 지역사회의 희망을 상징하는 요소가 되길 간절히 바란다. 루이지애나 주 다이아몬드 FEMA 임시 거주 캠프에 네 번째 놀이터를 만들 계획이다.

출처: Save the Children. Hurricane recovery fact sheet. http://www.savethechildren.org/emergencies/us/us-gulf-coast-hurricanes/.

[더 알아보기 6.6] 희망여행: 양육자 지원

희망여행(Journey of Hope)은 하루 일정의 워크숍(2시간, 4시간, 6시간 일정으로 운영 가능)으로 최근에 겪은 사건들을 극복하고자 하는 교사, 정부관계자, 부모, 영유아교사를 지원하여 당면한 문제들을 해결하고, 더 건강한 미래를 바라볼 수 있도록 돕는다.

배경

세이브더칠드런(Save the Children)에서는 전형적으로 아동을 위한 프로그램에 초점을 둔다. 하지만 그에 못지않게 아동의 보호자(교사, 정부관계자, 부모)를 지원하는 일도 시급하다는 요구가 멕시코 만 연안 지역에서 제기되었다. 학교 교직원은 새로운 교육과정 기준, 부족한 예산 대비 필요한 자원, 미래에 대한 불확실성, 과중한 업무로 인해 슬픔, 상실감, 불안을 해결할 시간과 공간이 부족한 것으로 보고되었다. 지속되는 스트레스는 학교 교직원을 소진시키고, 대인 간 갈등을 일으키며, 교실에서도 분노와 좌절감을 느끼게 한다. 일상적인 도움도 제공되지 않고, 새로운 환경도 익숙하지 않은 상태에서 아동과 가족의 요구를 해결하려 할 때 교사와 부모는 유사한 문제를 경험할 가능성이 있다. 교사와 부모가 자신을 돌보는 데 필요한 요구를 파악하고 지역사회의 응집력을 강화시킨다면, 아동의 요구를 반영하고 주의를 기울일 수 있는 보호자로서의 역량이 증진될 것이다.

프로젝트 설명

희망여행에서는 교사와 부모들이 최근에 겪은 재난 전후 삶의 여정에 대해 생각해볼 수 있는 기회를 제공한다. 이 프로그램은 교사, 학교 사회복지사, 정부관계자 등 아동복지와 관련된 직업군에서 겪는 경험을 반영한다. 희망여행에서는 지역사회에 대한 신뢰감 및 소속감 형성을 위해 참여자들을 한 곳에 모은다. 침묵의 스토리텔링, 음악, 성인을 위한 협동게임뿐만 아니라 자신을 돌보는 데 필요한 실제적인 지식 및 기술 같은 창의적인 방법을 활용하여 활동을 진행한다. 워크숍에서는 교사와 양육자들에게 안전한 공간을 제공하여 다음과 같은 역량을 촉진한다.

- 신뢰감 및 공동체에 대한 소속감 형성
- 스트레스에 대한 반응 이해 및 대처 기술 향상
- 슬픔과 상실감의 통합적 처리
- 지역사회의 강점과 자산의 발견 및 확대
- 향후 지역사회에서 주도적인 행동과 지원을 위한 협력 계획

이 프로그램의 목적은 개인과 집단에게 그들의 여정을 깊이 생각해보도록 하고, 학교와 지역사회를 강화시키기 위한 지속 가능한 계획을 개발하는 것이다.

출처: Save the Children. http://www.savethechildren.org/emergencies/us/us-gulf-coast-hurricanes/feature-AJOH.html.

[더 알아보기 6.7] 희망여행: 허리케인 발생 이후 멕시코 만 연안 지역 아동의 스트레스 대처 전략 지원

허리케인이 지역사회를 강타했을 때 물질적인 손해는 측정 가능했으나, 그러한 재난이 아동의 안도감과 안전감에 얼마나 영향을 주었는지는 측정할 수 없었다.

허리케인 카트리나 발생 이후 몇 년이 지났지만, 뉴올리언스 지역의 아동과 청소년들은 여전히 많은 어려움을 겪고 있다. 임시 거주지에서 학교까지 등교하는 일에서부터 잦은 이동, 열악한 주거환경, 빈번한 범죄, 가난으로 인한 사회적 압력 등 다양한 어려움을 겪고 있다.

세이브더칠드런은 카트리나를 계기로 뉴올리언스의 복구학교지구(New Orleans Recovery School District)와 협력하여 K-12학년 아동을 대상으로 학교 기반 지원 프로그램을 만들었다. 그 결과, '희망여행' 프로그램은 아동이 불확실함에 대처하고, 적응 유연성을 높이며, 사회적 지원 네트워크를 강화시키도록 돕는다.

지금까지 카트리나와 멕시코 만 연안 지역에 불어닥친 거대한 허리케인의 피해를 입은 4만 8,000명 이상의 아동이 학년에 적합한 '희망여행' 프로그램을 이수했다.

현장 방문 및 아동, 교사, 학교 관계자 면접을 통해 2009년 '희망여행'에 대한 단독 평가를 실시한 결과, 이 프로그램은 아동의 정서 표현, 자아존중감 회복, 타인에 대한 존중감 향상에 유의한 성과가 있는 것으로 평가되었다.

"처음에는 행동문제가 많이 발견되었습니다."라고 한 고등학교 교장이 말했다. "아이들이 경험해서는 안 되는 일을 경험했습니다. 그들은 무언가 탈출구가 필요해 보였습니다. 우리는 할 수 없었지만, 세이브더칠드런은 아이들의 고민에 진심으로 다가갈 수 있었습니다."

아동은 학교 내외에서 직면하는 일상생활의 문제를 극복하는 과정을 통해 '희망여행'이 자신들의 인생에 어떠한 영향을 미치는지 그 차이를 알고 있다.

"저는 서로 돕는 것에 대해 배웠어요."라고 8세 여아가 말했다. "잠시 숨을 고르고, 차분히 기다렸다가 문제를 떠나보내는 것도 배웠어요."

출처: Save the Children. http://www.savethechildren.org/emergencies/stories/journey-of-hope.html.

[사례연구] 뉴올리언스 학생들의 희망여행

허리케인 카트리나가 멕시코 만 연안 지역을 강타한 이후 세이브더칠드런은 지역사회의 아동과 양육자의 요구를 충족시키기 위해 노력했다. 2008년에 세이브더칠드런은 카트리나의 후유증에서 벗어나도록 복구 및 적응 유연성 향상 프로그램에 집중했다. 이 프로그램은 아동을 정상 상태로 회복시키고, 아동의 대처 기술, 신뢰감과 자아존중감을 강화시키기 위해 구조화된 놀이 활동을 제공한다.

카트리나로 인해 많은 사람들이 살던 집에서 쫓겨났다. 아동은 다른 학교로 전학을 가야 했고, 사랑하는 사람을 잃거나 여러 가지 혼란스럽고 스트레스가 되는 사건들을 겪어야 했다. 복합적인 문제들과 함께 뉴올리언스의 도심지역 학교에 다니는 아동들은 카트리나 이후 지역사회의 폭력뿐만 아니라 학교 내에서의 약물 사용과 폭력을 더 자주 경험했다.

2006년 가을, 뉴올리언스의 공립 초등학교에서 학생, 교직원과 보안요원들 간에 싸움이 일어났다. 세이브더칠드런은 뉴올리언스 복구 학교지구(New Orleans Recovery School District)와 협력하여 학교에서 아동이 직면한 문제들을 해결하기 위해 구조화된 놀이 및 적응 유연성 향상 프로그램을 기획했다. 이 프로그램이 학생들에게 긍정적인 효과가 있는 것으로 나타나자, 세이브더칠드런은 청소년 대상의 희망여행 프로그램(Adolescent Journey of Hope: AJOH)을 개발하여 뉴올리언스 내 다른 학교에 제공했다.

세이브더칠드런의 직원인 프리트(Preet)와 타라(Tara)는 AJOH에 참여하고 있던 남학생들이 두 편으로 나뉘어 무기를 소지한 채 서로 협박하고 있다는 사실을 알게 되었다. 프리트, 타라와 학교상담사는 긴급회의를 열어 학생들 간의 갈등을 대화로 해결할 수 있도록 개입했다. 이와 같은 성공 사례는 AJOH 같은 구조화된 놀이 프로그램(전문가들이 흔히 말하는 심리사회적 프로그램)이 아동이 직면한 문제를 해결하는 데 얼마나 도움이 되는지를 입증했다. 프리트와 타라는 다음과 같이 말했다.

남학생들이 '블러드 하운드(Blood Hounds)', '블랙 마피아(Black Mafia)'라는 이름으로 서로 편을 나눴어요. 그 학생들은 앞으로 있을 주정부 차원의 시험이 끝나면 총과 칼을 이용해 싸움을 할 것이라고 선포했어요. 우리는 학생들과 대화하기 시작했어요. 왜냐하면 싸움의 끝은 결국 또 다른 싸움으로 이어지기 때문이었죠.

학생들이 한 자리에 모였을 때 원형으로 앉아서 서로 존중하면서 이야기를 나누도록 요구했어요. 학생들이 모두 성공할 수 있는 역량을 충분히 가지고 있지만, 지금은 그와 다른 방향으로 갈 수도 있는 중요한 시점에 서 있다고 말해주었어요. 그리고 학생들이 잠재적인 역량을 다 활용할 수 있기를 바란다고 전해주었죠. 그리고 왜 싸우려고 하는지를 물었습니다.

'블러드 하운드'의 리더가 먼저 자신들의 이야기를 시작했어요. 다른 편 학생들이 먼저 자신들이랑 싸우려고 한다는 얘기를 들었고, 그래서 스스로 방어해야 한다고 생각했대요. 개인적으로 작은 갈등도 있었어요. 양쪽 편의 남학생 둘이 한 여학생 때문에 싸운다거나, 리더의 형이 자신의 동생을 지키기 위해 싸우기도 했어요.

허리케인 카트리나가 발생하기 전에는 그럭저럭 지내왔지만, 허리케인 이후에 학교가 마을의 다른 곳으로 이전되자 학생들 간에 서로 편을 만들게 되었다고 했어요. 대화가 지속되자, 학생들은 자신들이 싸우려고 했던 것이 '어리석었다'고 말했고, 서로 친구였을 때 얼마나 즐거웠는지에 대해 회상했어요.

이러한 상황에서 무엇을 하면 좋을지, 그리고 혹시 서로 간에 의사소통이 잘 되지 않아서 싸움으로 번지게 된 것은 아닌지 학생들에게 물었어요. 그러자 양쪽의 리더 중 한 명이 싸움을 시작하기 전에 직접 만나서 이야기를 했어야 한다며 맞장구쳤어요. 여러 아이들을 통해 소문을 전해 듣는 것보다 나을 거라고 했어요. "그렇게 하면 다른 친구가 정확히 뭐라고 말했는지 알 수 있을 거야!"라고 했어요.

다른 편의 아이들도 동의했죠. 회의를 마치면서 '블러드 하운드'의 리더가 이런 말을 했어요.

"그럼 점심을 같이 먹으면서 학교의 다른 친구들은 어떻게 생각하는지 물어보는 게 어때?"라고 제안했어요. "아마도 안 믿을걸? 무슨 일이 일어났는지 전혀 모를 거야."

우리는 남학생들에게 일어난 변화를 생각해보았어요. 긴급회의를 통해 학생들은 안전한 환경에서 서로의 차이를 직시하고 폭력 없이 문제를 해결할 수 있게 되었어요. 이 프로그램을 통해 서로 신뢰감을 형성하고, 안전감과 지역사회에 대한 소속감을 강화시키고, 자신의 분노와 공격성을 통제하는 방법을 알고, 자아존중감을 향상시키기를 바랍니다.

출처: Save the Children. http://www.savethechildren.org/emergencies/us/us-gulf-coast-hurricanes/feature-AJOH.html.

때로는 재난피해 아동의 심리사회적 요구를 충족시키는 것이 놀이 기회를 제공하는 것만큼 단순한 일이기도 하다. 카트리나 발생 이후 일부 비정부기구(NGO)는 아동에게 재난으로부터의 탈출구가 거의 없다는 점을 파악하고, 공원과 놀이터를 복구하는 데 전적으로 노력을 기울였다. 불행하게도 놀이터는 정부 차원에서의 복구 노력에서 우선순위가 아니어서 위험한 상태로 방치되어 있었다. 그러나 카트리나의 경험을 통해 알 수 있듯이, 공원과 놀이터 같은 탈출구의 역할은 이후 더 큰 피해를 방지하거나 최소화시킨다는 점에서 우선순위의 앞쪽에 위치해 있다. 재난피해 아동을 위해 미시시피 주의 놀이터를 재건하고자 대표적인 비정부기구인 세이브더칠드런과 지방정부의 소방방재 부서 간의 협력에 대한 사례가 다음에 제시되어 있다.

[사례연구] 허리케인 카트리나 이후 재건된 놀이터

2006년 4월 29일, 미시시피 주 롱비치—허리케인 카트리나가 마을과 학교를 덮친 지 8개월이라는 긴 시간이 지난 후에야 미시시피 주 세인트루이스 베이(Bay Saint Louis)에 위치한 노스베이 초등학교(North Bay Elementary School) 학생들은 밖에 나가 놀 수 있는 장소를 되찾을 수 있었다.

세이브더칠드런은 뉴저지소방관상호신용협회(New Jersey Firefighters Mutual Benevolent Association: NJFMBA), 머시 콥스(Mercy Corps), 학교와 협력하여 어디에서나 접근 가능한 놀이터를 만들었다. 지난주에 뉴저지 소방관 20명이 이 건설 프로젝트에 참여하기 위해 미시시피 주로 이동했다.

놀이터 프로젝트는 뉴저지 소방관과 노스베이 초등학교가 오랜 시간 쌓아온 교류의 결정체다. 비참했던 9.11 사건 이후, 학생과 교사들은 그 당시 중요한 역할을 담당했던 소방관들을 지지하러 나섰다. 아이들은 손수 만든 우편함과 함께 격려와 감사 메시지를 전달했다.

허리케인 카트리나가 강타했을 때, 소방관들은 노스베이 초등학교 학생들을 포함하여 멕시코 만 연안 지역의 아동을 돕기 위해 즉각적으로 이동했다. 그들은 세이브더칠드런의 방과 후 학교, 영유아교육기관, 그리고 아동이 트라우마를 극복하도록 돕는 구조화된 활동 프로그램을 지원하기 위해 30만 달러 이상의 후원금을 모금했다.

"뉴저지 소방관들은 아이들이 카트리나의 후유증에서 회복하도록 돕는 데 중요한 역할을 했습니다. 놀이터는 노스베이 초등학교 학생들을 일상생활로 복귀시킬 것입니다."라고 찰스 맥코맥(Charles F. MacCormack) 세이브더칠드런 대표가 말했다. "아이들의 학교는 이동식 트레일러를 진흙탕 위에 얹어놓은 것과 같았습니다. 아이들이 집에 돌아갈 때, 길거리와 지역사회에는 여전히 폭풍의 잔해 더미가 쌓여 있었습니다. 아이들이 안전하게 뛰어놀 수 있는 장소가 없었습니다."

최근 NJFMBA 구성원들이 세이브더칠드런의 미시시피 주 프로그램을 살펴보기 위해 방문했을 때, 아이들이 신나게 놀 수 있는 기회를 제공한 것에 대해 소방관들은 감동을 받았다.

"우리는 아직도 사람들이 텐트에 살고 있고 아이들이 트레일러 학교에 다닌다는 사실에 깜짝 놀랐어요."라고 빌 레이븐(Bill Lavin) NJFMBA 대표가 말했다. "그런데 아이들에게 가장 필요한 게 무엇인지 물어보았더니 모든 아이들이 놀이터라고 말했어요."

세인트루이스 베이는 허리케인 카트리나로 인한 피해가 가장 큰 지역 중 하나로, 초등학교도 완전히 폐허가 되었다. 원래 건물이 있던 자리에 임시 트레일러를 세워 교실로 사용했다.

NJFMBA는 이 프로젝트를 위해 추가로 2만 5,000달러를 모금하고 있고, 세이브더칠드런과 머시 콥스에서는 대응자금을 지원하기로 했다.

출처: Save the Children. http://www.savethechildren.org/newsroom/2006/new-playground-for-children-in-mississippi.html.

국가재난복구체계

2010년 연방재난관리청(FEMA)에서는 국가대응체계(National Response Framework: NRF) 실행을 위한 국가재난복구체계(National Disaster Recovery Framework: NDRF) 수립에 착수했다. FEMA의 지속적인 노력으로 연방정부가 재난복구에 참여하는 방법을 검토하기 위해 오바마 행정부는 백악관 장기재난복구 전문위원회를 설치했다. 이러한 노력으로 FEMA와 주택도시개발부(HUD)가 공동의장을 맡게 되었다. 임시숙소 프로그램의 지속적인 문제와 주택에 관한 HUD의 축적된 경험으로 재난복구에서 HUD가 더 두드러진 역할을 담당하게 되었다([더 알아보기 6.9] 참조). 국가재난복구체계에서 가장 중요한 점은 이러한 체계가 아동과 관련된 복구를 포함하여 모든 복구과정에서 궁극적인 틀을 형성하기 때문에 정부 차원, 민간 차원, 산업분야, 개인 등 모든 부문에서 지침이 된다는 것이다.

[더 알아보기 6.8] 국가재난복구체계 가동

2009년 8월 27일, 크레이그 퓨게이트(Craig Fugate) FEMA 청장은 국가재난복구체계 전문위원회 설립을 발표했다. 엘리자베스 짐머만(Elizabeth Zimmerman) 재난 지원 담당 부청장은 이 위원회의 책임자로 임명되었다. 전문위원회의 설립 목적은 복구와 관련된 이해관계자들을 참여시켜 서로 협력하는 능력을 향상시키고, 효과적인 복구 지원을 전달할 포괄적인 조정체계를 수립하는 것이었다.

2009년 9월 29일, 오바마 대통령은 최근에 일어난 대규모 재난복구 작업을 위한 노력을 재검토하고, 연방정부, 주정부, 지방정부, 그리고 이해관계자들 간의 협력을 개선하기 위한 방안을 모색할 것을 선언했다. 대통령의 요청으로 국토안보부(DHS) 장관과 주택도시개발부(HUD) 장관은 장기재난복구 전문위원회의 공동 의장을 맡았다. 이 위원회는 20개 이상 부서의 책임자들로 구성되어 있다. 이러한 지도부 차원의 전략적 계획은 복구 단체를 위한 운영 지침을 제공하고, 향후 개선 방안을 제안하기 위해 마련되었다. 2009년 10월에서 11월까지 주정부, 지방정부 그리고 부족정부 대표 외에도 다양한 민간단체와 민간비영리단체가 포함된 이해관계자들의 집중적인 지원 노력을 보면, 이러한 시도에 대해 잘 알 수 있다.

현재 국가재난복구체계 전문위원회는 백악관의 장기재난복구 전문위원회 산하에 있으며, 위원장은 국토안보부(DHS) 장관과 주택도시개발부(HUD) 장관이 공동으로 맡고 있다. 이는 두 가지 주요 성과 중 하나에 해당한다. 또 다른 성과는 전문위원회의 활동 결과를 요약하여 대통령에게 제출한 보고서다.

국가재난복구체계

- 재난복구에서 연방정부, 주정부, 지방정부, 부족정부, 민간비영리단체, 민간단체의 역할과 개별 시민의 역할을 규정한다.
- 재난복구 프로그램을 위한 효과적인 조정체계를 설계하고 설립한다.
- 복구 프로그램과 기금의 중복 수혜 및 격차를 찾아낸다.

- 주와 지방의 복구를 위한 연방정부 지원의 성과 기준을 마련한다.

예상 결과

복구 프로그램과 복구 역량이 모든 차원의 정부와 모든 부문에서 조화롭게 기능하기 위해서는

- 역할과 책임을 명시한 조정체계가 필요하다.
- 성과 측정 기준이 명확해야 한다.
- 모든 이해관계자에게 복구 분야에 관한 정보를 지속적으로 알리기 위한 의사소통 전략이 필요하다.

접근 방법

- 장기재난복구 전문위원회와 협력하여 연방정부의 협력기관, 주정부, 부족정부, 지방정부, 비정부기구를 포괄적인 공동 점검 작업에 참여시키고, 국가 수준의 재난복구 관리의 틀을 마련한다.
- 복구 과정이 어떻게 조직되고 관리되어야 하는지에 대해 이해관계자들의 인식에 근거한 복구체계를 개발한다.
- 모든 이해관계자, 특히 전통적으로 정부의 지원에서 소외되었던 아동, 장애인, 저소득층, 다문화가정, 농촌지역 대표들을 포함시킨다.

일정

- 1단계: 2009년 12월 31일, 이해관계자 참여 및 개획 수립
- 2단계: 2010년 6월 1일, 조정 및 출판

출처: FEMA. National Disaster Recovery Framework Initiative. http://www.fema.gov/recoveryframework/.

[더 알아보기 6.9] 재난복구 전문위원회: 국가재난복구 강화 계획서

배경

재난복구 문제에 더 큰 관심이 필요하다는 데 모두 동의한다. 특히 장기적인 복구와 대응이 완료된 이후의 복구에 관심이 필요하다. 재난으로 황폐화된 지역사회는 삶의 질을 복원하고, 사회기반시설 및 공공서비스를 재건하며, 사회복지서비스와 네트워크를 되살리고, 경제회복, 환경의 지속가능성과 향후 재난에 대한 적응 유연성을 복구하는 과정에서 복합적인 문제에 직면하게 된다.

합의문

대통령의 요청으로, 국토안보부(DHS) 장관과 주택도시개발부(HUD) 장관은 백악관 장기재난복구 전문위원회(White House Long-Term Disaster Recovery Working Group)의 공동 의장을 맡는다. 이 위원회는 20개 이상 부처의 장관 및 청장으로 구성된다. 이러한 지도부 차원의 전략적 계획은 복구 단체를 위한 운영 지침을 제공하고, 향후 개선 방안을 제안하기 위해 마련되었다. 2009년 10월에서 11월까지 주정부, 지방정부 그리고 부족정부 대표 외에도 다양한 민간단체와 민간비영리단체가 포함된 이해관계자들의 집중적인 지원 노력을 보면, 이러한 시도에 대해 잘 알 수 있다.

관심 분야

우리의 목적은 좀 더 적응 유연성이 강한 국가, 즉 개인, 지역사회 그리고 경제가 변화하는 상황에 적응하고, 재난에 대처하고 신속하게 복구할 수 있는 국가를 만드는 것이다. 장기적인 재난복구에 대한 더 효과적인 국가 차원의 접근 전략을 개발하기 위해 장기재난복구 전문위원회는 다음과 같은 업무를 수행한다.

- 통일된 효과적인 재난복구를 위해 연방정부, 주정부, 부족정부, 지방

정부 관계자에게 운영 지침을 제공한다. 이 지침에는 역할 및 책임 명시, 복구 관리 및 운영 조정 구체화, 의사소통 전략 연계, 성과 측정 기준 수립이 포함된다.

- 재난복구 프로그램과 재난복구체계를 점검하고, 중복 수혜 및 격차 그리고 재난복구 활동을 위한 관계당국의 갈등 소재를 파악한다.
- 연방정부 부처 간 계획 및 협력 개선 분야를 검토한다.
- 복구 과정 및 재난 발생 이전 복구 계획 시 주정부, 지방정부, 부족정부 외 비영리단체, 종교단체, 민간 부문의 역량 강화 방안을 모색한다.
- 허리케인 카트리나와 리타 같은 대규모 재난에 특별히 주목하면서 최근 재난복구 활동에서 얻은 교훈이나 성공 사례를 검토한다.

관련 부처 장관들은 대통령에게 대규모 재난에 대한 장기적인 복구방안의 개선을 위한 권고사항을 제안하고, 국가재난복구체계를 개발하여 관련 복구단체에 더욱 상세한 운영 지침을 제공한다.

참여단체

전문위원회는 이와 같은 중대한 국가 차원의 법률을 실행하기 위해 상향식 접근을 취하며, 이해관계자들이 참여하도록 다양한 기회를 제공한다.

이해관계자들의 집중적인 지원 노력은 광범위한 복구 관련 이해관계자들의 지지를 얻기 위해 지속되고 있다. 폭넓은 대표성을 확보하기 위해 연방정부, 주정부, 부족정부, 지역사회 대표, 정책 및 의사결정자, 공공 및 민간 복구 협력체, 비영리기관, 재난복구 관계자 및 시민의 참여를 권장한다. 또한 재난복구에 대한 참여자들의 인식을 파악한다. 앞으로 재난복구 지원이 어떠한 형태로 제공되기를 바라는지, 가장 성공적인 사례가 무엇이었는지, 재난복구의 성공을 방해하는 요인이 무엇인지 파악하고, 참여자들의 생각, 경험, 교훈을 공유한다.

HUD와 FEMA 지역사무소에서 주관한 10회의 화상 회의가 마무리되었다. 주정부 및 지방정부와 연계한 이해관계자 포럼이 전국적으로 5회 개최될 예정이다. 참여자들은 이러한 일련의 회의를 통해 재난복구 관리 문제와 사례에 대해 논의하게 되는데, 이러한 논의를 통해 다음과 같은 두 가지 중요한 성과가 구체화된다.

- 백악관 전문위원회의 대통령 제출 보고서(White House Working Group Report to the President): 향후 복구지원의 전달에 대한 개선 방안 마련
- 국가재난복구체계(National Disaster Recovery Framework): 현재 자원을 활용한 복구지원의 전달에 관한 지침 제공

이해관계자들의 지속적인 참여를 위해 국토안보부/연방재난관리청(DHS/FEMA)과 주택도시개발부(HUD)에서는 웹사이트(www.DisasterRecoveryWorkingGroup.gov)를 개발했다. 복구 관련 이해관계자들은 신청서를 작성하여 국가 차원의 주요 사안과 관련된 최신 정보를 검색할 수 있다.

일정

2010년 4월 1일까지 대통령에게 보고한다. 국가재난복구체계 초안은 2010년 상반기까지 제출하며, 2010년 6월 1일까지 최종적으로 출판한다.

출처: Disaster Recovery Working Group. http://disasterrecoveryworkinggroup.gov/purpose-statement.cfm.

결론

'위기(crisis)'라는 용어의 어원은 라틴어로 '전환점'을 의미한다. 대부분 일반 성인집단에서 가장 취약한 집단으로 변화하는 전환점이 바로 재난복구 단계다. 일부 집단은 그다지 큰 피해를 겪지 않고 지나가는 반면, 아동은 신체적·정서적 취약성으로 인해 장기적인 어려움을 집중적으로 겪는다. 따라서 재난의 복구 단계는 재난피해 아동의 삶에 있어서 결정적 시기에 해당하므로 아동 자신의 요구가 즉각적이고 적절하게 해결되어야 한다. 그러나 주정부, 지방정부, 지역사회의 재난관리 관련 임기제 공무원과 전문직 공무원이 아동의 재난 관련 요구를 해결하려는 단일하고 집중적인 노력은 아직 이뤄지지 않고 있다. 국가아동재난위원회 같은 조직에서 현행 법, 규정, 규제의 문제를 강조하고자 침착하게 대처해왔음에도 불구하고 위원회에서 제안된 안건은 거의 채택되지 못했다. 이러한 모든 장애물은 단순히 연방정부 차원의 정책을 변경함으로써, 즉 재난에 가장 취약한 집단인 아동이 재난복구 단계에서 필요로 하는 고유한 요구를 고려하도록 권한을 부여함으로써 극복될 수 있다. 최소한 우리 저자들은 재난복구계획을 수립할 때 연방정부, 주정부, 지방정부 차원에서 이러한 변화가 채택되도록 권고한다. 지역사회 아동을 위한 재난복구 관련 내용을 개선하기 위해 다음과 같은 5가지 행동강령이 존재한다.

- 영유아교육기관을 「스태포드법」에서 규정하는 필수적인 기능으로 지정한다.
- 자신의 지역사회 내에서 가족과 함께 임시숙소에 거주하도록

임시숙소 제공을 위한 융통성 있는 규정과 프로그램을 마련한다.

- 학교, 대중교통시스템의 재건을 포함하여 아동을 위한 지역사회 기반시설의 복구에 가장 우선권을 둔다.
- 재난피해 아동과 양육자에게 강화된 정신건강서비스를 제공한다.
- 아동의 재난피해 문제에 관한 연구를 지원한다.

제7장
아동을 위한
재난관리자원의 운영

아동의 고유한 요구를 재난관리계획에 반영할 책임이 있는 재난관리 담당자와 관계자, 부모는 이를 위해 제작된 관련 자료를 효율적으로 이용할 수 있다. 이러한 출판물의 이용자와 아동의 요구사항을 충족시키는 데 관련된 이해당사자들은 다양하기 때문에 광범위한 통계자료, 안내책자, 교육과정, 훈련교재, 보고서 등 다양한 자료가 필요하다. 대부분의 경우, 대학, 지역사회, 병원, 특별 재난대응의 차원에서 아동의 고유한 요구를 충족시키기 위해 상당한 시간과 노력이 진행되었기 때문에 모든 것을 완전히 새로 구성할 필요는 없다.

따라서 이 장에서는 재난피해 아동의 고유한 요구를 충족시키고 이에 대한 계획을 수립하는 데 사용되도록 학술자료, 전문자료, 사례연구와 기타 자료의 목록을 제공한다.

이 장은 다음과 같은 영역으로 구분된다.

- 재난관리계획 수립
- 재난관리계획 수립 사례
- 심리사회적 회복
- 훈련, 교육과정 및 교육자료
- 기술 지원
- 보고서
- 관련 단체
- 웹 링크

재난관리계획 수립

재난관리계획 수립 관련 자원은 실제적인 재난관리계획 수립 과정을 지도하는 데 사용된다. 이러한 자료들은 정부 재난관리계획 담당자, 소아과 의사, 병원, 영유아교사, 교육자, 부모 등의 대상자가 이용 가능하도록 제공된다.

- Agency for Healthcare Research and Quality. 2006. *Pediatric Terrorism and Disaster Preparedness: A Resource for Pediatricians.* http://www.ahrq.gov/research/pedprep/
  소아과 의사들이 자연재난과 생화학테러에 대응하고 이에 관한 계획을 수립할 때 사용할 수 있는 실제 자료

- American Academy of Pediatrics. 2010. *Disaster Preparedness and Pediatric Preparedness: An Online Tool.* http://practice.aap.org/disasterpreptool.aspx
  재난대비계획에 대한 자료 검색과 문서작성이 쉽도록 AAP 재난대비자문위원회가 개발한 쌍방향 웹 기반 도구

- American Red Cross. *Your Evacuation Plan: Evacuation Planning for Persons with Disabilities and Caregivers.* http://www.redcross.org/preparedness/cdc_english/evac_dis-3.html
  재난대피계획 수립 과정을 안내하는 온라인 자료

- The Center for Effective Collaboration and Practice. 1998. *Safe Schools Guide.* http://www.naccrra.org/for_parents/traumatic-events/docs/safe_schools_guide.pdf
이 안내서는 학교에서 발생 가능한 폭력의 예방과 중재 및 위기대응 관련 연구에 대한 간략한 요약을 제공하고, 무엇을 찾고 무엇을 해야 할지를 지역사회에 알려준다.

- Columbia University Mailman School of Public Health. 2010. *Pediatric Preparedness.* http://www.ncdp.mailman.columbia.edu/program_pediatric.htm
주정부 차원의 재난관리계획을 위한 모델 문구를 포함하여 아동 중심의 다양한 재난대비 정보를 제공하는 웹사이트

- Department of Education. 2007. *Practical Information on Crisis Planning: A Guide for Schools and Communities.* http://www2.ed.gov/admins/lead/safety/emergencyplan/crisisplanning.pdf
이 안내서는 학교, 학교지구 및 지역사회에 훌륭한 위기계획 수립의 핵심개념과 구성요소를 제공하고, 재난대비 과정에 대한 사고를 자극하며, 유망한 사례를 제공한다.

- Federal Emergency Management Agency. 2009. *Developing and Maintaining State, Territorial, Tribal, and Local Government Emergency Plans (CPG101).* http://www.fema.gov/pdf/about/divisions/npd/cpg_101_layout.pdf
비상운영계획 개발에 관한 FEMA의 공식 지침서. 이 문서에는

아동이 한 번만 언급되지만, 비상운영계획 과정에 미치는 영향은 매우 크다.

- FEMA. n.d. *Are You Ready? An In-Depth Guide to Citizen Preparedness.* http://www.fema.gov/areyouready/
FEMA의 공공 재난대비 안내책자

- FEMA. n.d. *How Schools Can Become More Disaster Resistant.* http://www.fema.gov/kids/schdizr.htm
학교 관리자에게 위험요소 관리 과정을 설명하는 웹사이트

- HHS. 2009. *School-Based Emergency Preparedness: A National Analysis and Recommended Protocol.* http://www.ahrq.gov/prep/schoolprep/schoolprep.pdf
이 보고서는 매사추세츠, 플로리다, 위스콘신, 콜로라도 및 캘리포니아 주에 있는 학교지구의 재난대응계획을 분석한 것이다. 이 연구결과를 학교 기반 재난대비 프로그램 개발에 관한 기존의 권고사항과 함께 사용하여, 학교지구가 종합적인 재난대응계획을 수립할 때 사용 가능한 모범사례를 포함하여 개요를 제공하는 템플릿을 개발했다.

- NACCRRA. 2006. *Is Child Care Ready? A Disaster Planning Guide for Child Care Resource and Referral Agencies.* http://www.naccrra.org/disaster/docs/Disaster_Guide_MECH.pdf
전국아동보육지원기관협회가 기관보육 및 가정 내 보육 상황

에서 영유아보육 제공자를 교육하기 위해 특별히 고안한 지침서. 이 안내서는 영유아보육 프로그램이 재난에 대응할 대비가 되어 있고, 보육이 필요한 아동 및 가족을 위해 서비스를 제공할 준비가 되어 있음을 알리기 위해 고안되었다.

- NACCRRA. *Emergency Planning Forms.* http://www.naccrra.org/disaster/docs/Disaster_Forms.doc
  영유아보육 제공자 및 다른 성인들이 재난대비를 위해 사용할 템플릿을 제공하는 사용자 친화적 양식

- NCTSN. n.d. *The 3 Rs of School Crises and Disasters: Readiness, Response, and Recovery.* http://www.nctsnet.org/nccts/nav.do?pid=ctr_aud_schl_3rs_desc

- Needle, Scott. n.d. *A Disaster Preparedness Plan for Pediatricians.* http://www.aap.org/disasters/pdf/DisasterPrepPlanforPeds.pdf
  소아과 전문의의 재난계획 프로세스를 도와주는 기술 가이드

- Save the Children. 2007. *The Unique Needs of Children in Emergencies: A Guide for the Inclusion of Children in Emergency Operations Plans.* http://www.savethechildren.org/publications/emergencies/Children-in-EmergenciesPlanning-Guide.pdf
  재난관리기관이 표준 비상운영계획에 아동의 요구를 포함시키도록 돕는 안내서

- Source Forge. n.d. *Special Population Planner.* http://sourceforge.net/projects/spc-pop-planner/
  모든 위험요소 분석을 위해 무료로 다운로드할 수 있는 지리정보시스템(GIS) 기반 재난계획 도구. 특별한 요구를 가진 사람들의 요구를 계획하는 데 적합하지만 다른 용도로도 쉽게 사용할 수 있다. ESRI ArcGIS 9.x 소프트웨어 내에서 실행된다.

- UCLA Center for Public Health and Disasters. n.d. *Head Start Disaster Preparedness Workbook.* http://www.cphd.ucla.edu/headstartwb.html
  재난계획 및 대비 프로그램에 도움이 되는 정보, 도구 및 활동을 포함하여 8가지 영역으로 구성된 통합 문서

- U. S. Department of Education. 2006. *Helpful Hints for School Emergency Management.* http://www.ed.gov/about/offices/list/osdfs/gokits.pdf
  학교가 재난 '고 키트(go kit)'를 만드는 데 도움이 되는 체크리스트

재난관리계획 사례

다음 자원은 지역사회가 아동의 고유한 요구를 대비, 예방, 대응 및 복구 활동에 성공적으로 통합한 방법을 설명하기 위해 제공된다.

- County of Tulsa. n.d. Tulsa County Emergency Operations Plan: Annex G—Children's Emergency Response Plan. http://www.ccrctulsa.org/pdfs/childrenresponse.pdf

심리사회적 회복

재난피해 아동의 가장 큰 요구 중 하나는 그들의 심리사회적 건강을 보호하는 것이다. 의존성과 더불어, 무슨 일이 일어나고 있는지를 이해하기 힘들어서 심지어 매우 작은 재난조차 이들에게 끔찍한 외상으로 남는다. 오랫동안 아동의 심리사회적 요구를 위해 계획하고 해결하는 데 초점이 맞춰져왔지만, 이 문제는 아직도 진행 중이다. 다음 자료는 아동의 심리사회적 보호를 해결하는 데 여러 가지 측면에서 도움이 된다.

- American Academy of Pediatrics. 1994. *Psychological Issues for Children and Families in Disasters: A Guide for the Primary Care Physicians.* http://mentalhealth.samhsa.gov/publications/allpubs/SMA95-3022/default.asp
  이 안내서의 초점은 재난 발생 시 아동의 건강을 관리하는 사람이 청소년과 가족을 대비시키고 평가하고 치료하는 방법에 맞춰져 있다. 의사는 지역사회에서 인정받는 지도자로서 재난이 발생할 경우 지역사회의 요구를 해결하도록 요청받을 수 있다. 이 매뉴얼은 의사가 이러한 역할을 담당하도록 돕는다.

- American Association of Pediatrics. 2009. *Guidelines for Care of Children in the Emergency Department.* http://www.aap.org/visit/Checklist_ED_Prep-022210.pdf
  다양한 긴급상황 및 재난상황에서 아동의 요구를 해결하기 위한 응급실 준비사항을 평가하는 데 사용되고, 개인의 재난 관련 업무를 분장하는 점검표

- American Association of Pediatrics. n.d. *Infant Nutrition during a Disaster: Breastfeeding and Other Options.* http://www.aap.org/breastfeeding/files/pdf/InfantNutritionDisaster.pdf
  재난 발생 시 영아기 자녀를 둔 가족을 돕기 위한 기본 정보, 실행 단계 및 의사결정 분석 자료

- CDC. 2007. *Maintain a Healthy State of Mind.* http://emergency.cdc.gov/preparedness/mind/
  아동이 테러를 포함한 재난의 심리사회적 영향을 해결하는 데 도움이 되는 정보를 제공하는 온라인 자료. 연령대가 다른 아동을 포함하여 여러 집단에서 공통적으로 나타나는 반응을 제공한다. 미국 적십자사와 협력하여 개발되었다.

- CDC. 2008. *Coping with Depression and Thoughts of Suicide after a Disaster.* http://emergency.cdc.gov/disasters/psa/suicide.asp
  일련의 공익광고(PSA) 시리즈를 통해 아동을 포함한 다양한 집단의 우울증을 예방하고자 한다.

- CDC. 2009. *Coping with Traumatic Events.* http://www2c.cdc.gov/podcasts/player.asp?f=303306
  재난 관련 스트레스에 대한 반응을 관리하는 팟캐스트(Podcast)

- CDC. 2009. *Preventing Violence after a Natural Disaster.* http://emergency.cdc.gov/disasters/violence.asp
  재난으로 인한 스트레스의 증가로 인해 아동학대 및 아동이 직면한 다른 폭력 예방에 관한 정보를 제공하는 웹사이트

- CDC. n.d. *Helping Parents Cope with Disaster.* http://emergency.cdc.gov/mentalhealth/pdf/Helping-Parents-Copewith-Disaster.pdf
  재난대응 및 복구가 진행되는 동안 가족부양 스트레스를 처리해야 하는 학부모를 위한 정보를 제공한다.

- CDC. n.d. *Helping Parents Prepare for Disaster.* http://emergency.cdc.gov/mentalhealth/pdf/Helping-ParentsPrepare-for-Disasters-Final.pdf
  가족재난계획을 수립하고 재난 키트를 만드는 단계를 설명하는 자료

- Centers for Disease Control and Prevention. 2009. *Coping with a Traumatic Event.* http://emergency.cdc.gov/masscasualties/coping pub.asp
  외상후스트레스장애에 대한 기본 정보를 제공하는 공개 정보자료

- The Child Trauma Academy. 2002. *Helping Traumatized Children: A Brief Overview for Caregivers.* http://www.naccrra.org/docs/emergency/Helping_Traumatized_Children-Brief_Overviw.pdf
  이 책자는 흔히 충격적인 사건을 경험한 아동의 복잡한 반응과 관련된 주요 쟁점들을 다룬다. 이 정보는 양육자에게 초점을 두고 있지만, 사례관리자, 교사, 다른 가족 및 외상을 입은 아동과 함께 일하고 생활하는 다른 성인들에게도 도움이 된다. 이 간단한 안내서는 일반 원칙에 관한 정보를 제공한다.

- Cincinnati Children's Hospital. n.d. *Listen, Protect, and Connect: Psychological First Aid for Children, Parents, and Other Caregivers after Natural Disasters.* http://www.cincinnatichildrens.org/svc/alpha/s/school-crisis/psych-aid.htm
  심리적 응급처치 안내책자

- County of Ventura. 2010. *Special Needs Children and Disasters.* http://portal.countyofventura.org/portal/page/portal/HCA/PUBLICHEALTH/DISEASECONTROL/EMERGENCYPREPAREDNESS/Special%20Needs%20Children%20and%20Disasters
  주요 계획 작업이 포함된 웹사이트

- Ehrenreich, J. H. 2001. *Coping with Disasters: A Guidebook to Psychosocial Intervention.* http://www.mhwwb.org/CopingWithDisaster.pdf
  아동을 포함한 다수의 취약집단을 위해 재난 관련 심리사회적 요구를 관리하는 데 필요한 실질적인 지식을 제공한다.

- FEMA. 2004. *Helping Children Cope with Disasters. Publication FEMA 478.* http://www.fema.gov/pdf/library/children.pdf
이 책자는 부모, 양육자 및 다른 성인들에게 재난의 영향에 대처하는 방법과 재난이 발생하기 전에 대비하는 방법에 대한 제안을 제공한다.

- Florida EMSC. 2004. *Hospital Pediatric Equipment Inventories for Disaster Response.* http://www.childrensnationa.org/files/PDF/DepartmentsandPrograms/CHAI/EMSC/products/Hospital_Pediatric_Equipment_Inventories_for_Disaster_Respon.pdf
재난피해 아동의 의학적 요구를 관리하는 데 필요한 다양한 장비와 물품에 대해 설명한다.

- Goodman, R. n.d. *Talking to Kids about Terrorism and Acts of War. NYU Child Study Center.* http://www.aboutourkids.org/articles/talking_kids_about_terrorism_or_acts_war
직접 또는 간접적으로 테러에 노출된 아동을 보호할 책임이 있는 모든 사람에게 정보를 제공하는 자료

- Gurian, A. n.d. *Talking to Kids about Disasters.* NYU Child Study Center. http://www.aboutourkids.org/articles/talking_kids_about_disasters
재난피해 아동의 양육자를 위해 제공된 자료

- Gurian, A. n.d. Talking to Kids about World Natural Disasters.NYU Child Study Center. http://www.aboutourkids.org/articles/talking_kids_about_world_natural_disasters
  재난피해 아동의 양육자를 위해 제공된 자료

- Gurian, A., et al. n.d. *Helping Children and Teens Cope with Traumatic Events and Death: The Role of School Health Professionals.* NYU Child Study Center. http://www.aboutourkids.org/articles/helping_children_teens_cope_traumatic_events_death_role_school_health_professionals
  재난피해 아동과 상호작용하는 학교보건전문가에게 제공되는 심리사회적 자료

- Gurian, A., et al. n.d. *Helping Children with Developmental Disabilities Cope with Traumatic Events and Death: The Role of School Health Professionals.* NYU Child Study Center.http://www.aboutourkids.org/articles/helping_children_developmental_disabilities_cope_traumatic_events
  재난을 경험한 발달장애아동의 교사를 위해 제공되는 자료

- HHS. 2002. *How Families Can Cope with Fear and Anxiety.* http://mentalhealth.samhsa.gov/publications/allpubs/Ca-0022/
  재난이 아동에게 미치는 심리사회적 영향에 대해 가족이 이야기하고 이를 해결하는 데 도움이 되는 정보

- HHS. 2005. *Helping Families Deal with the Stress of Relocation after a Disaster.* http://www.atsdr.cdc.gov/publications/100233-RelocationStress.pdf
  이 유인물에는 스트레스, 스트레스 징후 및 가족구성원의 재배치 스트레스 해결을 돕는 방법에 대한 기본 정보, 연령대가 다른 청소년(유아에서 고등학생까지)의 스트레스 징후, 청소년의 스트레스 해결을 돕는 방법(유아에서 고등학생까지), 노인의 재배치 스트레스 해결을 돕는 방법, 그리고 이러한 주제에 대한 추가 정보를 어디서 찾을 수 있는지에 대한 정보를 제공한다.

- HHS. 2005. *Tips for Talking to Children in Trauma: Interventions at Home for Preschoolers to Adolescents.* http://mentalhealth.samhsa.gov/publications/allpubs/tips/intervention.pdf
  재난의 심리적 영향을 해결하는 데 필요한 정보를 아동의 부모에게 제공하는 자료

- HHS. n.d. *Helping Children and Adolescents Cope with Violence and Disasters: What Parents Can Do.* http://www.aap.org/disasters/pdf/helping-children-and-adolescents.pdf
  외상 치료에 관한 부모용 점검표와 아동을 돕는 정보

- HHS. n.d. *Helping Children and Adolescents Cope with Violence and Disasters: What Rescue Workers Can Do.* http://www.nimh.nih.gov/health/publications/helping-children-and-adolescents-cope-with-violence-and-disasters-rescue-workers/helping-children-and-

adolescents-cope-with-violence-anddisasters-what-rescue-workers-can-do.pdf
긴급상황에 처한 아동의 요구에 긴급구조대원이 대응하도록 도움을 주는 정보를 제공한다.

- HHS. n.d. *Marking Disaster Anniversaries in the Classroom.* http://mentalhealth.samhsa.gov/cmhs/EmergencyServices/oneyear.asp
재난의 기념일에 재발되는 정상적인 회복 문제를 아동이 해결하도록 돕는 자료. 활동은 교사가 문제를 예상하고 해결하는 데 도움이 된다. 모든 재난에 적용할 수 있고, 재난 첫날부터 1년 이상 사용 가능하다.

- HHS. n.d. *Questions to Help Children Talk about a Disaster.* http://mentalhealth.samhsa.gov/cmhs/Emergency Services/questions.asp
교육자가 재난피해 아동의 심리사회적 반응을 관리하는 데 도움을 받을 수 있는 간단한 정보책자

- HHS. n.d. *What's Going on in the Mind of a Child Who's Lived through a Hurricane.* http://download.ncadi.samhsa.gov/ken/Disasterrelief/ZGRY6848.wmv
허리케인 피해 아동 및 정신건강서비스가 필요한 아동을 위한 공익광고

- HHS. n.d. *When Talking Doesn't Help: Other Ways to Help Children Express Their Feelings Following a Disaster.* http://mentalhealth.

samhsa.gov/cmhs/EmergencyServices/other ways.asp
전통적인 토론 기반 심리사회적 치료법의 대안을 제공하는 웹사이트

- Mercy Corps. 2005. *What Happened to My World.* http://www.mercycorps.org/publications/11846
  발생 가능한 스트레스 및 기타 심리적인 문제에 대처하기 위해 자연재난 발생 시 부모와 자녀 및 가족과 함께 일하는 모든 사람을 돕기 위한 웹사이트

- NACCRRA. 2005. *Nurturing Children after Natural Disasters: A Book for Child Care Providers.* http://www.naccrra.org/docs/pubs/Disasters_10131.pdf
  자연재난의 여파에 대처하는 아동을 돕는 데 필요한 구체적인 지침뿐만 아니라 기본적인 재난대비 정보를 제공한다.

- NACCRRA. n.d. *Helping Children Cope with Fear and Anxiety.* http://www.naccrra.org/for_parents/traumaticevents/docs/FearandAnxiety5-02.pdf
  양육자를 위한 간단한 팁이 있는 한 페이지 분량의 자료

- National Association of School Psychologists. 2003. *Helping Children after a Natural Disaster: Information for Parents and Teachers.* http://www.nasponline.org/resources/crisis_safety/naturaldisaster_ho.pdf
  재난 발생 이후 아동상담을 진행할 경우 아동상담에 대한 필요

성과 필요한 단계를 설명하는 부모와 교사를 위한 간단한 정보 안내서

- The National Child Traumatic Stress Network. 2005. *After a Disaster: Helping Young Children Heal.* http://main.zerotothree.org/site/DocServer/NCTSN_Disaster_Guidelines.pdf?docID=2162&AddInterest=1142
  권장 조치 목록 점검표를 포함한 한 페이지 분량의 요약 자료

- The National Child Traumatic Stress Network. n.d. *Building Community Resilience for Communities and Nature.* http://www.nctsnet.org/nctsn_assets/pdfs/edu_materials/BuildingCommunity_FINAL_02-12-07.pdf
  이 안내책자는 지역사회 회복력 구축에 대한 정보를 제공하고, 지역사회가 자연재난, 인적재난 또는 테러행위에 효과적으로 대처할 수 있는 능력을 향상시키도록 돕는다. 지역사회 계획은 최대한의 효과를 얻기 위해 아동을 포함하여 거주자의 정서적 행복을 해결해야 한다. 재난 발생 이전에 전략을 수립하면 재난 발생 이후의 결과를 개선할 수 있는 지역사회의 능력을 향상시킬 수 있다.

- National Mental Health America. 2010. *Helping Children Handle Disaster Related Anxiety.* http://www.nmha.org/index.cfm?objectid=e2a880ae-1372-4d20-c886e4e4aa69eea1
  재난 발생 이후 아동의 스트레스에 대처하기 위한 부모용 자료

- NYU Child Study Center. n.d. *Posttraumatic Stress Disorder.* http://www.aboutourkids.org/families/disorders_treatments/az_disorder_guide/posttraumatic_stress_disorder
  재난이 아동에게 미치는 심리사회적 영향에 대한 정보를 제공하는 온라인 과정

훈련, 교육과정 및 교육자료

다음 자료는 재난, 재난의 영향, 재난대비 및 대응에 대해 다양한 교육대상(양육자 또는 자녀)을 교육하기 위한 정보로 연결되거나 정보를 제공한다.

- American Academy of Pediatrics. *Calendar of Disaster Preparedness Events.* http://www.aap.org/disasters/events.cfm
  재난피해 아동을 대상으로 하는 토의 및 훈련과정, 이벤트 목록

- American Association of Pediatricians. n.d. *Caring for Your Family.* http://www.aap.org/family/frk/aapfrk1.pdf
  가족이 재난에 대비하는 방법에 대한 일반적인 개요가 포함된 유인물

- American Bar Association. 2007. *Help in Child Welfare: Legal and Judicial System Responses to Children and Families Affected by*

Disasters. http://www.abanet.org/child/disasters.pdf
2005년과 2006년 ABA 대응에 대해 다음과 같은 3가지 영역의 지원을 중심으로 설명하고 있다. ① 허리케인 피해 지역의 지방법원 및 아동복지 법률사무소의 즉각적인 요구를 파악하고 돕는 것, ② 카트리나 피해 아동과 가족의 법적 요구를 충족시키기 위해 아동복지법률 전문가를 제공하도록 돕는 것, ③ 필요한 주 및 연방의 입법 조치를 포함하여 카트리나 같은 재난에서 아동 및 가족에게 영향을 미치는 아동복지법률 문제를 연구하는 것

- American Medical Association. 2010. *Basic Disaster Life Support Course.* http://www.ama-assn.org/ama/no-index/physician-resources/12618.shtml
공중보건 및 사고관리시스템, 지역사회 정신건강 및 취약한 인구(아동 포함)의 특별한 요구사항에서 보건전문가의 역할을 소개하는 직접적인 전달 과정

- American Red Cross. 2010. *Masters of Disaster.* http://www.redcross.org/disaster/masters/
미국 적십자사 재난전문가(American Red Cross Master of Disaster®) 교육과정은 기관에서 청소년들에게 중요한 재난안전 및 대비 정보를 교육하는 데 도움이 되는 일련의 준비된 수업 계획에 중점을 둔다. 재난전문가는 재난 관련 주제에 대한 수업, 활동 및 시연을 기관의 일일 또는 주제별 프로그램에 통합할 수 있다. 교육과정은 비순차적이므로 기관 담당자는 프로그램에 가

장 적합한 수업 계획을 선택할 수 있다. 재난교육 석사과정 자료는 전 국가적 교육 표준을 충족시키고, 특히 초등 저학년(K-2), 초등 고학년(3-5) 및 중학교(6-8) 수업에 맞게 조정된다.

- American Red Cross. 2010. *Preparing and Getting Trained: Children.* http://www.redcross.org/portal/site/en/menuitem.d8aaecf214c576bf971e4cfe43181aa0/?vgnextoid=e4a20c45f663b110VgnVCM10000089f0870aRCRD&vgnextfmt=def
  아동에게 필요한 훈련과 정보 제공의 필요성을 설명하는 간단한 웹사이트

- American Red Cross. *Disaster Preparation Training.* http://www.redcross.org/services/prepare/0,1082,0_239_,00.html

- California Office of Emergency Services. *Be Smart, Be Prepared, Be Responsible! Coloring Book.* http://www.oes.ca.gov/Operational/OESHome.nsf/PDF/Be%20Smart%20Coloring%20Book/$file/ColorBk.pdf
  아동에게 기본적인 재난대비 정보를 제공하는 색칠하기 책

- Children's Hospital Los Angeles Pediatric Disorder Resource and Training Center. n.d. http://www.chladisastercenter.org/site/c.ntJYJ6MLIsE/b.3569237/k.DEF0/Education__Training.htm
  로스앤젤레스 카운티 전역에 있는 건강관리센터와 실제적으로 연계된 훈련, 자원 및 새로운 모델을 제공하는 웹사이트

- Children's National Medical Center. n.d. *Pediatric Disaster Web Based Training Program.* http://uat.dcchildrens.com/chexwizarding/pediatricdisasterwbtprogram_b/index.html
  아동과 관련된 사건이나 재난에 대비하고 준비할 수 있는 정보를 제공하는 온라인 과정. 이 프로그램은 교육과정과 시험을 마치면 평생교육 학점을 제공한다.

- Cincinnati Children's Hospital Medical Center. n.d. *Emergency, Safety, and Disaster Planning.* http://www.cincinnatichildrens.org/svc/alpha/c/special-needs/resources/emergencies.htm
  긴급 정보 양식, 재난계획, 공급 키트, 아동 경보 및 위치 확인, 아동 신상 정보에 관한 일련의 정보 기록지가 포함되어 있다.

- Department of Homeland Security. n.d. *Ready Kids.* http://www.ready.gov/
  아동 대상 재난계획을 위한 웹사이트

- FEMA. 2009. *Student Tools for Emergency Preparedness (STEP).* http://www.nedrix.com/presentation/0309/STEP%20One%20Page.pdf
  뉴잉글랜드 주 재난관리기관에서 지원하는 재난대비교육 프로젝트를 설명하는 자료. 이 프로그램에서 4학년 학생들은 다양한 유형의 응급상황을 다루고, 가족구성원들과 이러한 인식을 공유하는 '대리인'으로 활동하기 위한 전략을 학습한다.

- FEMA. n.d. *Disaster Coloring Book.* http://www.fema.gov/kids/games/colorbk/original_color.htm
  아동을 위한 최초의 재난대비 색칠하기 책 중 하나로, 다운로드 가능

- FEMA. n.d. *FEMA for Kids website.* http://www.fema.gov/kids/
  아동의 재난대비 기본교육을 위한 웹사이트

- FEMA. n.d. *Freebies for Disaster Action Kids.* http://www.fema.gov/kids/freebie.htm
  아동을 위한 재난 관련 교육자료의 무료 주문 정보를 제공하는 웹사이트

- FEMA Emergency Management Institute. 2009. *EMI School Program.* http://training.fema.gov/emiweb/emischool/
  NIMS의 시행을 지원하는 학교 관계자 과정과 학교 재난관리 역량 구축을 목표로 하는 일반 과정을 제공한다.

- FEMA Emergency Management Institute. n.d. *Interactive WebBased Course: IS-362 Multi-Hazard Emergency Planning for Schools.* http://www.training.fema.gov/EMIWeb/IS/is3 62.asp
  학교 재난계획 수립을 위한 정보를 제공하는 독자적인 학습 과정

- FloridaDisaster.Org. n.d. *Kids Get a Plan website.* http://www.

kidsgetaplan.com/
아동의 재난계획 학습에 도움이 되는 대화식 웹사이트

- HHS. n.d. *Decontamination of Children.* http://www.ahrq.gov/research/decontam.htm
재난대응 담당자 및 병원 응급실 직원이 생물학적 테러 공격을 포함한 유해 화학물질에 노출된 아동의 오염물질을 안전하게 제거하는 방법을 보여주는 27분짜리 비디오 영상

- NACCRRA. n.d. *Disaster Preparation: A Training for Child Care Centers.* http://www.naccrra.org/disaster/docs/disaster_prep_ccc.pdf
영유아교육기관 훈련 담당자의 재난대비를 돕는 안내책자. 영유아교육기관을 운영하거나 근무하는 개인의 훈련을 위한 구체적인 활동이 포함된다.

- NACCRRA. n.d. *Disaster Preparation: A Training for Family Child Care Providers.* http://www.naccrra.org/disaster/docs/naccrra_fc_081506.pdf
가정에서 자녀를 돌보는 양육자의 재난대비 훈련을 돕는 안내책자. 가정에서 자녀를 돌보는 양육자의 훈련활동이 포함되어 있다.

- NACCRRA. n.d. *What's the Plan? Ask Your Child Care Provider before a Disaster.* http://www.naccrra.org/disaster/docs/ParentBroch.pdf

모든 부모가 아동보육 프로그램을 선택할 때 가장 중요한 질문은 "어떤 종류의 재난대비계획을 마련하고 있습니까?"이다. 부모가 자녀의 안전과 안녕을 보장할 수 있도록 아동보육 제공자의 재난계획에 대해 언제, 어디서, 무엇을, 어떻게 질문해야 하는지 10가지 질문을 통해 안내한다.

- Plan UK. 2007. *Indonesian Children's View on Disaster Risk Reduction.* http://www.childreninachangingclimate.org/docs/PLAN%20Booklet_Eng.pdf
  아동 중심의 재난 위험 감소에서 위험, 성별 및 종교 간의 관계에 관한 연구

- University of Illinois Extension. n.d. *Children, Stress, and Natural Disasters: A Guide for Teachers.* http://web.extension.uiuc.edu/disaster/teacher2/guide.html
  자연재난이 교실에서 아동의 행동과 성적에 어떤 영향을 미칠 수 있는지 교사에게 알리고, 이에 아동이 대처하도록 교사가 할 수 있는 일이 무엇인지 안내한다.

- U. S. Department of Education. n.d. *Readiness and Emergency Management for Schools.* http://rems.ed.gov/index.php?page=trainings
  미 교육부의 안전 및 약물중독 예방 학교(OSDFS), 준비 및 학교 재난관리(REMS), 기술지원(TA) 센터는 피부양자를 위해 매년 두 번의 교육을 실시한다. 초기 교육은 NIMS(National Incident Manage

ment System)를 소개하고 4단계의 재난관리에 중점을 둔다.

기술 지원

이 부분에는 프로그램 관련 자료가 포함되어 있거나, 재난피해 아동의 고유한 요구를 충족시키는 데 필요한 세부적인 기술지원을 제공하는 자료가 포함되어 있다.

- American Academy of Pediatrics. 2005. *Clinician Recommendations Regarding the Return of Children to Areas Impacted by Flooding and/or Hurricanes.* http://www.aap.org/disasters/pdf/Hurricanes-ReturnofChildren.pdf
  이 체크리스트는 재난 발생 이후 자녀들을 이전 가정으로 돌려보내는 것이 적절한지를 아동양육 책임자가 결정하는 데 도움을 준다.

- American Academy of Pediatrics. 2007. *Prehospital Preparedness for Pediatric Mass-Casualty Events.* http://pediatrics.aappublications.org/cgi/content/full/120/4/e756
  대규모 살상사건의 피해아동을 보호하기 위한 미국 내 병원 응급의료서비스 기관의 사전 준비를 문서화한다.

- American Academy of Pediatrics. n.d. *Pediatric First Aid for*

Caregivers and Teachers—The Book. http://www.pedfactsonline.com/Thebook.cfm.
아동의 부상이나 질병 발생 시 교사 및 양육자의 대처방법에 대한 정보

- American Academy of Pediatrics. *Children and Disasters.* http://www.aap.org/disasters/schools.cfm
  부모와 다른 보호자가 재난피해 아동의 요구를 계획하고 대비하는 데 도움이 되는 여러 가지 자료에 대한 링크를 제공한다.

- American Red Cross. 2006. *Talking about Disasters: A Guide for Standard Messaging.* http://www.redcross.org/disaster/disasterguide/
  아동을 포함한 일반인에 대한 재난 안전 정보 제공자를 돕기 위해 만들어졌다.

- American Red Cross. *Disaster preparedness materials.* https://americanredcross.com/pubs/dspubs/genprep.html

- Bhawan, V. 2009. *Child Protection in Emergency.* Save the Children. http://nidm.gov.in/idmc2/PDF/Presentations/Children_Disasters/Pres1.pdf
  국제 재난대응, 특히 재난피해 아동의 보호와 관련하여 세이브더칠드런(Save the Children)의 역할을 설명하는 발표 자료 슬라이드 시리즈. 이 발표 자료는 재난계획 담당자에게 지침을 제공한다.

- California Department of Education. n.d. *Crisis Response Box: A Guide to Help Every School Assemble the Tools and Resources Needed for a Critical Incident Response.* http://www.cde.ca.gov/ls/ss/cp/documents/crisisrespbox.pdf
  재난대비계획에 도움이 되는 학교 안내책자

- Church World Service Emergency Response Program. *Disaster Recovery Help.* http://www.disasterrecoveryhelp.org

- Discovery Education. n.d. *Ready Classroom.* http://readyclass room.discoveryeducation.com/
  아동이 적절하게 재난에 대비하도록 교사와 가족이 사용 가능한 재난대비 자료

- Federal Emergency Management Agency. 2003. *Mitigation Planning How-To Guide.* http://www.fema.gov/library/viewRecord.do?id=1867
  지역사회 및 주정부 기반의 예방계획 수립과 관련된 활동 및 문제점을 논의하는 일련의 안내책자. 자세한 단계별 지침을 제공하는 실용적인 내용으로 구성되어 있다.

- Federal Emergency Management Agency. n.d. *Resources for parents and teachers.* http://www.fema.gov/kids/teacher.htm and http://www.fema.gov/kids/tch_diz.htm
  교사 및 학부모를 대상으로 인쇄 및 다운로드가 가능한 여러

가지 재난 교재를 제공한다. 두 번째 사이트는 다른 조직의 자료 페이지에 대한 링크를 제공한다.

- FEMA. 2009. *Planning for the Needs of Children in Disasters.* FEMA L 366
  비상운영계획의 샘플

- HHS. n.d. *Child Care Resources for Disasters and Emergencies.* http://nccic.acf.hhs.gov/emergency/index.cfm
  특히 아동보육에 관련된 재난 대비, 대응 및 복구를 위한 정보 및 핵심 자원을 모아놓은 주요 링크 목록

- HHS. n.d. *Disaster Alternate Care Facilities: Report and Interactive Tools*. http://www.ahrq.gov/prep/acfselection/dacfrep.htm
  기관 및 지역사회가 대체 의료시설을 선택하고, 환자를 어떤 의료시설로 이송할지 결정하는 데 도움이 되는 보고서 및 대화형 컴퓨터 도구

- India Disaster Management Congress. 2009. *Children and disasters theme.* http://nidm.gov.in/idmc2/pres_children.asp
  제2차 인도 재난관리대회에서 발표된 다양한 슬라이드 쇼

- Kumar, M. B. 2009. *Child Care and Protection in Disasters.* National Institute of Public Cooperation and Child Development. http://nidm.gov.in/idmc2/PDF/Presentations/Children_Disasters/Pres2.pdf

재난 상황에서의 아동 보호에 관한 발표 슬라이드 시리즈

- Mehta, N. 2009. *Child Centeredness in Disaster Response.* PLAN. http://nidm.gov.in/idmc2/PDF/Presentations/Children_Disasters/Pres6.pdf
  PLAN의 아동 중심 재난 복구 노력, 특히 심리사회적 보호를 강조하는 일련의 발표 슬라이드

- National Association of School Nurses. 2006. *Disaster Preparedness: School Nurse Role.* http://www.nasn.org/Default.aspx?tabid=221
  재난대비에 참여 가능한 학교 간호사의 역할에 대한 설명

- National Association of School Psychologists. n.d. *School safety and crisis resources.* http://www.nasponline.org/resources/crisis_safety/index.aspx
  재난피해 아동의 심리사회적 요구에 초점을 맞춘 실제 자료 및 기타 자원에 대한 링크를 제시하고 있는 웹사이트

- National Center for Missing and Exploited Children. 2005. *Know the Rules: Safety Tips for Children Displaced in Natural Disasters and Their Caregivers.* http://www.missingkids.com/missingkids/servlet/ResourceServlet?LanguageCountry=en_US&PageId=2118
  자연재난 피해아동이 새로운 환경에 적응하고 보호자가 최대한의 도움을 제공할 수 있도록 돕기 위해 작성된 실제 자료

- Save the Children. 2009. *Child Centered and Community Based Disaster Risk Reduction.* http://nidm.gov.in/idmc2/PDF/Presentations/Children_Disasters/Pres3.pdf
  지역사회 재난 위험 감소 노력에 아동을 포함시키는 내용의 발표 슬라이드 시리즈

- Seltzer, J. M., et al. 2007. *Environmental Hazards for Children in the Aftermath of Wildfires.* http://www.aap.org/disasters/pdf/Wildfires-RecoveryPhase.pdf
  산불 발생 이후에 개인 및 가족이 아동의 위험을 고려하여 지역사회나 가정으로의 복귀 안전을 평가하는 정보를 제공한다.

- Seltzer, J. M., et al. 2007. *Health Risks of Wildfires for Children—Acute Phase.* http://www.aap.org/disasters/pdf/Wildfires-AcutePhase.pdf
  산불 발생 시 아동이 직면하는 위험에 대한 가족의 대비를 다룬 기술 보고서

- Trust for America's Health and the American Academy of Pediatrics. 2006. *Pandemic Influenza: Warning, Children at Risk.* http://aap.org/new/KidsPandemicFlufnl.pdf
  아동 및 청소년에 대한 유행성 독감 확산 방지 전략의 문서화

- U. S. Department of Education. n.d. *Readiness and Emergency Management for Schools Technical Assistance Center.* http://rems.ed.gov/index.cfm?event=resources

보고서

이 부분에는 재난관리의 특정 구성요소를 다루는 학술 및 전문보고서에 관한 참고문헌이 포함되어 있다.

- Columbia University Mailman School of Public Health. 2007. *Pediatric Preparedness for Disasters and Terrorism.* http://www.ncdp.mailman.columbia.edu/files/peds2.pdf
  테러의 영향으로부터 청소년과 아동을 보호하기 위한 지식과 실제 과정에 대해 자세히 설명한 보고서

- Council on Accreditation. 2005. *Former Child Welfare Leader Offers Insights on Lessons Learned from Hurricane Katrina at COA's Public Agency Roundtable.* http://www.coanet.org/Files/RoundtableLuncheon.pdf
  2005년 공인기관협의회(2005 Council on Accreditation Public Agency) 오찬 라운드테이블 발표의 주소

- Foltin, G. 2009. *The Future of Pediatric Disaster Preparedness. Elsevier.* http://www.ncdp.mailman.columbia.edu/files/foltin_redlener.pdf
  이 기사는 소아과적 재난대비책의 현재 과제와 향후 방안에 대한 개요를 작성하는 재난대비 분야 전문가의 공동 노력의 대표적인 사례다.

• Goodman, R. 2001. *Kids and Terrorism: Supporting Our Children in Times of Crisis.* NYU Child Study Center. http://www.aboutourkids.org/articles/kids_terrorism_supporting_our_children_in_times_crisis
뉴욕대학교 아동연구센터(New York University Child Learning Center)를 대표하여 아동연구센터 공공교육프로그램(Public Education Programs) 및 AboutOurKids.org 소장인 로빈 굿맨(Robin Goodman, PhD)의 서면 및 구두 발표자료 편집

• Government Accountability Office. 2006. *Gulf Coast Hurricanes: Lessons Learned for Protecting and Educating Children.* http://www.gao.gov/new.items/d06680r.pdf
다음 사항을 결정하거나 파악하기 위해 작성된 보고서. ① 실종 아동의 인원수와 이들의 위치 파악 및 교훈, ② 루이지애나주에서 아동복지서비스를 제공받는 위탁아동 및 기타 아동의 인원수, 특히 폭풍피해 아동 인원수와 이들의 위치 파악 및 교훈, ③ 폭풍피해 아동 인원수, 학교의 피해, 재난피해 아동교육을 위한 도전과 교훈

• National Center for Disaster Preparedness. 2007. *The Legacy of Katrina's Children: Estimating the Number of Hurricane Related At-Risk Children in the Gulf Coast States of Louisiana and Mississippi.* NCDP Research Brief 2007_12. http://www.ncdp.mailman.columbia.edu/files/legacy_katrina_children.pdf
허리케인 발생 이후 사회기반시설의 파괴를 경험한 아동 인구를 자세히 설명하고, 얼마나 많은 사람들에게 빈곤의 위험

이 증가했는지 고려한다. 이 연구보고서는 4가지 질문에 답하고자 한다. ① 허리케인 카트리나와 리타의 결과로 얼마나 많은 아이들이 피난민이 되었는가? ② 피난민 가운데 얼마나 많은 아동이 집이나 지역사회로 돌아갔는가? ③ 피난민 가운데 임시 또는 일시적으로 FEMA가 보조금을 지원하는 집단주택에 몇 명의 아동이 거주하고 있는가? ④ 임시 주거지에 여전히 거주하고 있는지, 집으로 돌아왔는지에 관계없이 피난민 자녀 중 얼마나 많은 아동이 위기요인에 노출되어 있는가?

- National Commission on Children and Disasters. 2009. *Report of the National Commission on Children and Disasters.* http://www.childrenanddisasters.acf.hhs.gov/20091014_508IR_partII.pdf

- NYU Child Study Center. n.d. *Children's Response to Hurricane Katrina. Tips for Schools and Teachers.* http://www.aboutourkids.org/articles/children039s_responses_hurricane_katrina_tips_schools_teachers
  교사와 관리자를 위한 개별적인 재난 대처 기제를 제공하는 실제 자료

- PriceWaterhouseCoopers Health Research Institute. *Closing the Seams: Developing an Integrated Approach to Health System Disaster Preparedness.* http://www.pwc.com/us/en/healthcare/publications/closing-the-seams.jhtml
  미국 보건시스템의 재난대비를 확인하고, 격차를 파악하며, 예

측하기 어려운 상황에서도 의료서비스를 제공하는 데 도움이 되는 새로운 해결책 및 혁신적인 모범 사례를 강조하는 포괄적인 보고서

- Senate Committee on Homeland Security and Governmental Affairs. 2009. *Focusing on Children in Disasters: Evacuation Planning and Mental Health Recovery.* http://hsgac.senate.gov/public/index.cfm?FuseAction=Hearings.Hearing&Hearing_ID=aa8241f6-6f0e-41a5-87c3-07c9a58ecbfa
  재난피해 아동을 위한 정부 계획에 대한 전문가의 증언

- The Urban Institute. 2006. *Federalism after Hurricane Katrina: How Can Social Programs Respond to a Major Disaster?* http://www.urban.org/UploadedPDF/311344_after_katrina.pdf
  허리케인 카트리나와 그 여파의 극한 상황에서 사회복지 프로그램이 어떻게 운영되는지 설명하는 보고서

- Yale University Medical Center. n.d. *Small Victims, Big Challenges: Pediatric Triage, Treatment, and Recovery in Disasters.* http://www.aap.org/disasters/pdf/YNH-fact-sheet.pdf
  소아과 의료기관 및 소아과 의사를 위한 재난 이후 소아과 치료 관련 재난대비 훈련과정에 관한 실제 자료

관련 단체

다음은 재난피해 아동의 요구를 충족시키거나 아동의 재난 취약성 감소를 촉진하는 기관 목록이다. 재난에 적극적으로 참여하는 기관에 대한 보다 포괄적인 목록은 전국재난자원봉사단체(National Voluntary Agencies Active in Disasters)의 웹사이트 또는 http://www.nvoad.org/에 접속하여 찾을 수 있다. 이 목록에는 모든 것이 포함되어 있지는 않다.

- American Association of Pediatricians
  http://www.aap.org

- American Red Cross
  http://www.redcross.org

- Brethren Children's Disaster Services
  http://www.brethren.org

- Children's Health Fund
  http://www.childrenshealthfund.org/children-in-crisis

- Christian Children's Fund
  http://www.childfund.org

- Church World Service Emergency Response Program
  http://www.disasterrecoveryhelp.org, http://cwserp.org

- Cincinnati Children's National Center for School Crisis and Bereavement
  http://www.cincinnatichildrens.org/svc/alpha/s/school-crisis/default.htm

- Federal Emergency Management Agency
  http://www.fema.gov

- Habitat for Humanity
  http://www.habitat.org

- KaBOOM!
  http://kaboom.org/

- Mercy Corps
  http://www.mercycorps.org

- National Association of Child Care Resource and Referral Agencies (NACCRRA)
  http://www.naccrra.org/disaster/

- National Center for Missing and Exploited Children
  http://www.missingkids.com

- National Commission on Children and Disasters
  http://www.childrenanddisasters.acf.hhs.gov/

- North American Mission Board: Southern Baptist Disaster Relief
  http://www.namb.net/site/c.9qKILUOzEpH/b.224451/k.A400/Disaster_Relief.htm

- Salvation Army
  http://www.salvationarmyusa.org

- Save the Children
  www.savethechildren.org

- U. S. Department of Education
  http://www.education.gov

- U. S. Department of Health and Human Services
  http://www.hhs.gov

웹 링크

다음 웹 링크는 재난피해 아동을 위한 계획에 대한 흥미로운 정보가 포함된 웹사이트에 접근하는 경로를 제공한다.

- American Academy of Pediatrics: Children and Disasters (child care)
  http://www.aap.org/disasters/child-care.cfm

- American Academy of Pediatrics: Children and Disasters (families)
  http://www.aap.org/disasters/families.cfm

- American Academy of Pediatrics: Children and Disasters (pediatricians)
  http://www.aap.org/disasters/pediatricians.cfm

- American Red Cross Disaster Preparation Training
  http://www.redcross.org/services/prepare/0,1082,0_239_, 00.html

- American Red Cross Masters of Disaster® Family Kit
  http://www.redcross.org/preparedness/familymodule/fam-cd-front-page-1.html

- Children's Health Fund
  http://www.childrenshealthfund.org

- Child Welfare Information Gateway: Disaster Preparedness
  http://www.childwelfare.gov/highlights/disaster/prepare.cfm

- Church World Service Emergency Response Program, Disaster Recovery Help
  http://www.disasterrecoveryhelp.org

- Council of State Archivists: Intergovernmental Preparedness for Essential Records Project http://www.statearchivists.org/iper/index.htm

- Dougy Center for Grieving Children and Families
  http://www.dougy.org/

- Emergency Medical Services for Children
  http://bolivia .hrsa .gov/emsc/

- Emergency Preparedness for Teachers, Students, and Families
  http://readyclassroom.discoveryeducation.com/

- EMSC National Resource Center
  http://www.childrensnational.org/EMSC/

- Helping Children after a Natural Disaster: Information for Parents and Teachers
  http://www.nasponline.org/resources/crisis_safety/naturaldisaster_ho.aspx

- Independent Study Course: IS-7 A Citizen's Guide to Disaster Assistance
  http://www.training.fema.gov/EMIWeb/IS/is22.asp

- Independent Study Course: IS-22 Are You Ready? An In-Depth Guide to Citizen Preparedness http://training.fema.gov/EMIWeb/IS/is7.asp

- Independent Study Course: IS-394. a Protecting Your Home or Small Business from Disaster
  http://training.fema.gov/EMIWeb/IS/IS394A.asp

- Institute for Business and Home Safety
  http://www.disastersafety.org/

- Lessons Learned Information Sharing: Children and Disasters (resource page)
  http://www.lls.dhs.gov/index.do

- Model for Child Care Readiness: Tulsa Partners
  http://tulsapartners.org

- National Association for the Education of Young Children
  http://www.naeyc.org/families/disaster.asp

- National Association of Child Care Resource and Referral Agencies, Children and Disasters
  http://www.naccrra.org/disaster/

- National Emergency Medical Services for Children Data Analysis Resource Center http://www.nedarc.org/nedarc/index.html

- Preparing for Disaster: The Parent View
  http://www.naccrra.org/for_parents/coping/disaster.php

- Ready Business
  http://www.ready.gov/business

- Ready Business (Spanish)
  http://www.listo.gov/negocios

- Resources for Parents and Teachers
  http://www.fema.gov/kids/teacher.htm

- Save the Children Journey of Hope
  http://savethechildren.org

- Save the Children Recovery and Resilience-Building Programs
  http://www.savethechildren.org/programs/us-literacyand-nutrition/recovery-resilience.html

- Sesame Street Let's Get Ready!
  http://www.sesamestreet.org/ready

- Tips for Talking about Disasters
  http://mentalhealth.samhsa.gov/cmhs/EmergencyServices/after.asp

부록

부록 A

국가아동재난위원회 2010

(National Commission on Children and Disasters)

대통령 및 의회 보고내용 2010년 8월 23일

보고서 발행일: 2010년 8월

전체 개요

대통령과 의회는 연방정부의 재난 관련 법률, 규정, 프로그램과 정책을 검토하여 아동의 요구에 대한 대응을 평가하고 중대한 결점을 보완하도록 국가아동재난위원회에 지시했다. 위원회가 보고서에 종합한 의견이 전체 개요에 제시되어 있다. 관례적으로 위원회에서는 대통령, 연방정부기관과 의회에 주요 사항을 제안한다. 그러나 위원회는 연방정부, 주정부, 부족, 지역, 지방정부 등 아동 및 재난과 관련된 모든 기관의 국가적인 협력체계를 형성하기 위해 비연방기관과 입법기관에 대해서도 적절한 제안사항을 제시했다. 의회, 연방기관, 비연방정부 파트너들이 각 기관에 해당하는 사항을 신속히 식별할 수 있도록 위원회는 기관, 집단 또는 각 조직별로 가장 밀접한 권고사항을 제시했다.

권고사항 1.1: 재난관리 업무 및 운영과 관련하여 모든 정부기관 내외에서 아동의 요구를 식별하고 종합적으로 수렴한다.

- 대통령은 아동과 재난을 위한 국가적 전략을 개발해야 한다.
- 행정부문, 의회 그리고 지방정부의 파트너들은 '고위험' 인구 범주에서 아동을 분리하여 우선순위에 두어야 한다.
- 모든 정부기관의 행정부문은 당국, 기금, 정책전문가의 충분한 지원을 바탕으로 지속 가능한 아동 재난의 종합방안을 수립하고 유지해야 한다. FEMA는 지역 차원에서 아동종합전문가를 임명해야 한다.
- 행정부문과 비연방정부 파트너들은 재난계획 문서 및 관련 기금 프로그램에서 아동을 특별히 우선순위에 두어야 한다.
- 행정부문과 비연방정부 파트너들은 교육, 아동보육, 청소년법원 그리고 아동복지시스템을 재난계획, 훈련 그리고 활동에 포함시켜야 한다.
- 행정부문과 비연방정부 협력기구는 구체적인 목표 결과물과 수행평가척도를 토대로 대응능력, 준비훈련, 활동에서 아동을 특별히 우선순위에 두어야 한다.
- 행정부문과 의회는 위원회의 권고사항과 대응능력 향상을 추적하기 위해 책임제를 도입하고 모니터링을 실시해야 한다.

권고사항 1.2: 대통령은 아동의 신체 및 정신건강, 교육, 주거, 복지 요구에 즉각적·장기적으로 대응할 것을 명백히 강조하는 국가재난 복구체계(National Disaster Recovery Framework) 개발 및 실행을 가속화 시켜야 한다.

권고사항 1.3: DHS/FEMA는 적절한 시기에 아동 및 가족에게 효율적으로 복구서비스를 제공하기 위해 필요한 정보를 해당 기관과 함께 수집하고 공유해야 한다.

- 정부기관과 비정부단체들은 아동과 가족의 즉각적 및 장기적 회복 요구를 파악하고 지원하기 위해 그들에 대한 정보를 수집해야 한다.
- DHS/FEMA는 복구 서비스를 제공하기 위해 해당 정부기관 및 비정부단체들과의 정보 공유를 확대해야 한다.
- DHS/FEMA는 아동과 가족에게 재난 지원이 가능한 지역 및 주 이외의 자원봉사단체, 비정부단체 및 네트워크 등 기타 기관을 미리 식별하고 자격을 부여해야 한다.

권고사항 1.4: DHS/FEMA는 재난대응기금, 기술지원, 훈련 등 여러 자원을 주 및 지역 아동보육시스템 및 아동집합시설에 제공하기 위해 단체 간 협약을 체결해야 한다.

권고사항 2.1: HHS는 아동의 정신건강 및 행동건강을 공중보건, 의료, 그리고 기타 재난관리활동에 통합하기 위해 노력해야 한다.

- 의회는 HHS가 재난대비, 대응, 복구활동 시 정신건강 및 행동건강이 핵심요소가 될 수 있도록 재난 정신건강과 행동건강의 운영 개념(Concept of Operations; CONOPS)을 개발하도록 지시해야 한다.

권고사항 2.2: HHS는 심리적 응급처치, 인지행동 중재, 사회적 지지 중재, 사별 상담과 지지, 그리고 재난 이후 아동의 회복력을 향상시키는 프로그램 등 아동의 재난 정신건강과 행동건강을 위한 연구의제를 증진시켜야 한다.

- HHS는 관련 기관의 연구 포트폴리오 검토를 위해 아동의 재난 정신건강 담당자와 소아과 전문의를 소집하여 그들 간 견해 차이를 규명하고, 아동과 가족을 위한 재난 정신건강의 전 범위에서 국가적 연구 의제를 발굴해야 한다.

권고사항 2.3: 연방정부기관과 비연방정부 파트너는 교사와 정신건강 전문가를 위한 심리적 응급처치, 사별 지원, 그리고 간단한 중재를 포함하여 아동 재난 정신건강과 행동건강에서 재난 이전의 대비와 시기적절한 훈련을 증진시켜야 한다.

권고사항 2.4: DHS/FEMA와 SAMHSA는 아동과 가족의 정신건강 요구를 충족시키기 위해 위기상담 지원 및 훈련 프로그램(Crisis Counseling Assistance and Training Program: CCP)을 강화해야 한다.

- 긴급 복지서비스 프로그램(Immediate Service Program: ISP)의 승인 지원을 간소화하여 재난피해 지역사회의 부담을 최소화하고, 기금의 신속한 배정과 서비스 개시를 촉진한다.
- 주정부 CCP에 아동의 재난 정신건강 조정자(Children's Disaster Mental Health Coordinator)를 임명한다.
- CCP 모델을 공식적으로 수정하여 정신건강 영향력이 '전형적인' CCP에 의해 적절히 해결되기 어려운 지역에 '향상된 서비스'를 제공한다.
- 전형적으로 제공되는 CCP 서비스 안에 사별 지원과 교육을 포함시킨다.

권고사항 2.5: 의회는 독립적이고 융통성 있는 보조금 지원 절차를

마련하여 재난 관련 적응 문제, 정신질환, 약물남용 치료 등 아동의 전반적인 행동건강 요구를 해결하기 위한 정신건강 치료서비스를 지원해야 한다.

권고사항 3.1: 의회와 HHS는 연방정부, 주정부, 지방정부 차원에서 화학, 생물, 방사능, 핵, 폭발물에 의한 위협에 대처할 수 있도록 소아 의료대책(pediatric medical countermeasures: MCM)의 이용 가능성 및 접근성을 확보해야 한다.

- 국가전략실(Strategic National Stockpile: SNS), DHS/FEMA 지원금에 아동을 위한 MCM이 개발 비용에 포함될 수 있도록 기금 및 보조금 지침을 제공해야 한다.
- 응급상황 발생 이전에 MCM의 소아과 지시를 승인하기 위해 HHS 장관의 지시에서 FDA를 허용하도록 비상사태 선포 권한(Emergency Use Authorization)을 수정한다.
- 소아 응급 MCM과 관련하여 HHS 장관에게 조언하고 전문적 동의를 제공하기 위해 연방정부의 파트너와 외부 전문가들의 적절한 조언을 구한다.
- HHS 생물의학 연구 및 개발 담당기관(Biomedical Advanced Research and Development Authority) 내에 소아과 책임자를 지정하고, 소아과 및 산부인과 간 협력 분석을 실시하여 연구를 제안한다.
- HHS 운영진과 MCM에 관한 문제를 처리하는 모든 관련 위원회에 소아과 전문의를 포함시킨다.
- 제안된 MCM 개발 책임자와 정부 내외 기관의 소아환자 관련 이해관계자 간에 협력한다.

권고사항 3.2: HHS와 DoD는 소아환자 특수훈련, 지침, 연습, 물품 그리고 인력의 통합을 통해 재난 의료대응팀의 소아환자 대응능력을 향상시켜야 한다.

- HHS는 국가재난의료체계(National Disaster Medical System: NDMS)의 개별 영역 내에 소아과적 대응능력을 개발해야 한다.
- HHS는 NDMS 재난대응을 지원하는 소아보건 관계자의 '인력풀'을 마련해야 한다.
- HHS와 DoD는 개별 재난 의료대응팀에서 소아보건 조정자를 지정하고, 소아과 전문의와 함께 구성원을 모집하고, 이를 유지하기 위한 전략을 개발해야 한다.

권고사항 3.3: HHS는 재난 발생 시 아동을 치료하는 보건전문가들이 적절한 소아과적 재난 임상훈련을 수료했는지 확인해야 한다.

- 대통령은 소아과적 핵심역량, 핵심 교육과정, 훈련, 그리고 연구개발을 우선시하기 위해 공중보건과 의학적 재난대비 및 대응을 위한 연방정부의 교육과 훈련 중재 그룹(Federal Education and Training Interagency Group for Public Health and Medical Disaster Preparedness and Response: FETIG)을 지휘해야 한다.
- FETIG는 핵심 임상역량, 표준적인 모듈식의 소아과 재난보건관리 교육과 훈련 교육과정을 수립하기 위해 소아과적 재난 임상 교육과 훈련 실무위원회(Pediatric Disaster Clinical Education and Training Working Group) 구성을 지지해야 한다.

권고사항 3.4: 행정부서와 의회는 재난 발생 시 소아환자의 수요 급증을 지원하기 위해 공식적으로 지역별 소아과 의료시스템을 위한 자원을 제공해야 한다.

- HHS는 병원 대비 프로그램(Hospital Preparedness Program)에서 소아환자의 수요 급증 대비 능력을 '필수 기금 능력(Required Funding Capacity)' 안에 포함시켜야 한다.
- 주 및 병원의 승인 기관은 미국소아과학회(American Academy of Pediatrics), 미국응급의학회(American College of Emergency Physicians)와 응급간호협회(Emergency Nurses Association)에 의해 공동으로 개발된 재난대비 지침서를 채택하여 모든 병원 응급실이 아프고 부상당한 아동을 언제라도 치료할 준비가 되어 있는지 확인해야 한다.

권고사항 3.5: 재난피해 지역에서 아동의 건강 및 정신건강서비스 제공 시스템을 우선시한다.

- 의회는 아동의 정신건강 회복과 지속을 위해 영리 및 비영리 기금을 충분히 마련해야 한다.
- 행정부서는 국가보건보안전략 및 국가재난복구체계(National Health Security Strategy and National Disaster Recovery Framework)의 설치 및 시행에 있어 건강 및 정신건강서비스 제공 시스템을 의무적인 계획으로 인식하고 지원해야 한다.
- HHS는 재난피해 지역에 의료부조 및 아동의 건강보장프로그램(Medicaid and Children's Health Insurance Program) 보조금을 지급해야 한다.

- 미국의학협회(American Medical Association)는 현행 의료행위 분류 정의에 새로운 분류 정의를 채택해 재난의료서비스를 반영해야 한다.

권고사항 3.6: EPA는 재난피해 지역의 가정, 학교, 영유아교육기관, 그리고 기타 아동집합시설을 위한 국가 지침서와 최적의 대응책을 개발하고, 이를 촉진하기 위해 주정부와 지방정부의 보건담당자와 비정부 전문가를 연계시켜야 한다.

- EPA와 HHS는 재난 아동건강에 대한 환경적 위험요인에 대한 연구를 확장해야 한다.

권고사항 4.1: 대통령과 의회는 기금, 연구, 정책, 그리고 규준 개발 및 적용 관련 주요 책임을 담당하는 응급의료서비스(EMS) 연방 사무국을 분명하게 지정하고, 적절한 자원을 제공해야 한다.

- 병원의 EMS 재난대비를 위해 지정된 연방 사무국에서 전문적인 연방 기금 프로그램을 마련한다.

권고사항 4.2: 일상 및 재난 발생 시 소아환자를 수송하고 소아환자를 종합적으로 관리 할 수 있도록 응급의료서비스(EMS) 역량을 향상시킨다.

- 의회는 모든 주정부 및 지방정부가 아동을 위한 응급의료서비스(Emergency Medical Services for Children: EMSC) 수행 목표를 달성하고, 연구개발을 지원하도록 EMSC에 기금을 전액 제공해야 한다.

- 소아환자 관련 장비와 물품을 적재하고 유지하기 위해 국가 지침서를 참조하여 응급처치와 응급의료 차량을 준비하도록 요구한다.
- HHS와 DHS는 더욱 강력한 소아과적 응급의료서비스(EMS) 수행 측정도구를 마련해야 한다.
- HHS는 EMSC 2009 관련 연구의 갭 분석(Gap Analysis) 결과를 참조해야 한다.

권고사항 4.3: HHS는 재난 발생 시 연방 소아 응급환자 수송과 환자 관리 능력을 향상시키기 위한 국가 전략을 개발해야 한다.

- 관련 정부기관과 아동 응급의료 수송을 위한 영리기관의 역량에 대해 국가적 검토를 실시한다.

권고사항 5.1: 재난 사례관리 프로그램은 적절한 지원이 이뤄져야 하며, 재난피해 아동과 가족을 위한 구체적이고 긍정적인 결과를 달성할 수 있는 지속적이고 총체적인 서비스가 제공되어야 한다.

- 행정부서와 의회는 국가 전반을 포괄하는 재난 사례관리 시스템 설치, 지원, 배치를 위해 충분한 기금을 제공해야 한다.
- DHS/FEMA는 연방정부에서 주정부로의 재난 사례관리 프로그램 이행을 분명히 해야 한다.
- 정부기관과 비정부기관들은 아동과 가족의 요구에 초점을 두는 사례관리와 훈련 자격 인정을 포함하여 재난 사례관리의 필수요소와 방법에 대한 자발적 동의 규준을 개발해야 한다.

권고사항 6.1: 의회와 HHS는 영유아교육기관의 재난대비 능력을 향상시켜야 한다.

- 의회는 HHS에 권한을 부여하여 주정부가 영유아교육기관 인가 또는 등록을 위한 최소한의 건강 및 안전 규준 범위 내에 재난계획, 훈련, 활동 요건을 포함시키도록 요구해야 한다.
- 의회와 HHS는 주정부와 지방정부의 재난관리자, 공중보건 담당자, 주정부 영유아교육기관 행정담당자와 규정 사무국, 그리고 전국아동보육지원기관협회와 협력하여 주정부 차원의 영유아교육기관 재난계획을 개발하도록 요구해야 한다.

권고사항 6.2: 의회와 연방 사무국은 재난 이후 즉각적으로, 그리고 재난 복구에서 아동보육서비스를 제공하기 위한 능력을 향상시켜야 한다.

- FEMA는 공공지원규정을 수정하여 아동보육서비스를 필수서비스로 문서화해야 한다.
- 의회는 아동보육서비스가 '정부 차원의 필수서비스'임을 「스태포드법(Stafford Act)」에 문서화해야 한다.
- 연방 사무국은 국가대응체계, 국가재난복구체계, 국가재난주거운영 및 재난주거전문가 안내책자에 아동보육서비스를 국가재난 필수서비스로 포함시켜야 한다.
- 의회는 개인이 운영하는 영리 목적의 영유아교육기관을 수리 및 재건하고, 일시적인 아동보육서비스를 지원하며, 재난피해 가족에게 아동보육서비스 보조금을 지급하기 위해 기금지원 절차를 마련해야 한다.

권고사항 6.3: HHS는 헤드스타트 센터에 재난대비 능력을 갖추고, 직원을 대상으로 기본 재난 정신건강 훈련을 실시하도록 요구해야 한다.

권고사항 7.1: 의회와 연방 사무국은 주정부에 추가적 지원을 제공함으로써 학교와 학교지구의 재난대비 능력을 향상시켜야 한다.

- 의회와 ED는 주정부 차원의 재난계획, 훈련, 활동을 감독·조정·향상시키기 위해, 그리고 모든 주의 구역들이 특정 기본 규준을 충족하고 있는지를 보장하기 위해 주정부 교육기관에 재난대비 보조금을 지원해야 한다.
- DHS/FEMA는 ED와 협력하여 주정부 및 지방정부 교육기관의 재난대비를 지원하는 기금 및 자원을 제공해야 한다.

권고사항 7.2: 의회와 ED는 재난피해 아동을 지원하기 위해 교직원의 능력을 향상시켜야 한다.

- 의회와 ED는 학생들에게 도움을 제공하는 훈련과 전문적 발달 프로그램의 시행 및 평가를 위해, 그리고 주정부 차원의 교사 자격과 관련된 필수요건을 수립하기 위해 기금을 지원해야 한다.

권고사항 7.3: 학교의 재난 복구를 위해 자원을 즉시 제공하고, 학습환경을 적절한 형태로 복구하며, 학생과 해당 학교를 위한 지원을 제공한다.

- 의회는 학교와 학생의 회복을 지원하기 위한 영구적인 기금을

확보해야 한다.

- 의회는 집을 잃은 아동과 청소년을 위한 교육프로그램 내 비상기금을 마련하고 대피 학생의 급증에 대응하는 학교지구에 보조금을 제공해야 한다.
- 의회와 ED는 학생과 교직원의 재난 정신건강 요구를 해결하기 위한 서비스와 중재에 관한 전문적인 기술을 지원하고, 즉각적인 상담을 제공해야 한다.
- DHS/FEMA와 기타 연방 사무국들은 「스태포드법」과 다른 연방정부 자원을 통해 학교시스템에서 현재 이용 가능한 복구 프로그램, 지원, 서비스와 관련된 정보를 분명히 제공하고, 통합하고, 알려야 한다.

권고사항 8.1: 주정부 및 지방정부 아동복지기관이 재난에 적절히 대비했는지 확인한다.

- 의회는 「아동가족서비스증진법(Child and Family Services Improvement Act of 2006, CFSIA)」 통과 이후 중요한 변화가 나타났는지 판단하기 위해 아동복지 재난계획 수립에 대한 평가를 요구해야 한다.
- HHS는 규제 및 정책 지침서를 바탕으로 세부적인 재난계획 규준을 개발해야 한다.
- 아동복지 담당직원과 지역사회의 응급관리 전문가는 서로 협력하여 CFSIA에 의해 요구된 아동복지 재난계획을 검토 및 평가하고, 주정부에서 종합적인 계획을 개발하며, 그들의 법적 의무를 달성할 수 있도록 지원해야 한다.

- DHS/FEMA와 HHS는 기금, 지침서 그리고 기술지원을 아동복지기관에 제공해야 하며, 재난관리 담당자, 법원 그리고 다른 이해관계자와의 협력을 권장해야 한다.

권고사항 8.2: 주정부 및 지방정부 청소년법원과 아동을 위한 모든 치료 · 교정 · 수용시설이 재난에 대비할 수 있도록 보장한다.

- 의회는 주정부 및 지방정부 청소년법원과 아동을 위한 모든 치료 · 교정 · 수용시설이 종합적인 재난계획을 수립하도록 요구해야 한다.
- DHS/FEMA와 DOJ는 주정부 및 지방정부 청소년법원과 아동이 거주하는 치료 · 교정 · 수용시설에 기금, 기술지원, 훈련을 제공해야 한다.

권고사항 8.3: HHS와 DOJ는 아동 관련 법원이 재난에 적절히 대비했는지 확인해야 한다.

- HHS는 가정법원 증진 프로그램에 재난대응 요소를 포함시켜야 한다.
- DOJ는 청소년법원 증진 프로그램에 재난대응 요소를 포함시켜야 한다.
- DOJ와 청소년 및 가정법원 판사 국가위원회(National Council of Juvenile and Family Court Judges)는 재난대응을 프로그램에 포함시켜야 한다.

권고사항 9.1: 정부기관과 비정부기관은 필수서비스와 물품 제공을 포함하여 아동을 위한 안전한 대피 환경을 제공해야 한다.

- 아동의 상황에 적합하고 반응적인 대피소를 위한 국가 규준과 지표를 시행한다.
- 대피소 계획에 아동 연령에 적합한 필수 물품을 포함시키고, 대피소 내 아동용 물품을 즉시 배치하기 위한 추가 자금을 지원해야 한다.
- 대피소 내 아동의 안전을 보장하기 위해 아동유괴범, 성범죄자 등의 범죄경력 조회 기준을 포함하여 공통 기준 수립 및 훈련을 실시한다.

권고사항 10.1: 재난 주거지원 프로그램에서 특히 장애 또는 만성질환, 정신건강 또는 교육적 요구를 지닌 아동과 함께 있는 가족의 요구를 우선시한다.

- 정부기관과 비정부기관은 재난 대피소, 특히 지역사회 현장에서 아동과 함께 있는 가족이 필요한 서비스에 접근할 수 있고, 안전하고 건강한 생활환경이 제공되는지 확인해야 한다.
- 의회는 DHS/FEMA에서 주정부와 지방정부를 지원하여 지역사회 현장에서 아동과 가족에게 서비스를 제공하도록 해야 한다.
- DHS/FEMA는 응급 수송 계획과 아동과 가족의 회복을 위한 주정부 및 지방정부 지원에 관한 문서화된 지침서를 개발해야 한다.
- 정부기관과 비정부기관은 아동과 함께 있는 가족이 영구 거주지로 신속히 이주할 수 있도록 혁신적 프로그램을 발굴하고 이

를 촉진해야 한다.

권고사항 11.1: 연방 사무국과 의회는 재난으로 실종된 아동이 가족, 보호자 그리고 양육자와 신속하고 효율적으로 재결합하기 위한 국가정보를 개발하도록 충분한 기금을 제공해야 한다.

- DHS는 환자 및 피난민 정보 시스템 또는 가족 재결합 시스템에서 자료를 수집 · 공유 · 검색하기 위한 국가 정보기술력을 개발해야 한다.
- DHS는 연방정부, 비연방정부기관, 그리고 민간부문 간 자료 수집 및 공유를 위한 자발적 동의 기준을 개발하도록 지원해야 한다.
- 정부기관은 피난 아동, 특히 보호자를 동반하지 않은 미성년자에 관한 자료를 수집해야 한다.

권고사항 11.2: 정부 차원의 모든 수준에서 재난계획은 학교, 영유아 교육기관, 의료시설 등과 같은 아동집합시설과의 협력과 함께 특히 장애 및 만성질환이 있는 아동의 대피와 수송 요구를 해결해야 한다.

부록 B

재난 대피소 아동보육을 위한 규준 및 지표

국가아동재난위원회는 재난 대피소 아동보육을 위한 규준 및 지표(Standards and Indicators for Disaster Shelter Care for Children) 초안을 개발하고 이를 보급했다. 이 문서는 미국 적십자사(ARC)에 의해 현장에서 시범적으로 운영되었고, 2009년 허리케인 기간 동안 주정부 및 지방정부 재난사무국에 의해 실행되었다.

목적

재난 발생 시 아동의 안전한 환경을 보장하기 위해 대피소 관리자와 직원들에게 지침서를 제공하고자 개발되었다.

대피소 규준 및 지표

- 18세 이하 아동에게는 부모, 보호자, 양육자와 함께 있는 것이 주요 자원이 된다.
- 부모와 보호자가 아동과 함께 있지 않을 경우, 사법당국과 아동복지서비스기관은 이들의 재결합을 위해 노력해야 한다.
- 아동은 자신의 가족 또는 양육자와 함께 대피소에 거주해야 한다.
- 대피소 내 다른 피난민과 분리된 가족영역을 별도로 지정하도록 노력해야 한다.
- 가족영역은 화장실과 인접한 곳에 위치해야 한다.
- 부모, 보호자, 양육자는 아동이 화장실을 사용할 때 함께 동행해야 한다는 사실을 알고 있어야 한다.
- 가족 상호작용을 위한 공간을 별도로 확보하도록 노력해야 한다.
  - 이 공간에 외부 뉴스정보를 차단하여 재난보도에 대한 반복적 노출을 줄인다.
  - 연령에 적합한 장난감을 제공하여 아동이 부모, 보호자, 양육자의 보호 아래 이 공간에서 놀이에 참여하도록 한다.
- 아동이 손이나 다른 신체부위를 자주 접촉하는 대피소 내 공용 환경을 규칙적으로 세척하고 소독해야 한다. 접촉이 빈번한 곳으로는 기저귀갈이 공간, 공용 장난감, 세면대, 변기, 손잡이 그리고 바닥이 포함될 수 있다. 이러한 표면은 1:10 표백 용액 혹은 상업용 세척제를 사용하여 세척해야 한다. 지역 보건부서 책임자들에게 감염 통제 관련 지침서를 제공한다.
- 아동의 질병이 감지되면 아동을 현장 또는 지역 보건서비스 담

당자에게 의뢰하고 가능하면 부모, 보호자, 양육자의 동의를 얻는다.

- 아동의 정서적 스트레스가 감지되면 현장 또는 지역 재난 정신건강 담당자에게 아동을 의뢰하고, 부모, 보호자, 양육자의 동의를 얻는다.
- 대피소 내 아동은 연령별로 고유한 요구를 가진다. 연령에 적합하고 영양이 충분한 식사(분유와 이유식 포함)와 간식은 아동의 요구가 있으면 가능한 한 바로 이용할 수 있도록 준비한다.
- 아동의 요구가 있으면 가능한 한 바로 영아와 걸음마기 아동에게 기저귀를 제공한다. 일반적으로 영아와 걸음마기 아동은 하루에 최대 12개의 기저귀가 필요하다.
- 모든 연령에 적합한 담요도 제공되어야 한다.
- 모유 수유 여성을 위해 안전한 공간을 제공하여 이들이 사적 공간을 확보하고, 안전하고 지지적인 분위기를 느낄 수 있도록 한다.
- 영아를 목욕시키기 위해 욕조와 목욕용품이 필요한 경우 가능한 한 바로 제공한다.

아동 일시보호를 위한 규준과 지표

아동을 위한 일시보호(Temporary Respite Care for Children)는 아동, 부모, 보호자, 양육자에게 일시적 안정을 제공한다. 이는 재난복구센터, 지원센터, 대피소 또는 다른 서비스 제공 장소에서 아동에게 안전하고 지지적인 놀이 경험을 제공하는 것을 의미한다. 아동을 여기에 맡길 때, 부모, 보호자, 양육자는 재난복구센터, 지원센터 또는 대피소 현장에 계속 있어야 한다. 그렇게 할 수 없는 경우 현장에서 책임 있는 다른 사람을 지정해야 한다. 재난복구센터, 지원센터, 대피소와 다른 서비스 제공 영역에서 아동을 위한 일시보호가 제공되는 경우, 다음 규준과 지표들이 적용되어야 한다.

- 재난 이후 아동을 위한 일시보호는 안전한 환경에서 제공되어야 한다.
- 아동을 위한 일시보호는 반응적이고 공평해야 한다. 아동을 위한 일시보호의 장소, 운영시간 그리고 기타 정보들이 제공되고, 부모, 보호자, 양육자가 이해하기 쉬워야 한다.
- 아동을 위한 일시보호는 심각한 신체적 위험이나 방해가 되는 건축물이 없고, 모든 아동이 접근 가능해야 한다.
- 일시보호 영역은 아동의 안전을 위해 울타리나 칸막이가 있어야 한다.
- 아동을 위한 일시보호 영역은 화장실 및 식수원 인근에 위치해야 한다. 손 씻기 및 손 소독 장소는 아동을 위한 일시보호 영역에서 이용 가능해야 한다.
- 일시보호 영역 내외에 있는 아동을 확인하기 위해, 그리고 아동이 부모, 보호자, 양육자 혹은 등록 서식에 기입된 지정인에게만 인계될 수 있도록 필요한 절차가 유지되어야 한다.
- 참여 기록, 등록 서식(식별 정보, 부모, 보호자, 양육자 이름과 연락처 포함), 알레르기와 기타 특별한 요구, 부상이나 사건보고 서식 같은 모든 문서는 항상 직원에게 제공되고 관리되고 이용 가능해

야 한다.

- 일시보호 영역의 장난감과 교구들은 안전하고 연령에 적합해야 한다.
- 모든 대피소 직원들은 아동을 위한 일시보호 영역에서 근무하기 전에 훈련과 오리엔테이션을 받아야 한다. 추가로, 직원들을 대상으로 범죄 및 성범죄 경력조회를 실시해야 한다. 자원봉사자들의 일시보호 영역 출입을 허용하지 않는다. 직원들은 일시보호 영역 안에 있을 때 항상 신분증을 패용해야 한다.
- 일시보호 영역에 아동이 있을 경우 적어도 두 명의 성인이 항상 함께 상주해야 한다. 어떠한 아동도 부모, 보호자, 양육자가 아닌 다른 한 명의 성인과 홀로 남겨져서는 안 된다.
- 모든 직원은 18세 이상이어야 한다. 일시보호 영역에 대한 감독은 적어도 21세 이상의 직원이 담당해야 한다.
- 대피 계획은 센터 밖의 지정된 장소에서 진행될 수 있다. 부모, 양육자, 보호자가 자녀를 등록할 때 이들에게 대피 계획을 공지해야 한다.
- 아동 대비 직원의 비율은 항상 아동을 위한 일시보호 영역에서 아동의 요구와 연령, 이용 가능한 장소에 적절하게 유지되어야 한다.

부록 C

아동 ID조사

이름: ____________ 병원 # ______________

연령: ____개월/년 생년월일: ______________

성별: 남_____ 여_____

현재 아동이 성인 보호자와 함께 있습니까? 예 아니오

현재 아동을 보호하는 성인의 이름은? ___________ 연령 _____

이 성인은 부모입니까? 예 아니오

조부모입니까? 예 아니오

현재 부모가 평소 보호자입니까? 예 아니오

재난 발생 이전에 아동이 이 사람과 함께 거주했습니까? 예 아니오

현재 성인 보호자가 아동의 법적 보호자임을 증명할 수 있습니까?

예 아니오

만약 그렇다면, 증빙서류를 기입하거나 사본을 첨부하시오.

____

만약 성인 보호자가 부모 또는 조부모가 아닌 경우 아동과 어떤 관계입니까?

친인척 ______________________________ 연령 ______

형제자매 ____________________________ 연령 ______

친구 ________________________________ 연령 ______

기타 ________________________________ 연령 ______

아동이 질병 또는 상해에 대해 치료를 받았습니까? 예 아니오

만약 그렇다면, 상세히 서술하시오. ____________________

아동이 병원에 입원하였습니까? 예 아니오

만약 그렇다면, 병실 호수 및 병원명을 적으시오. ____________

만약 그렇지 않다면, 현재 아동의 위치를 적으시오(예: 복도, 대피소 등).

____

아동에게 과거 병력이 있습니까? 예 아니오

만약 그렇다면, 상세히 서술하시오. ____________________

아동 또는 가족구성원에게 특별한 의료서비스가 필요합니까?

예 아니오

만약 그렇다면, 상세히 서술하시오. ____________________

출처: CDC. 2005. Instructions for identifying and protecting displaced children. CDC Health Advisory. September 28; Save the Children. 2007. *The unique needs of children in emergencies: A guide for the inclusion of children in emergency operations plans.* September. http://www.savethechildren.org/publications/emergencies/Children-in-Emergencies-Planning-Guide.pdf.

부록 D

가족정보지원센터(FISC)의 주요 목표

1. 식별 절차를 체계적으로 조직화하고 지원함으로써 믿을 만한 필수정보를 제공한다.
2. 친척들이 불확실성, 스트레스, 적응 단계에 대처하도록 돕는다.
3. 걱정하고 있는 친척과 친구들에게 공식적인 지원체계를 제공하는 동안 의료진은 부상자 치료, 특히 위급한 경우에 집중하도록 돕는다.

가족정보지원센터의 주요 기능

1. 정확한 정보를 제공한다.
2. 극심한 심리적 스트레스를 겪는 가족에게 심리적 응급처치를 제공한다.
3. 위기상담을 제공하거나 즉각적인 정신건강 서비스를 제공한다.
4. 가족에게 경호와 위로 서비스를 제공한다.

5. 부상당한 아동 혹은 그러한 아동을 도와야 할 필요가 있는 가족구성원을 위해 일시적인 보육서비스를 제공한다.
6. 병원 내에서 환자의 위치를 파악하고 가족의 재결합을 돕는다.
7. 병원에 있는 아동의 보육을 위해 가족구성원에게 연락하도록 돕는다.
8. 안전한 장소나 보호할 가족구성원이 없는 아동을 대피소 또는 지역사회로 이동시키도록 돕는다.
9. 가족을 위한 연락수단을 제공한다.
10. 미디어에 의한 침해 또는 수상한 낯선 이로부터 가족을 보호한다.

가족정보지원센터의 조직

FISC 구조는 두 개의 주요 영역으로 구분된다. 하나는 FISC가 물리적으로 위치해 있는 본관건물이고, 다른 하나는 재난 발생 시 지속적으로 연락해야 하는 병원부속건물이다.

본관건물(The Main Unit)

권고사항: 전화와 컴퓨터/인터넷 연결이 되는 물리적 장소를 확보한다.

이 건물은 일반대중과 전화 혹은 대면접촉이 가능해야 한다. 가장 포괄적인 활동 범위를 담당하며, 가장 많은 수의 전문직원이 배치된다. 본관건물의 구조는 다음과 같다.

접수구역(Reception Area)

재난이 발생하면 수백 명의 가족과 친구들이 FISC와 연락을 취하고자 한다. 수많은 방문자들, 특히 초기 단계에 이들을 관리하기 위한 전문가가 필요하다. 가족과 친구들이 도착하면 사회복지사 또는 전담직원들이 배치된다. 사회복지사 혹은 전담직원들은 도착하는 가족구성원들로부터 정보를 확인하고, 그들에게 사회복지사를 배정한다. 직원들간 협조는 불필요한 이중배치를 방지해주며, 인력을 최적화하여 활용할 수 있게 해준다. 중앙 접수구역은 정보가 필요한 가족구성원을 모두 수용할 만큼 충분히 넓어야 한다. 이 장소는 응급실과는 떨어져 있어야 하지만, 연락을 취하기에 근접한 거리 혹은 쉽게 접근 가능한 거리에 있는 것이 이상적이다. 이곳에는 이용하기 편리한 화장실이 있어야 한다.

제안: 예배실, 강당/회의실, 진료대기실, 카페테리아/식당을 활용할 것을 고려한다. 인근의 지역사회복지센터, 학교 또는 교회도 고려해볼 수 있다.

안내소(Information Desk)

사회복지사 또는 전담직원은 컴퓨터, 현장에 있는 사회복지사, 그리고 사고지휘센터(Incident Command Center)로부터 지속적으로 정보를 업데이트하여 제공한다.

제안: 서로 연락 가능한 가족을 위한 메시지 센터, 이메일이 가능한 컴퓨터, 게시판 또는 일지 사용을 고려한다.

사진촬영 및 신분확인 구역(Photograph/Identification Room)

이 방은 실종자에 관한 확인된 정보가 없고, 실종자가 사상자들 가운데 있을 확률이 높은 경우에 이용된다. 이 경우 최대한 많은 지원이 필요하며, 민감하고 신중한 중재가 요구된다. 가장 가까운 친척만이 이 공간으로 안내되어야 한다. 이 공간은 또한 사진식별을 이용하여 가족 재결합 서비스를 제공할 수 있다.

상담실(Consultation Areas)

상담실은 극단적인 스트레스 반응을 보이는 사람들이 사용한다. 사회복지사 또는 전담직원이 극단적인 불안과 동요 반응을 보이는 가족을 발견하고, 그들에게 조용한 분위기에서 사적인 지원이 필요하다고 여겨질 경우 상담실을 사용하도록 권장한다. 이 장소는 고통 연쇄 반응이 나타나는 것을 예방하기 위해 가족을 다른 사람들로부터 분리하는 역할을 한다. 이 장소에는 최소한 의자, 책상 또는 테이블, 휴지, 휴지통 그리고 전화가 필요하다.

소아 안전 영역(Pediatric Safe Area)

섹션 1에서 논의된 바와 같이, 소아 안전 영역은 '보안 문제(Security Issues)'로 인해 FISC 내에 위치해 있어야 한다. 소아 안전 영역은 응급실에서 떠나는 것이 승인된, 동행자가 없는 혹은 양육자와 분리된 아동을 위해 지정된 장소다. 이러한 아동은 가족구성원이나 다른 이들과의 재결합을 기다린다. 만약 소아 안전 영역이 FISC 내에 위치해 있다면, 다양한 장난감, 게임, 미술도구, 책과 함께 아동용 가구를 위한 공간을 별도로 마련해야 한다. 이 장소에는 아동을 감독하는 성인, 소아 안전 영역 조정자, 그리고 적절한 보안요원(직원이든 자원봉사자든)이 있어야 한다. 만약 기관에 아동 생활 프로그램(Child Life Program)이 있다면, 이 프로그램의 담당자들이 소아 안전 영역을 구성하고 감독하기에 가장 경험 있는 사람들에 해당한다.

출처: New York City Department of Health and Mental Hygiene (NYC Health). 2006. Hospital guidelines for pediatrics in disasters. Centers for Bioterrorism Preparedness Program Pediatric Task Force; Save the Children. 2007. *The unique needs of children in emergencies: A guide for the inclusion of children in emergency operations plans.* September. http://www.savethechildren.org/publications/emergencies/Children-inEmergencies-Planning-Guide.pdf.

부록 E

부속문서 초안

가장 효과적인 비상운영계획(EOP) 부속문서는 기본 계획의 표준 형식, 기능 또는 특정 위험과 관련된 부속문서의 형식을 취한다. 각 지역사회의 EOP 형식에는 일부 차이는 있으나, 대부분의 비상운영계획에는 본질적으로 동일한 구성요소가 변형되어 포함되어 있으며, 비상운영계획의 레이아웃이 논리적인 특성을 가지기 때문에 동일한 순서로 제시되는 경우가 많다.

FEMA에 의해 제안된 다음 형식은 이해하기 쉽고, 일반상식에 근거하고 있으며, 목표의 정의, 상황의 특징, 활동의 일반적 계획, 책임의 위임, 그리고 과제 수행에 필요한 자원에 대한 정보 및 행정적 지원으로 구성되어 있다. FEMA가 권장하는 형식에는 목적, 관련 기관, 상황 및 가정, 운영방침, 책임 분배, 행정 및 물류, 개발 및 관리 계획, 권한 및 참조와 같은 구성요소가 포함된다. 각 구성요소에 대한 설명은 아래에 매우 상세하게 제시되어 있다.

부속문서란 고유한 또는 중요한 문제에 대해 좀 더 구체적인 정보와 지시사항을 재난대응 담당자에게 제공해주기 위해 추가된 문서다. 통상적으로 부속문서의 초점은 일반적인 비상운영에 맞춰져 있지 않다. 그 대신, 기능과 관련된 책임, 과제 그리고 운영 활동을 강조한다. 부속문서에는 각 기능에 대해 책임자가 수행하는 활동내용을 포함한다. 이 경우에는 재난 시 아동의 요구를 충족시키는 활동을 의미한다. 부속문서에는 긴급상황과 재난에 효율적으로 대응하고 복구하는 활동뿐만 아니라 이에 대비하고 이를 예방하는 활동도 포함된다.

긴급상황의 아동(The Children in Emergencies) 부속문서는 '포괄적' 문서의 한 예다. 이 개념은 모든 위험에 일반적으로 적용 가능한 기능적인 부속문서를 의미한다. 포괄적 부속문서는 효과적인 계획을 위해 매우 중요하다. 왜냐하면 사법당국이 예측하지 못한 긴급상황에서의 문제를 다루기 때문이다. 부속문서에는 긴급상황이 발생하기 이전, 발생 시, 그리고 발생 이후에 요구되는 관련 과제를 완수하기 위한 정책, 절차, 역할 그리고 책임이 분명하게 정의되고 기술되어야 한다. 계획팀은 예외 없이 만일의 모든 사태에 대한 적절한 계획을 수립하기 위해 다양한 긴급상황의 결과를 계획에 포함하도록 노력해야 한다. 그렇게 함으로써 가장 위협적이라고 알려진 위험에 대비할 수 있다.

일반적으로 부속문서의 체계는 기본 계획과 유사하다. 구체적인 섹션에서 기본 계획에 포함된 정보를 부연 설명할 수는 있으나, 중복적으로 제시해서는 안 된다. 아래에서 각 섹션에 대해 명명하고 기술했다.

1. 부속문서 소개 - 부속문서를 소개하며 그 필요성을 설명한다. 목적, 상황, 가정이 포함된다.
   1) 목적—부속문서가 무엇인지, 왜 만들어졌는지, 어떤 내용이 포함되어 있는지를 정확하게 설명한다. 모든 내용을 한 문장으로 기술하는 것부터 부속문서의 각 요소를 간단히 설명

하는 것까지 계획자의 의도에 따라 간단하게 만들거나 구체적으로 만들 수도 있다.

2) 상황—부속문서의 범위를 정의한다. 부속문서의 사용자가 무엇이 필요한지 정확히 이해하도록 해준다. 이 섹션에는 다음과 같은 요소가 포함된다. 부속문서에 의해 영향을 받는 관할권의 지리학적 경계; 학교, 영유아교육기관, 레크리에이션센터, 대피소 등에 관한 중요한 관련 정보; 아동에게 피해를 주는 위험 목록; 지역사회의 아동에 대한 정보 및 특정 시점에서 아동의 위치; 문화적 · 언어적 요소; 지도; 기타 정보. 부속문서의 다른 요소와 마찬가지로 기본 계획에 포함된 정보와 중복되지 않도록 한다.

3) 가정—부속문서 사용자가 사실로 가정해야 하거나 부속문서를 실행할 때 그들이 사실이라고 믿어야 할 세부사항을 기술한다. 사용자가 계획을 세울 때 가정했던 것과 실제 현실이 상반될 경우 자신이 알고 있던 정보를 수정해야 함을 받아들여야 하는데, 이것이 부속문서의 제한점이다. 일부 가정은 명백히 그럴 가능성이 있지만, 이를 포함시킴으로써 계획이 실행될 때 오해의 소지를 줄일 수 있다면 반드시 포함해야 한다.

2. 운영방침 – 부속문서에 기술된 활동이 특히 긴급상황 대응에서 어떻게 실행되는지를 설명한다. 또한 부속문서가 어떤 상황에서 실행되는지, 비상운영센터에 언제, 어떻게 아동담당직원이 배정되는지, 어떤 일반적 활동이 실행되는지, 그리고 언제, 누구에 의해 추가적인 활동이 논리적 · 계획적 순서로 실행되는지

를 다룬다. 재난 발생 이전의 문제 역시 여기서 다뤄지며, 경고 및 대피가 포함된다.

3. 조직 및 책임 분배 - 재난관리의 네 단계(예방, 대비, 대응, 복구)와 관련하여 재난계획에 규정된 재난관리 활동의 실제 조직 구조를 기술하고 묘사한다. 조직도와 기타 설명방법이 사용될 수 있다. 또한 실제 재난대응에서 필요한 조직도(이름 대신 직명 사용)의 세부 목록이 포함된다. 목록에 제시된 각 역할에 대해 그 역할 수행 담당자에게 배정된 실제 책임이 열거되고, 배정된 책임이 언제, 어떻게 수행될지에 대한 정보가 제공된다. 여러 명에게 책임이 배정될 경우 개별 활동에 대해 책임자와 보조담당자를 지정한다. 이 섹션에서 계획담당자가 책임을 명시하는 방법은 기존 계획의 다른 구성요소에서 사용된 것과 동일해야 한다. 다음과 같은 방법이 일반적이다.

   1) 역할에 의한 조직화(예: 소방서장, 대중구호 조정자)
   2) 활동 영역에 의한 조직화(예: 보안과 안전)
   3) 재난관리 기능 영역에 의한 조직화(예: 대비, 대응)
   4) 정부조직 수준에 의한 조직화(예: 지방정부, 주정부, 연방정부)

4. 권한/참고문헌 - 부속문서에 포함된 활동의 법적 근거 목록을 제공하고, 부속문서 작성 시 사용된 출처에 대한 참고문헌을 제공한다.

5. 부록 - 부속문서에 포함된 다른 활동을 지원하는 세부 정보를 포함한다.

검토 및 제안

일단 부속문서의 초안이 완성되면, 지역사회의 이해관계자 대표들에게 폭넓게 보여주는 것이 중요하다. 이를 통해 모든 이해관계자들이 계획에 규정된 활동을 수용할 가능성이 높아지고, 오류나 생략의 가능성을 최소화할 수 있다. 검토 및 제안에 포함시킬 가장 중요한 이해관계자는 일반대중인데, 이들이 바로 부속문서 목록에 포함된 지원의 최대 수혜자다. 이러한 절차는 해당 문제가 적절히 해결되는지, 그리고 계획 팀의 실행 방향이 비상운영계획 '수혜자'의 기대와 일치하는지 확인하는 데 도움이 된다.

다음과 같은 방법으로 검토 및 제안이 가능하다.

- 지방정부의 계획 및 개발위원회에 의한 검토
- 부속문서에 포함된 모든 부서, 단체, 개인에 의한 검토
- 시민 의견수렴
- 지방정부 선출직 공무원의 논평
- 공청회
- 온라인 조사
- 지역 매스컴에 부속문서 인쇄 및 배포
- 지역 신문에 부속문서 인쇄

최종 부속문서 개발

검토 및 제안 기간이 종료되면, 계획팀은 수정사항 중 어떤 내용을 반영해야 할지 결정할 수 있다. 만약 검토 및 제안 기간 이후 대폭적인 수정을 해야 할 경우 한 차례 더 검토해야 한다. 그러나 만약 소폭 수정하면 되거나 계획팀이 부속문서의 내용이 완벽하다고 판단한다면, 문서를 완성하고 모든 관련 부서, 단체, 개인에 사본을 배포한다.

적용

어떠한 계획도 적용해보기 전에는 완성된 것이 아니다. 계획팀이 유용한 결과물을 만들었음을 보여주기 위해 긴급상황에서의 아동(The Children in Emergencies) 부속문서에는 가상활동과 훈련이 포함되어야 한다. 추상적 계획 세션에서의 적용 절차는 시각화하기 어려운 실제적인 문제를 해결하고, 모든 참가자가 서로 친숙해지도록 돕는다. 최대한 효율적으로 적용하기 위해 적용 시기와 일정은 기본 계획에서 규정된 것처럼 계획의 다른 구성요소와 일치해야 한다.

부속문서의 검토/변경

기본 EOP와 같이, 긴급상황에서의 아동(The Children in Emergencies) 부속문서는 해당 지역사회의 요구를 반영하여 계속 변형되는 문서다. 시간이 지남에 따라 역량은 증가하거나 감소하고, 위험요인은 변하고, 인구는 이동하고 변하며, 새로운 직책이 생기거나 사라진다. 긴급상황에서의 아동 부속문서는 기본 EOP의 개요와 긴밀히 관련되므로 부속문서의 검토 및 변경 시 포함될 내용을 찾아야 한다.

긴급상황에서의 아동 부속문서

1. 소개

1) 목적(부속문서가 무엇이며 왜 만들어졌는지를 설명하는 한두 문단의 글이다. 부속문서의 각 구성요소에 대한 간략한 설명이 제공된다.)

2) 상황(계획의 범위를 정의한다. 부속문서의 목적이 무엇인지 정확하게 설명한다. 이 부속문서의 사용자가 무엇이 필요한지 정확히 이해하도록 해준다. 이 섹션의 구성요소는 다음과 같다. 부속문서에 의해 영향을 받는 관할권의 지리학적 경계; 학교, 영유아교육기관, 레크리에이션센터, 대피소 등에 관한 중요한 관련 정보; 아동에게 피해를 주는 위험 목록; 지역사회의 아동에 대한 정보 및 특정 시점에서 아동의 위치; 문화적 · 언어적 요소; 지도; 기타 정보)

3) 가정(부속문서의 적용 시 사실로 가정해야 할 사항)

① 아동은 부모, 다른 법적 보호자의 보호를 받고 있을 것이다.
② 학기 중 아동의 위치는 대부분의 경우 예측 가능할 것이다. 정규 수업시간 외에 아동의 위치는 주로 가족과 사회관계망에 의해 결정된다.
③ 재난 발생 시 부모의 주된 걱정은 자녀의 위치를 파악하고 만나는 것이다.
④ 보육교사, 교사, 캠프 상담자 등 많은 아동보육 제공자들 역시 주요 재난에 의해 피해를 입을 것이다. 이 경우 그들의 주요 관심사는 본인 가족의 소재와 안전일 수 있다.
⑤ 대규모 아동 사상 사건이 발생하는 경우 지역 소아과 및 의원의 환자 수용도는 포화상태가 될 것이다.
⑥ 학교, 영유아교육기관 등 아동보육 담당 기관들은 주요 재난 발생 시 및 발생 이후 폐쇄될 것이다.
⑦ 전염병 또는 생물학적 테러 같은 특정 재난 발생 시 아동은 가족과 함께 대피소로 이동해야 할 것이다.

4) 특별사항

5) 정책

2. 운영방침(부속문서에 기술된 활동이 특히 긴급상황 대응에서 어떻게 실행되는지를 설명한다. 또한 부속문서가 어떤 상황에서 실행되는지, 비상운영센터에 언제, 어떻게 아동담당직원이 배정되는지, 어떤 일반적 활동이 실행되는지, 그리고 언제, 누구에 의해 추가적인 활동이 논리적 · 계획적 순서로 실행되는지를 다룬다. 재난 발생 이전의 문제 역시 여기서 다뤄지며, 경고 및 대피가 포함된다.)

1) 목적(지원기관, 단체, 공무원의 달성 목표를 기술한다.)

① 신체적 보호

② 심리사회적 보호

③ 인지적 보호

④ 학교와 영유아교육기관

⑤ 기타 사항

3. 조직 및 책임 분배[재난계획에 규정된 재난관리 활동의 실제 조직 구조를 기술하고 설명한다. 조직도와 기타 설명방법이 사용될 수 있다. 또한 실제 재난대응에서 필요한 조직도(이름 대신 직명 사용)의 세부 목록이 포함된다. 목록에 제시된 각 역할에 대해 그 역할 수행 담당자에게 배정된 실제 책임이 나열되고, 배정된 책임이 언제, 어떻게 수행될지에 대한 정보가 제공된다. 여러 명에게 책임이 배정될 경우 개별 활동에 대해 책임자와 보조담당자를 지정한다.]

1) 일반

2) 조직

3) 책임

① 지방정부 차원의 부서 및 단체

- 예방
- 대비
- 대응
- 복구

② 주정부 차원의 부서 및 단체

- 예방
- 대비
- 대응

- 복구

③ 연방정부 차원의 부서

- 예방
- 대비
- 대응
- 복구

④ 기타 단체

- 예방
- 대비
- 대응
- 복구

4. 권한/참고문헌(부속문서에 포함된 활동의 법적 근거 목록을 제공하고, 부속문서 작성 시 사용된 출처에 대한 참고문헌을 제공한다.)

5. 부록(부속문서에 포함된 다른 활동을 지원하는 세부 정보를 포함한다.)

부록 F

아동보육을 위한 재난대비계획 자원

전국아동보육지원기관협회(NACCRRA)
www.naccrra.org/disaster(아동보육 준비되었는가?)

- 아동보육 준비되었는가? 전국아동보육지원기관을 위한 재난계획 지침서
  이 지침서는 아동보육프로그램을 돕는 전국아동보육지원기관(CCR&R)을 위한 실용적 도구인데, 자연재난, 테러 위협, 화학적 긴급상황, 그리고 기타 재난 발생 시 아동보육 담당자가 아동의 안전을 도모하고 자신의 업무를 수행하도록 돕는다.
  - 재난대비: 영유아교육기관을 위한 훈련
    이 지침서는 CCR&R 등이 영유아교육기관의 재난대비 훈련을 지원하도록 설계되었다. 영유아교육기관 직원을 훈련시키는 특정 활동을 포함한다.
  - 재난대비: 가족 아동보육 제공자를 위한 훈련
    이 지침서는 CCR&R 등이 가족 아동보육 제공자를 대상으로 재난대비 훈련을 지원하도록 제작되었다. 가정보육 담당자

훈련 활동도 포함한다.

- 재난계획 양식

  사용자 친화적 양식은 아동보육 제공자 등이 재난에 완벽히 대비하기 위해 사용 가능한 템플릿을 제공한다.

아동보육 제공자를 위한 재난대응계획 도구 키트

www.naccho.org/pubs/product1.cfm?Product_ID=161 또는 www.montgomerycountymd.gov/content/hhs/phs/APC/childcaremanual.pdf

- 이 도구 키트는 아동보육 제공자가 재난에 대비하기 위해, 외상 사건에 대한 아동의 대처를 지원하기 위해 설계되었다.
  훈련 지침서는 파워포인트 프레젠테이션을 포함하는 CD와 함께 제공된다. 무료로 다운로드할 수 있으며, NACCHO 웹사이트에서 소정의 비용을 지불하면 사본 출력이 가능하다.

영유아교육기관 응급/재난 대비

nrc.uchsc.edu/SPINOFF/EMERGENCY/Emergency.htm

- 이 템플릿은 아동보육, 국가 건강과 안전 실행에서 채택했다.
  규준: 가정 외 아동보육을 위한 지침서
  이 템플릿은 미국소아과학회, 미국공중보건협회, 아동보육건강안전국가자원센터(National Resource Center for Health & Safety in Child Care)의 공동 협력 프로젝트다.

국가아동보육정보센터(NCCIC)
www.nccic.acf.hhs.gov/emergency/

- 재난 및 긴급상황에 대한 NCCIC 아동보육자원 웹사이트는 아동보육과 관련된 재난 대비, 대응, 복구 관련 정보와 핵심 자원을 모두 포괄한다.

헤드스타트 재난대비 워크북
www.cphd.ucla.edu/headstart.html

- 이 워크북은 종합 재난계획의 개발과 실행을 통해 헤드스타트 프로그램을 안내하기 위해 설계되었다. 이는 재난대비와 계획 요구를 담당하는 헤드스타트 직원이 직접 제공해준 정보를 기반으로 한다.

재난대비계획에 대한 준비
www.brighthorizons.com/talktochildren/docs/emergency_plan.doc

- 이 계획은 의학적 긴급상황, 자연재난, 시설 파괴, 화재 긴급상황, 위험물질, 폭발 위협, 폭동상황, 부모/보호자 문제, 인질 상황과 실종 아동을 포함한다.

새 시대 재난안전 보육(To Hold Safe — Framing a New Era of Disaster Child Care)
www.project-kid.org/hold_safe_rev_%202_07.pdf

- 이 문서는 아동보육 책임자가 아동의 개별적 요구를 인식하고,

회복력을 기르며, 지속적인 보육을 제공하는 새로운 체계를 제안할 수 있도록 공통 관심사, 경험, 비전을 기술한다.

아동보육 계획 도구 키트(Day Care Planning Tool Kit)
www.pema.state.pa.us/pema/cwp/view.asp?A=566&Q=254999

- 이 키트는 계획(기본 계획, 체크리스트, 지원 문서), 계획 절차를 소개하는 데 사용할 파워포인트 프레젠테이션, 그리고 계획을 완성하는 데 도움이 될 영유아교육기관 계획 지침서로 구성되어 있다.

출처: http://www.co.hennepin.mn.us/files/HennepinUS/HSPHD/Public%20Health%20Protection/Epidemiology/Daycare%20Manual/1730_se10bemerprepchildcare.pdf

부록 G

국내 재난관리팀: 미국 세이브더칠드런 프로그램

재난피해 아동의 고유한 요구: 아동 중심 비상운영계획(EOP) 지침서(2007년 9월)

Save the Children

이 지침서는 세이브더칠드런의 국내 재난관리팀 프로젝트에 관한 내용이다.

국내 재난관리팀은 협력, 지지 및 프로그램 실행을 통해 미국 전역, 주정부, 지방정부 차원에서 아동의 요구를 해결하는 재난관리를 촉진한다.

세이브더칠드런은 미국과 전 세계에서 도움이 필요한 아동을 위해 지속적인 변화를 창조하는 선도적인 독립단체다. 자세한 내용은 savethechildren.org 웹사이트에서 확인할 수 있다. 미국 세이브더칠드런은 120개 이상의 국가에서 아동의 보호 및 복지를 보장하기 위해 노력하고 있는 28개의 독립적인 세이브더칠드런의 글로벌 네트워크인 국제세이브더칠드런연합의 회원이다.

이 지침서의 일부 또는 전부를 사용할 경우 업데이트 또는 질문이나 의견과 제안을 제공할 수 있도록 연락 바랍니다.

Mail: U. S. Programs: DEU, Save the Children.
54 Wilton Road, Westport, CT 06880
Phone: (800) 728-3843
E-mail: usemergency@savechildren.org

다음 웹사이트를 방문하면 지침서 다운로드 및 추가적인 정보 확인이 가능합니다. www.savethechildren.org/usemergency

면책 조항: 이 문서는 지역 비상운영계획에 관한 문서 개발을 위해 제안 및 아이디어를 제공함으로써 공무원을 지원하기 위한 실용적이고 유익한 지침서로 사용하기 위한 것입니다. 이 문서는 실제 경험과 훈련을 대체하기 위한 것이 아니며, 어떤 목적으로도 법적 근거로 사용될 수 없습니다.

목적

이 지침서는 지방정부 및 주정부 재난관리자 및 책임자가 아동의 특별한 요구를 다루는 지역사회의 표준 비상운영계획(EOP)에 재난피해 아동을 포함시킨 부속문서를 개발하고 관리하도록 돕기 위해 만들어졌다. 이 지침서는 실질적인 계획 과정에 동력을 주기 위해 만들어진 것일 뿐 그것을 대신하기 위한 것은 아니다. 모든 지역사회에 동일하게 적용되는 단일 문서는 존재하지 않는다. 이러한 역량을 개발하는 것은 각 지역사회 지도자의 법적 · 도덕적 책임이다.

이 지침서는 지방정부의 재난관리기관에서 지역사회의 EOP를 개발하고 관리하는 책임자를 위해 우선적으로 개발되었다. 이것은 지침서일 뿐이다. 이 지침서는 의무사항을 부과하는 것이 아니며, 권고사항을 받아들여 적용할 수도 있고 무시할 수도 있다.

아동을 포함한 재난관리 문서 개발의 필요성

재난 발생 시 아동(0~18세)은 매우 취약하다. 정상적인 상황에서는 정부 · 민간 · 비영리 차원에서 협력하여 아동발달을 지원하고 피해로부터 아동을 보호한다. 이러한 시스템과 함께 아동은 부모, 보호자 또는 주양육자의 감독하에 있다. 그러나 재난이 발생하면, 아동의 삶에 주어진 이러한 기반의 대부분 또는 모든 것이 갑자기 붕괴될 수 있다. 아동이 이용했던 영유아교육기관 또는 학교가 손상, 파괴되거나 대피소로 사용될 수도 있다. 부모 또는 보호자는 아동의 요구를 해결하는 역할과 가족 전체의 회복을 위한 요구를 해결하는 역할 사이에서 고충을 겪는다. 일반적으로 자신의 요구를 관리하는 능력이 부족한 재난피해 아동은 고통을 겪게 되고, 또래에 비해 발달 및 교육이 지연될 수 있다. 또한, 아동이 입은 신체적 · 정신적 피해는 동일 지역의 성인이 받은 영향을 능가하며, 많은 경우 장기적인 신체적 · 정신적 치료를 필요로 한다.

계획 절차 개관

계획팀 구성

긴급상황 시 아동 관련 문서를 개발하기 위한 계획팀은 아동의 요구에 긴급 대응하는 역할 또는 관련된 다양한 집단의 구성원들로 이뤄져야 한다. 아래 명단에 제시된 관계자를 모두 포함해야 하는 것은 아니다. 또한 모든 지역사회에서 계획팀을 만드는 데 이러한 모든 인력이 필수사항은 아니다. 계획팀을 구성할 때 가장 중요한 사항은 재난계획 책임자가 아동, 부모, 보호자, 임신부의 재난대응과 관련된 조직의 정확한 단면을 보여줄 수 있어야 한다는 점이다.

계획팀 구성원 안(기관, 조직, 개인)

- 주요 기관장

- 긴급 서비스(법 집행, 화재/구조 및 응급의료서비스)
- 비상운영 관리자
- 공중보건 및 안전 담당 공무원
- 사회복지서비스기관과 자원봉사단체(아동 관련 기관 포함)
- 지역 병원(아동 및 일반병원)
- 긴급 보육서비스 제공자
- 아동의 교육, 건강, 위생 및 영양 요구에 대한 설비 및 재료 공급자
- 소아과 의사
- 교육 관리자/교육감
- 교사협의회 지도자
- 영유아교육기관연합회 대표
- 공공 정보 책임자(PIO)
- 지역 미디어
- 관할지역 법률고문
- 인근 관할지역 재난관리자 및 기관 대표(상호 공제 협약을 체결하기 위해)
- 주정부 및 연방정부 대표
- 대중구호 책임자 및 대중구호 시설관리자
- 부모 및 보호자 단체 대표
- 아동 또는 아동/가족 레크리에이션 관련 조직 또는 기관(예: 지역사회 레크리에이션 부서, 아동보육 인가기관)
- 아동이 포함된 유동인구를 관리하는 조직(호텔협회, 관광업)
- 정신보건기관
- 중독관리센터

- 사회복지서비스기관
- 지역사회 재난관리계획위원회(LEPC) 회원
- 종교단체와 교회
- 학교 간호사
- 법원(필요 시)
- 지역사회 도시계획공무원

기존 문서 검토

일단 계획팀이 조직되고 나면, 그 팀은 기본 EOP 발달의 결과로써 수집 가능한 모든 정보를 평가하면서 업무를 시작해야 한다. 이 정보에는 재난 위험 평가, 지역사회의 기본 지도, 지역사회 내외에서 이용 가능한 재난관리 자원 목록이 포함된다.

더불어, 계획팀은 다음과 같은 사항에 관련된 정보를 수집해야 한다.

- 지역사회 아동의 긴급 보육과 관련된 법적 근거(법률, 규정, 법령 및 기타 법적 정보)
- 모든 아동보육시설(예: 학교, 영유아교육기관)의 위치가 표기된 지역사회 지도
- 지역사회 모든 아동의 인구통계학적 정보
- 지역사회의 특수아동 수, 그들의 요구를 충족하기 위한 요구의 수 및 시설에 관한 정보
- 지역사회 학교시스템 정보
  - 학교명, 주소 및 연락처 정보
  - 학교 학생 수와 학생 연령

- 지역사회 대피소로서 학교 상황

- 보육 정보
  - 지역사회 아동보육시설 목록(명칭, 주소 및 연락처 정보)
  - 시설의 수용인원
  - 시설의 긴급 대피소 전환 가능성
  - 시설 등록 아동 수
- 병의원 정보
  - 병원명, 주소 및 연락처 정보
  - 병원 내 소아병상 수
  - 소아과 의사 수
  - 사상자 초과 시 인근 병원 인계를 위한 법률시스템
  - 지역사회 개인 소아과 명칭 및 연락처 정보
- 대중구호 대피소 관련 정보
  - 대피소 운영자명
  - 대피소 주소 및 기타 주요 정보
  - 대피소 내 아동 수용인원
- 비정부기구(NGO) 정보
  - 지역사회 내 아동 중심의 NGO
  - 연락처 정보 및 주요 업무
- 교통 정보
  - 대피 시 또는 재난 발생 시 사용 가능한 아동 수송차량 목록
  - 아동 안전장비 상태 또는 사용 가능 인원
  - 수송차량 제공자의 주소 및 연락처 정보
  - 예상되는 대피 경로 및 아동 거주 시설 계획
- 자원 데이터베이스

- 아동 보호와 관련된 비상 용품 및 관련 물품(기저귀, 물티슈, 분유, 이유식 등)을 제공할 수 있는 사업자 목록
- 관련 물품의 재고 및 가격 정보

• 재난관리 정보
  - 아동의 긴급 요구사항을 충족시킬 만한 장비, 용품 및 시설
  - 소아 재난대응을 위한 재난관리요원 교육 관련 정보
  - 소아 재난관리에 초점을 둔 지역사회 내외 교육과정
• 심리사회적(정서적 지원) 정보
  - 지역사회 아동심리학자 이름 및 연락처 정보
  - 학교 사회복지사 이름 및 연락처 정보
  - 아동발달 전문가 이름 및 연락처 정보
• 위험 정보
  - 아동, 아동보육시설, 아동 인구밀도가 높은 거주지의 지역사회 위험요소
  - 아동과 아동보육시설의 위험을 최소화하기 위한 예방 방안

재난관리기관에 적절한 계획과 지침이 있다면 지역사회의 아동이 직면할 위험을 최소화할 수 있다. 아동, 가족과 아동을 보호할 의무자들(교사, 영유아교육기관 관계자 등)은 재난이 발생하기 이전에 재난이 미칠 영향에 대비하고 이를 예방하기 위한 모든 조치를 취할 수 있다. 재난 발생 직후에 아동을 보호하는 역할을 담당할 가능성이 가장 높은 대응 및 아동책임기관을 구축하고, 아동 인구의 고유한 요구를 관리할 수 있도록 적절한 훈련을 제공할 수 있다. 그리고 취약한 아동이 정상생활로 돌아왔을 때 장기적인 회복 과정이 필요하므로 지역사회는 이들의 고유한 요구를 위한 구체적인 계획을 수립한다.

가정

다음과 같은 가정 상황은 단지 비상계획팀이 해야 할 업무 관련 사례를 제공하기 위해서다. 특정 지역의 경우 이러한 가정이 옳을 수도 있고 옳지 않을 수도 있다.

- 부모 또는 보호자가 함께 있는 아동은 부모의 보호나 법적 보호자의 보호하에 있다.
- 학기 중 또는 정규 수업시간 동안 지역사회 아동의 소재는 교육 담당부서와 개별 교육시설에서 파악하고 있다.
- 정규 수업시간 이외의 시간에 아동의 소재는 주로 가족과 사회적 관계망에 의해 좌우된다.
- 긴급상황 또는 재난 발생 시 부모와 보호자의 주요 관심사는 자녀의 소재를 파악하고 자녀를 데려오는 것이다.
- 영유아교육기관 교사, 캠프교사 등 아동보육 제공자들도 중대 재난에 의해 영향을 받는다. 이때 그들의 주요 관심사는 자기 가족의 소재와 안전이다.
- 학교, 영유아교육기관 등 주간 보육을 담당하는 기관은 재난 발생 시 또는 재난 발생 이후에 폐쇄될 수 있다.
- 다수의 아동 부상자 또는 사망자가 발생할 경우 소아의료 제공자와 기관의 업무가 과부하될 수 있다.
- 유행성 독감이나 생물 테러 같은 특정 재난의 경우, 아동은 가족과 함께 대피소로 대피해야 한다.
- 특정 재난의 경우, 아동은 학교와 영유아교육기관 등 주간 보호시설로 대피해야 한다.

- 관광객, 지역사회를 지나가는 여행객, 지역기업 후원자 등의 자녀와 같이 단기체류 아동은 특히 부모나 보호자가 함께 있지 않을 경우, 부가적으로 보호 관련 도움이 필요할 수 있다.
- 모든 학교와 민간 보육 및 교육시설에서는 아동을 지원하기 위한 내부 비상운영계획을 운영한다. 이러한 계획은 아동이 시설에 남아 있을 경우에만 적용된다.
- 대재난이 발생했을 경우 의료, 응급치료, 특별식, 대피 준비 및 감독 등에 대한 아동의 요구가 지역시설의 역량을 초과할 수 있다.
- 아동이 학교나 영유아교육기관을 떠날 때까지 또는 재난관리사무실에서 지원이 제공될 때까지 아동은 학교나 영유아교육기관의 보호를 받는다.

아동의 요구 파악을 위해 수행 가능한 재난관리지표

모든 지역사회에 동일하게 적용되는 확정된 목록은 없다. 오히려 이러한 정보들은 계획팀에서 만들어야 한다. 각 지역사회는 이러한 과제를 수행할 수 있는 개인 또는 조직을 미리 구축하고 있어야 한다. 계획팀 안에 이러한 개인 또는 조직을 포함시키고 긴급상황 발생 시 역할을 부여하는 것이 이상적이다.

계획팀이 지역사회 아동의 요구를 파악해야만 그다음 아동의 요구에 대응하고 아동의 취약성을 감소시키기 위해 어떤 행동을 취할지 결정할 수 있다. 다음과 같은 목록은 계획팀이 긴급상황에서 아동의 요구에 대응하기 위한 문서를 개발할 때 고려할 사항을 제안한다. 그러나 이 목록이 전부는 아님을 밝힌다.

아동을 포함한 재난관리 문서 초안

다음 섹션에서는 지역사회의 긴급상황 아동 문서 개발 지침을 제공한다. 각 섹션은 종종 사례와 함께 설명이 제공된다. 이것은 특정 방식으로 규정하는 것이 아니며, 모든 관할 지역사회에 각자 고유의 자원, 관심 및 요구가 있음을 인식해야 한다. 문서를 개발하는 것은 계획팀의 경험과 지식에 의존하여 아동의 요구를 충족하기 위한 과정이다.

책임기관 및 지원기관의 역할

책임기관

문서에는 지방정부 내에서 지정된 책임기관이 있을 수 있다. 이 기관은 문서의 효력이 발생했을 때 특정한 기능과 그 기능의 방향 및 통제 능력을 관리할 책임이 있다. 기관의 핵심 임무, 필요한 자원을 동원할 수 있는 기관의 능력, 해당 약속을 이행하고 책임을 수용하고자 하는 기관의 의지를 토대로 책임기관을 선정한다.

지원기관

각 문서에는 지방정부 체계 내외(민간부문 포함)에서 한 기관 이상의 지원기관이 있을 수 있다. 이 기관들이 문서의 운영을 위해 활성화되면 자원 또는 물류 지원을 제공하는 임무를 가진다.

조직 및 책임 분배

이 섹션에서는 긴급상황에 있는 아동의 고유한 요구를 충족시킬 임무가 있는 개인과 조직의 책임을 설명하고, 재난관리 기능의 실제 조직 구조를 보여준다. 실제 재난에 대응할 때는 반드시 실제 조직의 명칭을 사용해야 한다(계획의 연속성을 위해 기획자는 항상 직위에 있는 사람의 이름이 아닌 직명을 사용해야 한다). 이러한 개별 역할에 대해 그 역할을 맡은 사람에게 배정된 실제 책임이 무엇인지, 언제 어떻게 그 책임을 수행해야 하는지 설명되어 있다. 어떤 경우에는 여러 명이 개입해야 하는데, 이 경우 리더십을 명확히 하기 위해 주책임자와 부책임자를 둔다.

긴급상황 시 아동 문서에서 관계자와 그 역할이 다음에 제시되어 있다. 제시된 바는 참고사항일 뿐 반드시 포함되어야 할 임무 또는 지역사회 기관이나 공무원이 담당할 역할을 제시한 것은 아니다.

총책임자

- 아동 관련 재난 발생 시 정부부처 간 연계 조직을 구성한다.
- 재난 발생 시 아동보육의 필요성 및 관련 정보를 대중에게 제공한다.

지역사회 재난관리자

- 재난대응 및 복구에서 아동문제를 해결하기 위해 지역사회 연계를 구축한다.
- 학교, 영유아교육기관, 캠프, 경기장, 아동집합시설의 재난 취약성을 경감시킨다.
- 아동의 재난 위험요인 예방 방법을 가족에게 교육한다.

- 가정 재난대비 지침서를 가족에게 제공하고, 가족재난계획 수립을 장려한다.
- 부모나 보호자와 헤어진 아동의 대응 방안을 포함한 재난대응 교육프로그램을 개발한다.
- 비상운영센터(EOC)에 아동문제 책임자를 배정한다.
- 아동 정보를 공유하기 위해 재난관리사무국과 아동보육시설 간 시스템을 구축한다.
- 아동 정보를 공유하기 위해 재난관리사무국과 아동보육시설 간 시스템을 아동문제 책임자와 함께 구축한다.
- 인증된 아동 관련 업무 담당 대응인력을 식별하기 위해 배지 시스템을 구축한다.
- 재난대응 계획 및 대비의 모든 측면에 소아 의료서비스기관을 포함시킨다.
- 학교, 영유아교육기관, 레크리에이션프로그램 등 아동집합시설에서 국립해양대기청(NOAA) 재난방송시스템 사용을 장려한다.
- 대피소 상황을 연습한다.
- 대피계획 및 절차에 관한 지침과 지원을 제공한다.
- 모든 재난계획 및 대비에 소아환자 관련 시설(예: 아동병원, 아동응급의료기관, 소아과 병원)을 포함한다.
- 지역사회 내 아동의 고유한 요구를 지원할 수 있는 조직 및 기관(정부 및 민간)과 협약을 체결한다.
- 아동 관련 모든 시설이 재난계획을 수립하고, 지역사회서비스의 공백이 발생했을 때를 대비한다.
- 학교 및 영유아교육기관을 지원하기 위해 현장 비상운영계획(EOP)을 수립한다.

- 학교 및 영유아교육기관을 지역 재난계획에 포함시키고, 대피, 이동, 부모 및 보호자와 재결합 등에 특별히 관심을 기울이며, 이들 기관을 사건지휘체계(ICS)에 통합시킨다.
- 지역 기부물품 계획(예: 기저귀)에 아동을 포함시킨다.
- 소아환자를 담당하는 시스템의 역량을 검증하기 위해 연방, 주, 지방정부 재난관리자와 함께 소아환자를 포함한 훈련을 실행한다.
- 아동의 안전 및 보안 문제를 모든 재난훈련과 연습에 포함한다.
- 아동보호시설은 긴급서비스팀과 협력하여 재난훈련과 연습을 실시한다.
- 모든 지역 재난훈련에 소아환자와 아동 관련 시나리오를 충분히 포함시키고, 지역사회 내에서 주요 소아의료 제공자를 적극적으로 참여시킨다(예: 아동병원, 소아과학회, 영유아교육기관, 학교 등).
- 긴급상황의 아동 관련 문서를 활성화시킨다.
- 아동의 재난대응 요구사항을 모니터링한다.
- 재난피해 아동의 상태에 관한 상황보고서를 만들어 배포한다.
- 아동 중심 피해 및 요구사항 평가를 전체 지역사회를 대상으로 실시한다.
- 모든 긴급 차량과 담당 팀에 아동에게 적합한 장비 및 물품을 보급하고 필요 시 재보급한다.
- 아동을 보호하는 모든 시설에서 아동문제와 관련된 재난관리 요구를 평가한다.

아동문제 책임자

- 아동 대상 업무 담당자를 위한 배지, 자격관리, 개인정보 확인

시스템을 실행한다.

- 다른 지역 대피소로 이주했거나 병원에 입원한 아동을 포함하여 모든 재난피해 아동을 추적한다.
- 현지 대피소에 거주하는 모든 아동을 추적하고, 아동의 요구를 충족시키도록 대피소를 지원한다.
- 대피 중인 아동의 위치 식별, 이동경로 추적을 위해 기록보존 시스템을 개발한다.
- 모든 아동집합시설의 위치를 파악하고, 재난 발생 즉시 안전하게 대피하도록 계획을 수립한다.
- 대피 중인 모든 아동을 추적하고, 부모, 보호자, 가족구성원에게 정보를 제공한다.
- 대피하는 동안 아동의 특별한 요구사항이 충족되고 있는지 확인한다.

수송

- 지역사회의 재난에도 이용 가능한 아동 수송용 차량을 확보한다.
- 재난대응 및 복구 시 아동의 대피 및 수송 장비를 갖춘 차량을 확보한다.
- 아동을 담당하는 모든 대피 및 수송 인력을 위해 오리엔테이션을 제공한다.
- 모든 대피 아동을 추적하고, 부모, 보호자, 가족구성원에게 정보를 제공한다.
- 모든 아동 수송 담당인력의 개인정보 조회 여부를 확인한다.

구호활동

- 대피소 내 아동의 위치 식별, 이동경로 추적을 위해 기록보존 시스템을 개발한다.
- 재난 발생 시 감독되지 않는 청소년이 대피소에 있는지 확인하는 보안시스템을 개발한다.
- 아동에게 필요한 비상식량, 식수가 대피소에 구비되어 있는지 확인한다.
- 지역 내 아동 식량 제공자 명단을 확보하고 재난 시 조달 방안을 마련한다.
- 재난 발생 이전에 아동보육시설과 아동구호단체 간에 협약을 체결한다.
- 부모 및 보호자의 대피소 내 책임에 관한 정책을 수립한다.
- 재난 발생 이후 대피소 내에 아동집합 장소와 세탁 및 소독설비 공간을 마련한다.
- 위생적인 손 씻기 순서를 마련하고, 비누, 세면도구, 종이타월을 충분히 비축한다.
- 대피소 내 기저귀갈이 장소를 마련한다.
- 장난감 등 기타 공유물품의 세척 방안을 마련한다.
- 대피소, 의료기관, 물품지원시스템 간 안전한 수송 방안을 마련한다.
- 모든 아동 관련 정보를 추적하고 필요 시 EOC에 보고한다.
- 대피소 내에서 아동이 일상생활을 영위하도록 안전하고 조용한 환경을 조성한다.
- 아동이 다른 아동과 놀이하고 또래관계를 형성할 기회를 제공한다.

학교 관리자

- 재난 발생 시 또는 이후 학교에 영향을 미치는 모든 외부기관과 협력한다.
- 지역사회 재난관리계획 수립 과정에 참여한다.
- 지역 재난관리계획 수립에서 외부와 연계하여 내부 자원을 활용한다.
- 아동이 가족이나 보호자와 재회할 때까지 아동의 일시적인 보호를 위해 재난 발생 이전에 학교와 관계기관 간 협약을 체결한다.
- 학교 건물의 대피소 제공 및 대피훈련을 실행한다.
- 부모와 보호자에게 연락하는 방법에 관한 계획을 수립한다.
- 학교 기반 재난관리계획 수립에 부모와 보호자를 참여시킨다.
- 학교에서 재난대비 훈련을 실행한다.
- 지역의 재난 발생 시 부모가 데려가지 않은 아동이 거주할 장소를 위해 지역사회 단체와 함께 계획을 수립한다.
- 학교 건물이 파괴되거나 지역사회의 대피소 역할을 하게 될 경우 임시 학급 설치를 위한 계획을 수립한다.
- 손상되거나 파괴된 교육자료의 복구 계획을 수립한다.
- 모든 학생의 교육 관련 기록을 안전한 다른 장소에 보관한다.
- 지역사회에 영향을 미친 재난에 관한 교육자료를 정규 교육과정에 포함시킨다.
- 재난피해로 인한 후유증을 해결하기 위해 이직한 교사와 영유아교육기관 인력에 대한 대체 계획을 수립한다.
- 재난피해를 경험한 교사의 임시 대체 인력을 제공한다.
- 교사가 업무에 복귀하도록 돕고, 필요한 경우 추가적인 인력을

모집 · 채용하기 위한 시스템을 갖춘다.

- 지역사회 복지서비스 담당자와 함께 불안, 우울, 행동문제, 외상후스트레스장애(PTSD)를 포함한 심각한 심리문제의 잠재적 증후와 적절한 대응방안을 인식하여 스트레스를 경험한 아동을 지원하기 위한 교사 훈련을 제공한다.
- 지역사회 복지서비스 담당자와 함께 스트레스를 경험한 교사에 대해 지원한다.

복지서비스

- 지역사회 및 지역사회 인근의 모든 아동보육시설 목록을 작성한다.
- 지역사회 아동보육 기반시설의 파괴에 대비하여 임시 영유아교육기관의 설치 계획을 수립한다.
- 지역사회의 긴급 대피소 내에 영유아교육기관을 설치하기 위한 인력 구성, 운영, 시설설비계획을 수립한다.
- 가족의 재결합을 위한 프로토콜을 개발하기 위해 지역 사법당국과 연계한다.
- 자신의 이름이나 부모의 이름을 말하지 못하는 아동을 위해 이름표 등의 아동 식별 시스템을 구축한다.
- 특별한 의료서비스가 필요한 아동의 가족에게 재난대비 및 대응 지침서를 제공한다.
- 모든 지역사회 대피소에 아동보육시설을 설치한다.
- 아동보육 관련 기반시설의 피해 정도를 측정한다.
- 임시 영유아교육기관을 설치한다.
- 대피소 내에 대피소 거주 아동을 위한 아동보육시설을 설치하

도록 지원한다.

- 특별한 의료서비스가 필요한 아동이 있는 가족을 지원한다.
- 아동보육 및 아동 관련 기반시설 현황을 아동문제 책임자와 협조하여 비상운영센터(EOC)에 보고한다.
- 재난 발생 시 상호 협력하기 위해 아동보육시설을 지원한다.

소방

- 정기적인 재난안전점검 및 예방지침을 영유아교육기관 및 학교에 제공한다.
- 소아환자에게 적합한 구호장비가 긴급차량에 구비되어 있는지 확인한다.

응급의료서비스(EMS)

- 부상당한 아동을 재난피해지역 밖의 병원으로 이송하기 위한 계획을 수립한다.
- 충분한 양의 아동용 항생제와 백신을 구비한 차량과 긴급구조 인력을 준비한다.
- 아동 관련 대규모 사고에 대비해 충분한 소아용 비상물품, 장비, 약품을 구비한다.
- 모든 연령의 아동에게 적합한 오염물질 제거 샤워시설을 구비한다.
- 응급의료시스템 내에서 가족구성원이 함께 있도록 노력한다.
- 정기적으로 소아용 응급의약품의 유효기한을 확인하고 관리한다.
- 아동이 있는 가족에게 가족중심 응급의료서비스를 제공한다.

- 모든 의료서비스를 기록한다.

병원

- 병원의 입원에서 퇴원까지 아동의 위치를 식별하고 이동경로를 추적하기 위해 응급의료담당자와 협력하여 기록관리 시스템을 개발한다.
- 소아과 의사와 소아병원에서는 지속적인 비상운영계획(COOPs)을 수립한다.
- 모든 병원은 소아환자의 급증에 대비해야 한다.
- 아동 관련 대규모 사고에 대비해 소아용 비상물품, 장비, 약품을 충분히 구비한다.
- 병원에서 가족들이 함께 지내도록 배려한다.
- 소아환자에게 익숙하지 않은 일반병원의 경우 소아환자의 급증에 대비한다.
- 정기적으로 소아용 응급의약품의 유효기한을 확인하고 관리한다.

공중보건

- 지역사회 소아과 의사의 연락처와 전공이 기재된 목록을 마련한다.
- 웹 또는 지역사회 기반 자원 네트워크에 상세한 소아과 의료진을 포함한다.
- 모든 응급의료진을 훈련시켜 질병 또는 부상 아동을 발견하고 적절하게 대응할 수 있도록 한다.
- 의료서비스 제공이 가능한 모든 시설에 소아 응급처치 절차를

제공한다.

- 내과 의사가 해결하기 어려운 소아 응급의료서비스에 대비하여 소아과 의사와 협약을 체결한다.
- 소아환자의 편의를 도모하기 위해 지역 간 상호 지원 협약을 체결한다.
- 독성물질통제센터와 협력하여 독성물질 관련 정보를 수집한다.
- 추가 대응 집단(예: 학교 및 영유아교육기관 교직원, 전문 의료진, 가족서비스, 호스피스, 청소년 기관)을 대상으로 소아환자 재난교육을 실시한다.
- 특별한 요구가 있는 아동에게 적합한 소아 의료서비스를 제공한다.
- 긴급 대피소 현장에서 소아 응급처치 및 의료서비스를 제공한다.
- 정기적으로 소아용 응급의약품의 유효기한을 확인하고 관리한다.
- 긴급 구조시설에 소아 응급의료서비스에 관한 정보 자원을 제공한다.
- 아동을 위해 지속적인 양육서비스를 제공한다.
- 모든 의료서비스 상황을 문서화한다.
- 부모 및 보호자에게 아동건강기록부 사본을 안전한 장소에 보관하도록 요청한다.
- 특별한 요구가 있는 아동, 특히 만성질환 소아환자를 위한 계획을 세운다.
- 긴급 대피소 내 아동 건강 및 위생 상태를 모니터링하여 부모 및 보호자에게 관련 정보를 제공하고 지원한다.

- 재난 발생 시 및 발생 이후 아동 건강 관련 요구사항을 평가한다.
- 대피소 내 아동 건강 상태를 점검하여 문제 발생 시 최대한 신속히 대응한다.
- 부모 및 보호자에게 관련 의료정보를 제공한다.
- 대피소 및 아동이 집합한 장소에 표준화된 건강관리 정보를 제공한다.
- 대피소에서 아동 또는 취약집단의 질병을 확인하고 추적하며 확산을 방지한다.
- 만성질환 소아환자(예: 천식)가 처방전 분실 시 이를 대체하거나 재발급하도록 한다.
- 질병 확산 방지를 위해 아픈 아동은 격리한다.
- 임시 소아과를 운영한다.

정신건강

- 재난피해 아동의 급증한 요구를 처리하기 위해 사전에 아동 정신건강 기반시설을 확충한다.
- 소아과 의사가 심리증상을 진단하고, 중재프로그램을 제공할 수 있도록 훈련시킨다.
- 대피 중인 아동에게 심리상담 및 치료를 제공한다.
- 소아 정신질환의 진단 및 치료를 위해 소아정신과 전문의를 대피소에 파견한다.
- 대피소 및 학교에서 소아정신과적 외상을 최소화시키기 위한 중재를 실행한다.
- 연령에 적합한 심리사회적 중재를 학교 내 회복 프로그램과 교

육과정에 통합한다.

- 재난 발생 이후 아동의 이전 정신건강 상태를 고려하여 정신건강서비스 제공 여부를 결정한다.
- 스트레스 진단 및 장기 모니터링을 위해 지역사회에 현장지원팀을 파견한다.
- 아동을 위한 지역사회 장례 및 조문서비스를 실행한다.
- 위기 대처에 어려움이 있는 부모 및 보호자를 식별하여 적절한 지원네트워크에 의뢰한다.
- 재난피해 지역의 모든 아동에게 조기중재, 특히 학교 기반 중재를 실행한다.
- 재난으로 인한 자녀의 어려움을 부모가 인식하도록 재난이 아동에게 미치는 즉각적 · 장기적 영향에 관해 부모에게 알린다.
- 대피 중인 아동에게 심리상담 및 치료가 제공되고 있는지 확인한다.

사회복지서비스

- 대피소, 학교, 영유아교육기관에서 부모와 헤어진 아동에 대한 돌봄을 안내하는 방안을 개발한다.
- 재난과 테러 발생으로 부상 또는 사망한 가족구성원이 있는 경우 아동의 배치를 계획한다.
- 재난 발생 이전에 아동보육시설과 아동구호단체 간 협약을 체결한다.
- 부모와 헤어진 아동의 지속적인 돌봄을 위한 정책과 계획을 수립한다.
- 대피소 내 시나리오를 계획하여 모든 아동보육시설을 지원한다.

- 대피소 내 아동의 특별한 요구를 식별하고, 추적하고, 해결한다.
- 아동기 정상발달을 위해 모든 대피소에 안전한 놀이영역을 확보한다.
- 영어를 구사하지 못하는 아동을 위해 통역서비스를 지원한다.
- 가족 및 친구와 헤어진 아동의 사회적 통합을 지원한다.
- 부모와 아동, 보호자와 아동 간 분리를 최소화한다.
- 아동 상태와 관련하여 부모/보호자와 의사소통을 강화한다.
- 모든 활동을 문서화한다.
- 재난 이후에는 부모, 보호자 및 주양육자를 대상으로 평가, 조기중재, 치료 등 가족중심 접근을 실시한다.
- 불법체류 외국인 아동을 식별 및 추적하고, 보육서비스의 제공 여부를 확인한다.

법률체계

- 미성년 아동의 보호 및 치료에 관한 모든 법적 사항을 마련한다.
- 부모를 잃은 아동의 보호자 역할을 담당하는 변호사를 선임한다.
- 모든 가정법원과 협력하여 아동의 주요 관심사를 반영한 계획을 수립한다.

사법당국

- 범죄경력 조회를 통과한 모든 지역 재난관리 담당자의 목록을 마련한다.
- 아동 관련 업무를 담당하는 모든 긴급구조인력의 경력을 신속하고 정확하게 조회하기 위한 계획을 수립한다.
- 재난대응 및 복구 단계에서 아동을 담당하는 긴급구조인력과

자원봉사자에 대한 보안점검을 실행한다.

- 대피소에 있는 아동의 안전 및 보안을 확보한다.
- 가족의 재결합을 위해 전국실종학대아동센터와 협력한다.

공적 정보

- 부모나 보호자에게 아동의 안전 정보를 제공하는 시스템을 개발한다.
- 필요 시 모든 아동보육시설에 재난경보를 발령한다.
- 재난 발생 이전에 재난대응 및 복구 정보를 부모나 보호자에게 제공한다.
- 재난 발생 이후 아동의 스트레스 대처방법을 부모, 보호자, 양육자에게 알려준다.
- 사법당국이나 비상운영센터(EOC)의 아동문제 책임자와 협력한다.
- 재난 발생 이전에 재난 관련 스트레스와 재난의 영향에 대한 아동의 대처방법에 관한 안내문을 개발한다.

지역사회 도시계획공무원

- 아동거주시설의 안전을 확보하는 데 현행 도시계획구역 코드가 적절하게 배정되어 있는지 확인한다.
- 안전성이 확보된 지역에 아동거주시설이 건축되도록 새로운 코드를 제공한다.

공공사업 및 공공시설

- 특별한 의료서비스가 필요한 아동이 있는 가족에게 긴급지원

을 제공한다.

- 모든 대규모 아동보육시설의 자원 목록을 마련한다.

모든 구조 조직

- 모든 아동이 연령, 성별, 인종, 능력, 기타 요인으로 인해 차별받지 않도록 시스템과 정책을 개발한다.

기타 기관, 개인 및 조직

- 자원봉사단체
- 지역 대중매체
- 청소년복지서비스
- 레크리에이션센터

권한/참고문헌

문서의 규정에 대한 법적 근거를 제공하는 기본 EOP를 포함한 모든 법적 권한은 여기에 열거해야 한다. 이 섹션에서는 정부 및 개별 정보 출처에 대한 참고문헌을 제공해야 한다.

재난 발생 시 아동: 관련 부록

다음에 제시되는 부록은 긴급상황 아동 문서를 개발하거나 그 문서에 부록이 필요할 경우 고려할 부가적인 정보를 제공한다.

1. 미아에 대한 신속한 확인 및 보호 프로토콜

- 병원, 대피소에 있는 모든 아동을 조사하여 성인 보호자와 함께 있지 않은 아동을 파악한다. 이러한 아동은 실종 아동 명단에 포함되어 있을 확률이 높다. 아동이 대피소 내의 어디서 자고 머무르는지 파악한다. 가능하다면 그 아동을 감독하는 성인의 이름과 연령을 파악한다.
- 병원에서 사용하는 식별 팔찌(또는 사진 신분증)를 아동과 그 아동을 감독하는 성인에게 제공한다. 대피소에서 아동과 함께 있는 성인의 식별 팔찌가 해당 아동의 것과 일치하는지 여부를 수시로 확인한다. 보호하는 성인이 없을 경우 해당 아동은 병원에서 지정한 소아 안전 영역(Pediatric Safe Area)으로 옮겨져 부모와 재결합하기 전까지 안전한 상황이나 적절한 보호를 받을 수 있다.
- 조사를 통해 법적 보호자와 함께 있지 않다고 판별된 모든 아동의 이름은 고위험군에 해당하는 것으로 간주하여 병원응급의료센터에 즉시 보고되어야 한다. 부가적으로 1-888-544-5475, 전국실종학대아동센터(NCMEC)에도 보고되어야 한다. NCMEC에서는 실종 신고된 아동의 이름과 보고된 아동의 이름을 비교하면서 대조할 수 있다.
- '고위험군' 아동이 발생하면 병원, 의료기관 또는 대피소에 있는 아동 이름 전체 목록을 재난관리기관 또는 다른 기관에 전송하여 추적해야 한다.
- 혼자 있는 아동 또는 법적 보호자와 함께 있지 않은 아동에 대해 사회심리검사를 실시하고, 동반 성인과의 관계에 대해 점검해야 한다. 이러한 평가는 소아과 경험이 있는 의사가 실시하

는 것이 적절하다.

2. 아동 ID조사

이름: ____________ 병원# ________________

연령: ______개월 / 년 생년월일: ____________

성별: 남______여______

현재 아동이 성인 보호자와 함께 있습니까? 예 아니오

현재 아동을 보호하는 성인의 이름은? ____________ 연령 ______

이 성인은 부모입니까? 예 아니오

조부모입니까? 예 아니오

현재 부모가 평소 보호자입니까? 예 아니오

재난 발생 전에 아동이 이 사람과 함께 거주했습니까? 예 아니오

현재 성인 보호자가 아동의 법적 보호자임을 증명할 수 있습니까?

예 아니오

만약 그렇다면, 증빙서류를 기입하거나 사본을 첨부하시오.

____

만약 성인 보호자가 부모 또는 조부모가 아닌 경우 아동과 어떤 관계입니까?

친인척 ____________________________________ 연령 ______

형제자매 __________________________________ 연령 ______

친구 ______________________________________ 연령 ______

기타 ______________________________________ 연령 ______

아동이 질병 또는 상해에 대해 치료를 받았습니까? 예 아니오

만약 그렇다면, 상세히 서술하시오. ______________________________

아동이 병원에 입원하였습니까? 예 아니오

만약 그렇다면, 병실 호수 및 병원명을 적으시오. ________________

만약 그렇지 않다면, 현재 아동의 위치를 적으시오(예: 복도, 대피소 등).

____

아동에게 과거 병력이 있습니까? 예 아니오

만약 그렇다면, 상세히 서술하시오. ______________________________

아동 또는 가족구성원에게 특별한 의료서비스가 필요합니까?

예 아니오

만약 그렇다면, 상세히 서술하시오. ______________________________

출처: CDC Health Advisory. 2005. Instructions for Identifying and Protecting Displaced Children. September 28.

3. 재난이 아동에게 미치는 심리적 영향

재난 발생 시 아동의 반응을 파악할 때 두 가지 잘못된 신념이 있는데, 이 신념을 믿어서는 안 된다. ① 아동은 선천적으로 적응 유연성이 있어 빠르게 회복한다. 심지어 심각한 외상으로부터도 빠르게 회복한다. ② 아동, 특히 나이 어린 유아는 부모가 잘못 대응하지 않는 이상 재난의 영향을 받지 않는다. 이 두 가지 신념은 모두 거짓이다. 아동이 재난의 영향을 두 배로 경험한다는 사실을 보여주는 많은 증거가 있다. 심

지어 매우 어린 아동도 죽음, 파괴, 테러, 신체적 폭행, 부모의 부재 또는 무력함 등에 의해 직접적으로 영향을 받는다. 또한 재난이 부모와 다른 신뢰할 수 있는 성인(예: 교사)에게 미친 영향과 재난에 대한 부모의 반응에 의해 아동은 간접적으로도 영향을 받는다.

재난에 대한 아동의 반응을 파악하려고 할 때 발생하는 또 다른 문제는 부모가 자녀의 반응을 잘못 해석하는 경향이 있다는 것이다. 이미 스트레스 상태에 있는 부모는 자녀의 위축, 퇴행 또는 문제행동이 고의적인 행동이라고 오해할 수 있다. 또는 부모가 자신이 겪은 외상을 떠올리고 싶지 않거나 통제 가능한 평범한 일상으로 돌아가고 싶어서 모든 것이 '괜찮다'고 여기고 싶어 할 수도 있다. 두 가지 경우 모두 부모는 자녀가 고통스러운 상황에 있음을 무시하거나 거부하려고 한다. 그렇게 되면 아동은 자신이 무시당한다거나 가치 없는 존재로 여겨진다거나 양육을 거부당한다고 느낄 수 있다. 이는 아동발달에 장기적인 영향을 줄 수 있다. 단기적으로는 아동이 불안감으로 인해 자신의 감정이나 고통의 표현을 억제하게 되어 부모가 자녀로부터 심리적으로 더 멀어지게 만들 수 있다.

부모나 신뢰할 만한 성인으로부터 보호와 지지를 받고 안정감을 느낀다면, 대부분의 아동은 재난이 발생해도 분별력을 가지고 적절하게 대응한다. 그러나 아동도 재난 이후 성인처럼 다양한 증상을 보일 수 있다. 이들의 증상은 성인과 대체로 유사하다. 하지만 좀 더 직접적이거나 외현적인 형태로 나타난다.

1~5세 영유아의 경우, 분리에 대한 두려움, 낯선 이에 대한 두려움, '괴물' 또는 동물에 대한 두려움, 수면장애 같은 일반적인 형태로 불안 증상이 나타나게 된다. 아동은 재난과 직접적인 관련이 있을 수도 있고 그렇지 않을 수도 있지만, 어떤 특정한 상황이나 환경을 회피하는

반응을 보일 수도 있다. 또한 재난과 직접적으로 관련된 또는 그렇지 않은 단어나 상징에 몰두하거나 강박적 반복 놀이를 할 수도 있다. 제한된 감정 표현 또는 억제된 놀이 유형이 나타나기도 한다. 사회적으로 위축되거나 기존에 획득된 발달 능력을 상실할 수도 있다(예: 배변훈련).

6~11세 아동의 경우, 재난 발생을 재연하는 반복 놀이를 하거나 재난에 대한 이야기를 반복해서 할 수도 있다. 아동은 (공개적으로 또는 은연중에) 안전과 위험에 대한 강박적인 감정을 표현할 수 있다. 수면장애, 신경과민, 또는 공격적 행동과 분노 폭발이 나타날 수 있다. 아동은 부모의 걱정에 대해 세심한 관심을 보이거나 가족과 친구에 대해 지나치게 걱정하는 모습을 보일 수 있다. (아마도 신체 증상의 형태로) 등교 거부가 나타날 수 있다. 아동은 주양육자와 분리되는 데 대한 분리불안을 보일 수 있다. 이해되지 않는 부분들은 상상을 동원하여 해석하거나 매우 어린 아동에게서 나타나는 일반적 특징과 같은 행동을 하기도 한다. 행동, 기분, 성격의 변화, 외현적 불안과 두려움, 위축, 활동에 대한 흥미 상실, 그리고 '어리석은' 또는 산만한 행동이 나타나기도 한다.

사춘기에 근접한 아동일수록 성인의 반응과 유사하다. 공격적인 행동, 부모에 대한 적대감, 비행, 약물 남용 및 위험 추구 행동 등의 강한 반응이 나타난다. 또한 학업성취도가 저하될 수 있으며, 복수심을 표출할 수도 있다. 청소년은 상담에 참여할 가능성이 특히 낮다.

모든 연령의 아동은 부모 또는 다른 양육자가 재난에 대해 보이는 반응에 의해 영향을 받는다. 아동은 부모와 분리되거나 부모를 잃었을 때 버려진 것과 같은 느낌을 받는다. 따라서 아동을 '보호'하기 위해 재난의 현장으로부터 멀리 보내는 것은 사랑하는 사람과 분리시키는 것이므로 재난으로 인한 외상에 분리로 인한 외상을 추가하게 된다.

학령기 아동이 보이는 증상

- 우울
- 위축
- 악몽, 재난 관련 자극에 대한 강한 공포를 포함한 일반적 공포
- 적대감
- 공격성, '과잉 행동'
- 원망, 의심, 신경과민
- 무질서하고 '흥분된' 행동
- 신체 이상: 두통, 위장 장애, 일반적인 통증. 이러한 증상은 반복적인 학교 결석으로 이어진다.
- 주의집중의 어려움
- 지루하거나 휴식을 취할 때, 또는 잠들 때 나타나는 침투적 기억, 사고, 감각
- 반복적인 꿈
- 통제감 및 책임감 상실
- 장래성의 상실
- 개성 및 정체성 상실
- 대인 간 상호작용에 대한 합리적 기대감 상실
- 위험상황이거나 취약한 상태에서의 현실감 상실
- 수치심
- 놀이, 그림, 스토리텔링에서 재난에 대한 습관적 재연: 이러한 행동은 재난을 극복하기 위한 일종의 노력으로 이해될 수 있다. 수많은 반복과 정교화 과정에 의해 그림에는 외상의 이미지 또는 무의식적 이미지가 기괴하게 표현되기도 한다.
- 재난에 대한 (신체) 운동감각 형태의 재연

- 전조 증상: 아동은 재난 이전에 있었던 특정한 '징후'가 재난의 전조 증상이라고 믿고 향후에 닥칠 재난 징후에 민감하게 반응할 수 있다.
- 퇴행: 배변 실수, 오염, 집착, 강한 분리불안
- 발생 가능성은 낮지만 성인과 유사한 기억 상실, 회피, 마비 같은 외상후스트레스장애 증후군(Post Traumatic Stress Disorder syndromes)

성인의 경우, 재난의 영향이 심각하고 지속적일 수 있지만, 그 영향은 이미 형성된 성격 위에 나타난다. 아동의 경우, 아직 성격 발달이 진행 중이므로 그 영향이 극대화된다. 아동은 재난으로 인한 심리적 피해 구조 안에서 자신의 정체성을 형성해나가야 한다. 만약 재난에 의해 발현된 증상을 치료하지 않거나 파괴된 구조물로 인해 계속해서 재난이 이어질 경우(예: 지진에 의해), 또는 외상의 원인 자체가 만성인 경우(예: 전쟁이나 난민 캠프로 이전) 그 결과는 더 처참하다. 아동은 파괴 또는 학대 및 폭력을 경험하고, 집과 가족으로부터 분리됨으로써 두려움과 불안 속에 성장한다. 평범한 놀이, 사랑과 애정의 모습으로 특징지어지는 아동기는 더 이상 찾을 수 없다. 만성적인 외상을 입은 아동의 장기적인 반응에는 방어적 둔감화가 포함된다. 이러한 아동은 일상생활에서 차가운 모습을 보이거나 무감각하고 정서적 결핍을 보인다. 폭력은 합법적인 규범처럼 여겨질 수도 있으며, 의미 있는 미래에 대한 감각을 상실하게 된다.

4. 재난 이후 아동의 특별한 심리적 요구

대부분의 경우, 성인에게 적용되는 원칙이 아동에게도 연령에 적합한 방식으로 동일하게 적용된다(즉, 아동의 연령에 적합한 용어를 사용하여 구체적으로 설명한다). 앞에서 설명한 재난에 대한 아동의 특수한 반응을 고려할 때 아동을 대상으로 업무를 진행할 경우 다음과 같은 부가적인 원칙을 고려하도록 제안한다.

- 아동은 부모의 반응을 관찰하거나 영향을 받는 등 재난으로부터 직접적인 영향뿐만 아니라 간접적인 영향도 받는다. 부모의 학대, 신체적 또는 심리적 방임과 같이 강력한 반대 요인이 없는 이상 아동 치료에 부모를 참여시키는 것은 매우 중요하다.
- 재난으로 인해 무슨 일이 일어났는지에 대해 자녀와 의논하고, 자녀의 반응을 인식하고 수용하며 이해하고, 부모 자신의 반응에 대해 열린 마음으로 자녀와 소통하는 것이 도움이 된다.
- 자녀나 부모 자신의 고통을 무시 또는 부인하거나 배변 실수 또는 과잉 행동 같은 퇴행 행동을 고의적인 행동이라고 귀인한다면 아동의 적절한 요구를 파악할 수 없다. 부모는 이러한 문제에 대해 교육을 받아야 하고, 여러 경로(예: 학교)를 통해 사례 연구 결과를 수집해야 한다.
- 부모에게는 특정한 행동에 대한 적절한 반응과 관련된 교육뿐만 아니라 구체적인 처치에 관한 교육도 필요하다. 예를 들어, ① 배변 실수 등과 같은 퇴행 행동의 경우 처음에는 허용되어야 한다. 아동에게 강요하지 말고 위로해야 한다. 아동이 부끄러움을 느끼게 하거나 비판하거나 벌을 주지 말아야 한다. 시

간이 지나면 점차 일반적인 기대수준만큼 회복될 수 있다. ② 부적절한 행동에 대한 가장 유용한 반응은 행동 중재(바람직하지 않은 행동에 대한 제재와 바람직한 행동에 대해 보상하는 시스템)다. ③ 아동의 불안 수준을 감소시키기 위해 신체적인 접촉이 도움이 될 수 있다. 정기적으로 허리와 목 마사지를 해주면 도움이 된다는 연구결과도 있다. ④ 아동이 두려움 없이 자신의 감정을 표현하기 위해서는 허용과 안심이 필요하다.

- 아동은 장난감, 침구, 특별한 음식, 연령에 적합한 활동(놀이집단, 학교, 집안일) 등 구체적인 요구가 있을 수 있다. 이러한 요구사항이 충족되면 아동의 요구를 감당해야 하는 부모도 혜택을 누리게 된다. 직장에 복귀하기 위해 또는 정상 기능을 회복하기 위해 여러 가지 일을 수행하기 위해서는 지속적인 보육서비스도 필요하다.
- 가능하다면 부모로부터 아동이 분리되는 일은 피해야 한다. 절대적으로 분리가 필요한 경우(아동의 안전을 위해 혹은 부모가 아동을 돌볼 수 없는 경우) 조부모, 손위형제 또는 교사 등 아동에게 친숙하고 중요한 사람이 동행하도록 해야 한다.
- 아동은 재난의 원인, 자신의 행동과 현재 느끼는 감정이 정상인지에 대해 부정확한 결론을 도출하는 경향이 있다. 예를 들어, 아동은 자기 자신 때문에 그러한 일이 일어났다고 믿기도 한다. 치료를 통해 아동이 오인하고 있는 부분을 탐색하고 교정할 수 있다.
- 어린 아동(적어도 10세에서 11세까지)은 자신의 감정을 설명하기 위해 효과적으로 언어를 사용하거나 자신의 반응을 처리하지 못하기도 한다. 그림 그리기, 손인형 놀이, 역할 놀이, 주제가

재난이 아닌 이야기(예: 동시, 동화)를 통해 아동의 반응을 전체적으로 탐색할 수 있다.

- 아동이 자신의 감정을 경험하고 표현할 수 있는 시간적 여유가 주어져야 하지만, 가능하면 빠른 시일 내에 가정에서의 일상생활로 복귀해야 한다.
- 학교는 중요한 역할을 담당한다. 낮 시간에 학교는 아동에게 안전한 피난처를 제공하고, 사례 발굴 및 중재의 현장이 된다. 아동을 위한 구조화된 환경을 제공함으로써 아동이 자신의 행동을 조절하도록 돕는다. 조속한 학교 복귀, 출석 여부 점검, 특이사항 발견은 아동에게 도움이 된다. (재난이 발생한 직후 아동이 부모와 함께 있고 싶어 하는 것은 정상적인 현상이다. 하지만 때로는 보육서비스가 필요할 수 있다). 재난 이후 아동이 학교에 복귀했을 때 곧바로 학교의 일과 운영에 맞추어 생활하도록 강요해서는 안 된다. 그 대신에 (말하지 않으려는 아동에게는 강요하지 말고) 발생한 사건에 대해 대화하고 자신의 감정을 표현할 수 있는 시간을 주어야 한다. 학급 전체 또는 일부 학생들만을 대상으로 한 학급회의가 도움이 될 것이다. 또한 학교에서 학부모 대상 모임을 개최하여 아동의 반응에 대해 대화를 나누고 재난 이후 아동을 대하는 방법에 대해 부모교육 프로그램을 제공할 수도 있다.
- 성인과 같이 아동도 두려운 상황에 대한 통제감을 느끼는 것이 도움이 된다. 복구 작업 중 연령과 상황에 적합한 과제에 아동을 참여시키는 것(예: 재난피해자를 위해 구호품을 수집하거나 대피소 내 나이 어린 아동을 돌보는 것과 같이 책임을 맡는 것)이 아동과 다른 재난 피해자 모두에게 도움이 된다.
- TV에 방영되는 반복적인 재난 관련 영상 이미지는 불안을 고

조시킬 수 있으므로 재난과 관련된 TV 시청을 제한해야 한다. 성인은 TV 속 과도한 영상 이미지로부터 아동을 보호하고 모니터링해야 하며, 아동이 시청하는 영상에 대해 대화를 나누어야 한다.

출처: Ehrenreich, J. H. 2001. *A Guidebook to Psychosocial Intervention. Mental Health Workers Without Borders*. http://www.mhwwb.org/CopingWithDisaster.pdf

5. 학교 위기관리팀을 위한 재난대응 정보

고위험군 아동 및 청소년을 식별하고 중재 방안을 수립한다. 중재 방안으로는 개별상담, 소집단 상담 또는 가족치료가 있다. 학교 위기관리팀은 집단 위기 중재를 실시하고, 교사 및 학부모와 친밀한 관계를 유지함으로써 학생에게 필요한 지원 방안과 상담서비스를 제공할 수 있다. 학생 본인 또는 부모의 의뢰로 중재가 이뤄진다.

교사 및 교직원을 지원한다. 아동의 스트레스 반응 증상에 대한 정보, 학급 토론 및 아동의 질문에 응답하는 방식에 대한 지침을 교직원에게 제공한다. 앞서 살펴본 바와 같이 집단토론을 실시할 것을 제안한다. 교사가 자신의 요구를 알아차리는 것이 중요하며, 실행하기 불편한 사항을 강제로 실행할 필요가 없음을 알려준다. 부서에서는 교직원이 자신의 감정과 반응을 능동적으로 표현하고 지원그룹을 구성할 수 있도록 충분한 시간을 제공한다. 더 나아가 재산상 손해를 입었거나, 본인 또는 가족구성원이 부상을 당한 교사는 이러한 문제를 해결하기 위해 휴직할 수 있다.

재난 이후 치유를 촉진하는 활동을 실시한다. 라 그레카(La Greca)와 동료들은 자연재난을 경험한 초등학생을 위해 대응 매뉴얼을 개발했다. 매뉴얼에서는 경험연구를 바탕으로 3가지 주요 요소를 강조한다. ① 재난 관련 사건에 대한 토론을 경험한다. ② 긍정적인 대처와 문제 해결 기술을 향상시킨다. ③ 아동의 친구관계와 또래 지지를 강화시킨다.

- **재난 관련 사건에 대해 아동이 표현할 수 있도록 격려한다.** 아동은 안전하고 허용적인 상황에서 자신의 경험을 말할 기회를 필요로 한다. 아동이 자신의 경험을 표현할 수 있는 활동을 제공한다. 다양한 방법(언어적, 비언어적)과 프로젝트(예: 그리기, 이야기, 음성녹음, 비디오촬영 등)를 이용한다. 또한 교사들에게 활동과 관련한 도움을 제공한다.
- **긍정적인 대처 및 문제 해결 기술을 향상시킨다.** 교사는 아동에게 재난 관련 스트레스에 대한 문제 해결 기술을 적용하는 방법을 가르쳐야 한다. 아동이 불안감을 극복하고 상황에 적절한 전략을 식별하는 실제적 · 긍정적 대처방법을 개발하도록 돕는다.
- **아동의 친구관계와 또래 지지를 강화한다.** 타인으로부터 강한 정서적 지지를 받는 아동은 역경에 잘 대처한다. 아동은 또래관계에서 어려움을 극복하는 방법과 고립될 가능성을 줄이는 데 도움을 얻는다. 많은 재난 상황에서 가족이 해체됨으로써 또래관계도 방해받을 수 있다. 부모 자신의 스트레스와 감정적인 어려움으로 인해 자녀에게 도움을 주기 어려운 경우도 있다. 따라서 아동이 교사 및 학급 친구와 지지적 관계를 형성하는 것은 매우 중요하다. 또래 지지 향상을 위해 소집단에서 협력적인 활동에 참여하는 것이 도움이 된다.

아동의 적응 유연성을 강조한다. 일생생활에서나 어려움이 닥쳤을 때 아동이 보이는 유능감에 주의를 기울인다. 두려움에 떨거나 화가 났을 때 아동이 어떠한 방식으로 대처하는 것이 도움이 되었는지를 알아본다. 다른 지역사회에 있었던 자연재난 및 복구 과정에 대해 학생들에게 이야기해준다.

위기관리팀의 모든 구성원을 지원한다. 모든 위기관리팀 구성원이 위기대응 과정에 참여해야 한다. 위기 중재를 제공하는 것은 정서적으로 힘든 일이다. 교사 및 다른 교직원은 위기상황에서 학생을 보호하는 역할을 함과 동시에 본인들도 이러한 보호의 대상이 된다.

부가적으로 정신건강 지원을 보장한다. 자연재난이 발생한 직후 수많은 사람들이 지원을 제공하기 원하지만, 장기적인 도움의 손길은 부족하다. 학교 상담사 및 다른 학교 정신건강 전문가들이 정신건강서비스를 제공할 수 있지만, 장기적인 지원을 제공하기 위해서는 지역사회 자원과 연계하는 것이 중요하다. 이상적으로는 연계기관이 미리 선정되어야 한다.

자연재난에 대한 대처에서 중요한 영향요인

거주지 이전. 재난 생존자들이 거주지를 떠나 다른 장소로 이동하게 되면 새로운 문제가 발생한다. 예를 들어, 재난 생존자들은 사회적 · 환경적 · 심리적 스트레스를 겪는다. 연구결과에 의하면 거주지 이전으로 인해 생태학적 스트레스, 과밀도, 고립감, 사회적 박탈감이 높은 것으로 나타났다.

부모의 반응과 가족의 지원. 부모의 적응은 아동의 적응에 영향을 미치고, 다시 아동의 적응이 가족의 전반적인 적응에 영향을 미친다. 가족 기능의 변화, 자연재난 이후 부모와 헤어짐, 여전히 트라우마에 사로잡힌 어머니의 존재는 재난에 대한 노출 정도보다 아동의 트라우마 수준을 더 잘 예측할 수 있는 요인이다. 따라서 자연재난 이후 부모의 반응과 가족의 지원이 아동의 대처를 돕는 중요한 요인이다.

정서적 반응성. 기존 연구결과에 의하면 평소 불안 수준이 높은 아동은 자연재난 이후 외상후증후군으로 발전할 가능성이 크다. 또한 기존에 불안장애가 있던 아동은 외상후스트레스장애(PTSD)증후군으로 발전할 가능성이 매우 크다.

대처방법. 자연재난 이후 아동의 대처방법을 관찰하는 것이 중요하다. 왜냐하면 대처반응이 외상사건에 적응하는 과정에 영향을 미치기 때문이다. 연구결과에 의하면 책임소재를 찾거나 분노를 이용한 대처방법은 아동에게 더 큰 스트레스를 가져올 수 있다.

6. 병원 오염물질 제거 및 소아환자

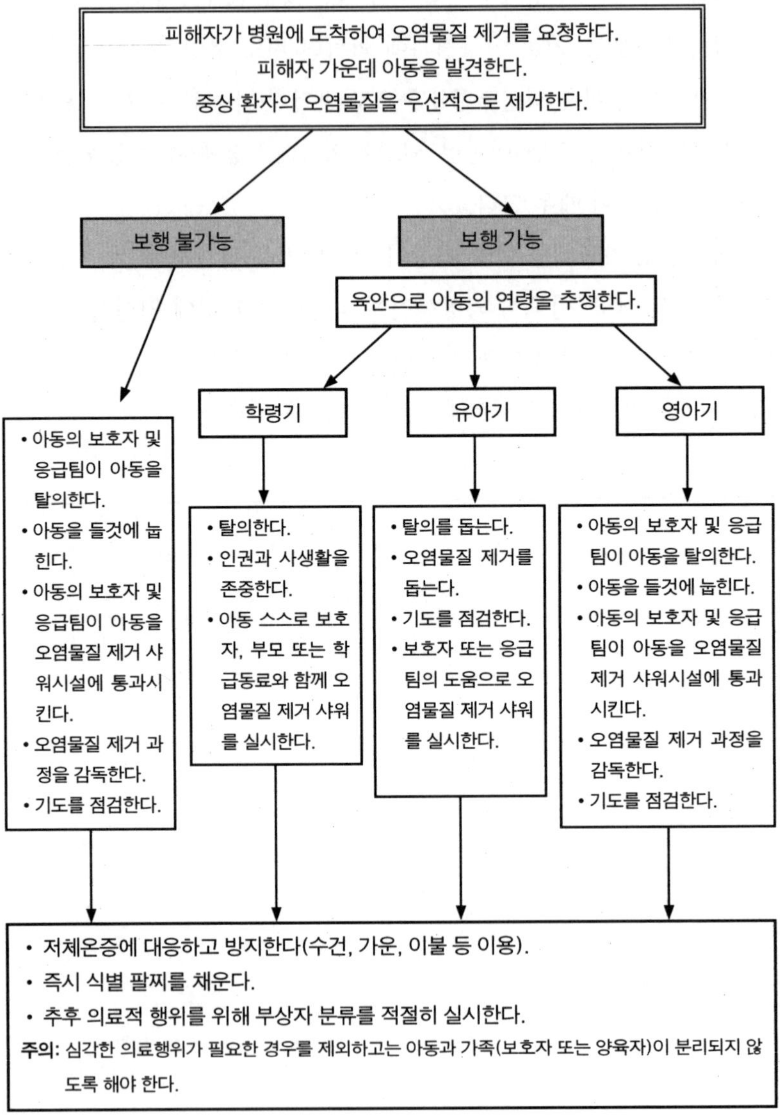

7. 재난피해 아동 지원 시 법적 고려사항

다음 내용은 재난 시 발생 가능한 법적 문제와 쟁점이다. 재난 발생 이전에 이에 관한 정책과 절차의 수립에 대해 고려할 필요가 있다.

- 재난 발생 시 부모를 동반하지 않은 아동의 경우 생명이나 신체를 위협당하는 상황에서 치료를 받아야 하면 부모 동의가 필요하지 않다. 사소한 부상을 당한 경우 아동을 치료하기 위해 부모 동의가 필요할까? 심리적 손상의 경우는 어떠한가?
- 부모를 동반하지 않은 아동의 경우 오염물질을 제거하기 위해 부모 동의가 필요한가? 만약 증상이 없는 경우는 어떠한가? 아동이 거부하는 경우는 어떠한가?
- 공개될 수 있는 의료 또는 사회적 정보에는 어떠한 것이 있으며, 누구에게 공개할 것인가?
- 신원미상 아동의 사진을 게시하는 것과 같이 신원미상 환자의 위치 파악을 위해서는 HIPAA 규정과 법률전문가에게 확인해야 한다.
- 아동을 누구에게 인계할 것이며, 부모 또는 양육자가 아니라면 어떠한 허가서 또는 정보가 필요한가? 만약 법적 보호자 또는 부모를 찾을 수 없거나 허가서가 없을 경우 아동을 인계하기 위한 절차는 무엇인가?

출처: New York City Department of Health and Mental Hygiene (NYC Health). 2006. Hospital Guidelines for Pediatrics in Disasters. Centers for Bioterrorism Preparedness Program Pediatric Task Force.

8. 학교, 영유아교육기관 등 아동 관련 시설 내 등록정보

선택적인 자기보고에 의해 구성되는 개인 등록정보와 달리, 학교 및 영유아교육기관에 대한 등록정보는 좀 더 쉽고 체계적으로 안내된다. 등록정보는 각 학교 또는 영유아교육기관의 이름, 주소, 전화번호 등 주요 정보를 나열한 데이터베이스나 스프레드시트로 구성된다. 중요한 정보는 연락처(적어도 2명 이상 경력직원의 업무 이외 시간 연락 가능한 정보), 인가 정원 또는 인구센서스 자료, 직원의 수와 일반 차량 또는 휠체어 보조 차량을 이용한 시설의 수송 능력 등을 포함한다.

'인가 정원' 인구통계표는 '최악의 경우' 또는 지정된 시기에 지원을 필요로 하는 시설의 최대 수용인원을 의미한다. 영유아교육기관의 경우 주정부에서 인가한 최대 수용인원이 정해져 있다. 영유아교육기관의 경우 지정된 날짜에 인가 정원 이하의 아동이 다니고 있어야 하며, 그 인원 이상의 아동이 다닐 수 없다. K-12학년 대상 학교는 특정한 날짜(일반적으로 가을 학기)에 공식 인원을 보고하여 주정부 기금을 지원받게 되는데, 이때 보고된 인원이 재난계획 시 기반이 된다. 교직원 수는 조리사, 공공근로자, 자원봉사자 또는 평소 학교에 상주할 것으로 예상되는 총 '성인'의 수를 의미한다. 평소 학교 이용자 수와 학교 수업의 장소가 학기 중일 때와 다르고, 매년 장소가 변경될 수 있으므로 여름방학 프로그램 관련 사항도 재난관리팀에 보고되어야 한다.

만약 특정 학교시설에 다른 예외사항이 발견된다면, 이를 학교 등록정보에 명시해야 한다. 예를 들어, 장애 또는 언어장애 아동의 비율이 높은 경우나, 다수의 영아를 지원하는 일반 학교 내에 영유아교육기관이 있을 수 있다. 또한 청각장애 또는 시각장애 아동을 위한 특수학교인 경우 추가적인 자원이나 맞춤형 자원이 필요하므로 주목할 필요가 있다.

행동이나 발달 문제를 가진 아동/청소년은 때때로 부모의 보호로부터 분리되어 행동 교정을 위해 거주형 교정시설에 머물기도 한다. 이러한 아동은 일반적으로 야간에는 시설에 머물면서 주간에는 학교 또는 교육활동에 참여한다. 학교와 마찬가지로, 거주형 교정시설은 재난관리 명단에 등록하고 학교와 동일한 정보를 제공해야 한다.

참고문헌

Agency for Healthcare Research and Quality (AHRQ). 2006. Pediatric Terrorism and Disaster Preparedness: A Resource for Pediatricians. US Department of Health and Human Services. http://www.ahrq.gov/research/pedprep/pedresource.pdf

American Academy of Pediatrics. 2002. The Youngest Victims: Disaster Preparedness to Meet Children's Needs. Physicians Fact Sheet. February. http://www.aap.org/terrorism/topics/PhysiciansSheet.pdf

American Academy of Pediatrics. 2002. The Youngest Victims: Disaster Preparedness to Meet Young Children's Needs. Children, Terrorism and Disasters Toolkit.

Early Childhood Institute. 2006. Systematic Emergency Preparedness for the Child Care Sector. Mississippi State University.

Ehrenreich, John H., Ph.D. 2001. A Guidebook to Psychosocial Intervention. Mental Health Workers Without Borders. http://www.mhwwb.org/CopingWithDisaster.pdf

Federal Emergency Management Agency. 1996. Guide for All Hazards Emergency Operations Planning. State and Local Guide 101.

Johnston, Carden, MD, FAAP, FRCP and I. Redlener, MD, FAAP. 2006. Critical Concepts for Children in Disasters Identified by Hands-on Professionals: Summary of Issues Demanding Solutions Before the Next One. Pediatrics. V.117. Pp. S458–S460.

Krug, Stephen, MD, FAAP. 2006. Testimony of Steven Krug, MD, FAAP on Behalf of the American Academy of Pediatrics. Homeland Security Subcommittee on Emergency Preparedness, Science and Technology. "Emergency Care Crisis: A Nation Unprepared for Public Health Disasters". July 26.

Gurwitch RH, Kees M, Becker SM, Schreiber M, Pfefferbaum B, Diamond D. 2004 . When disaster strikes: Responding to the needs of children . Prehospital Disaster Medicine. V.19(1). Pp. 21–28.

Lazarus, Philip J., S. Jimerson and S. Brock. 2003. Responding to Natural Disasters: Helping Children and Families. National Association of School Psychologists.
Mailman School of Public Health. 2003. Pediatric Preparedness for Disasters and Terrorism: A National Consensus Conference.
National Center for Disaster Preparedness. Columbia University. http://www.ncdp.mailman.columbia.edu/files/pediatric_preparedness.pdf
National Advisory Committee on Children and Terrorism (NACCT). 2003. Recommendations to the Secretary, June 12, 2003. US Department of Health and Human Services.
New York City Department of Health and Mental Hygiene (NYC Health). 2006. Hospital Guidelines for Pediatrics in Disasters. Centers for Bioterrorism Preparedness Program Pediatric Task Force.
Nicolai, S., Triplehorn, C. 2003. The Role of Education in Protecting Children in Conflict. Humanitarian Network. Paper 42.
Save the Children. N/d. Introduction to Safe Spaces. Save the Children, Protection Unit. Internal Reference Document.
Vermont Child Development Division. 2002. Emergency Response Planning Guide for Child Care. North Waterbury.

출처: Save the Children. 2007. *The unique needs of children in emergencies: A guide for the inclusion of children in emergency operations plans.* September. http://www.savethechildren.org/publications/emergencies/Children-in-Emergencies-PlanningGuide.pdf

찾아보기

저 · 역자 소개

저자 **제인 불럭**(Jane A. Bullock)

제인 불럭은 재난관리 분야에서 20년 넘게 종사했다. 가장 최근에는 FEMA 청장인 제임스 리 위트의 비서실장으로 근무했다. 그녀는 FEMA의 '프로젝트 임펙트: 재난에 강한 지역사회 구축하기'의 설계 책임자였다. 재난관리 컨설팅 회사인 불럭 앤드 해도우의 창립 멤버이기도 하다.

저자 **조지 해도우**(George D. Haddow)

조지 해도우는 현재 조지워싱턴 대학교 위기 · 재난 · 위험관리 연구원의 겸임교수로 재직 중이다. 조지워싱턴 대학교에 부임하기 전에는 FEMA 청장 비서실에서 백악관연락담당관과 비서실 차장으로 8년간 근무했다. 또한 불럭 앤드 해도우의 창립 멤버이기도 하다.

저자 **데이먼 코폴라**(Damon P. Coppola)

데이먼 코폴라는 시스템 엔지니어이자 불럭 앤드 해도우의 임원이다. UN, 국토안보부, 위기 · 재난 · 위험관리 연구원, 육군공병단, 국제 복구 플랫폼, FEMA에서 근무했으며, 주로 재난대비와 계획 수립 분야를 담당했다.

역자 **성미영**

1995년 서울대학교 소비자아동학과를 졸업하고, 2002년 서울대학교 대학원에서 아동학 박사학위를 취득했다. 2003년부터 2015년까지 서경대학교에서 교수로 재직했고, 2016년부터 동덕여자대학교에서 교수로 재직 중이다. 도시 침수 대비 유아 안전교육 프로그램 개발, 유아의 기후변화 대응능력 향상 프로그램 개발, 맞춤형 유아 재난관리교육 매뉴얼 개발 등 아동재난안전 교육 분야의 연구를 지속적으로 수행하고 있다. 저서로는 『아동안전관리』(공저), 『아동건강영양교육』(공저), 『보육학개론』(공저), 『보육과정』(공저), 『영유아발달』(공저) 등이 있다.

역자 **김영희**

국민안전처 방재특수전문 교육과정 개발을 시작으로 15여 년 동안 공무원, 기업, 일반시민, 학생 등 다양한 계층에서 요구되는 재난안전 교육훈련 프로그램 개발 및 연구를 수행했다. 이화여자대학교에서 재난안전 교육훈련 효과성 연구로 석사학위를 취득했고, 한국방재협회 인적자원개발실장을 거쳐 지금은 재해약자 보호를 위한 역량모델 구축 및 재난대응 훈련 컨설팅을 수행하고 있다.